개정판
법언어학의 이해

이해윤

서울대학교 독어독문과 학사, 석사 학위 취득.
독일 뮌헨대학교 이론언어학과 철학박사 학위 취득.
현재 한국외국어대학교 언어인지과학과 교수.
저역서: 『법의 언어』(2022, 역서), 『지식망』(2018, 공저), 『화용론』(2009, 역서), 『언어정보처리를 위한 PROLOG』(2008, 공저), Ellipsen in Satzkoordinationen(1998).

법언어학의 이해

초판 1쇄 발행   2020년 2월 28일
초판 2쇄 발행   2020년 10월 20일
개정판 1쇄 발행   2023년 3월 3일

지은이   이해윤
펴낸이   이대현
편 집   이태곤 권분옥 강윤경 임애정
디자인   안혜진 최선주 이경진
마케팅   박태훈
펴낸곳   도서출판 역락
주 소   서울시 서초구 동광로 46길 6-6 문창빌딩 2층
전 화   02-3409-2060(편집), 2058(마케팅)
팩 스   02-3409-2059
등 록   1999년 4월 19일 제303-2002-000014호
전자우편   youkrack@hanmail.net
홈페이지   www.youkrackbooks.com

ISBN   979-11-6742-527-0   93700

본 저서는 2019학년도 한국외국어대학교 교내연구비지원에 의해 이루어짐.

개정판

FORENSIC LINGUISTICS

법언어학의 이해

이해윤 저

역락

개정판 서문

3년 전 "법언어학의 이해"가 출판된 후로 그간 법언어학 분야와 본 책에 독자들께서 많은 관심을 가져주었다. 본 책을 통해 국내에 법언어학을 소개한 나름의 의미를 부여할 수 있었지만, 초판에서 나타나는 일부 오류와 설명상의 허점들은 저자로 하여금 개정 작업에 착수하게끔 하였다.

이번 개정판에서는 초판에서 다루지 못한 분야들을 추가하고, 논리 전개상 오류가 있는 부분들을 수정하였다. 먼저 법언어학의 중요한 부분임에도 불구하고 초판에 싣지 못했던 법음성학 분야를 "화자 식별"(16장)이라는 제목 하에 추가하였다. 그리고 법률언어 부분에 "제품의 경고문"(14장) 분야를 추가하였다. 한편, 초판의 일부 내용은 그간 저자의 추가적 연구를 토대로 하여 수정 보완되었다. 법해석학(5장) 분야에서는 모호성 개념에 초점을 두어 법조문의 의미 해석 부분을 대폭 수정하였다. 또한 언어범죄 부분에서는 분석의 틀인 화행이론을 8장에서 다시 다듬었으며, 이에 의거하여 11장의 교사범, 12장의 명예훼손죄에서 설명 일부분을 수정하였다. 그리고 책 내용의 논리 전개상 장들의 순서를 조금 바꾸어 독자들의 더 나은 이해를 돕고자 하였다. 법률언어 부분에서는 법조문, 판결문 등의 법률 문서를 소개하는 법률 텍스트 분야를 앞으로 이동시켰으며, 언어범죄 부분에서는 화행과 관련 정도에 따라 계약, 협박죄, 교사범, 명예훼손죄 순으로 재배치하였다. 또한 지식재산 부분에서는 지식재산권의 분류를 고려하여 저작권을 상표권 앞에 위치시켰으며, 저작권(13장)에서는 논리전개상 저작권, 표절 순으로 내용을 재배치하였다. 그 외 초판에서 보인 철자나 문법 상의 오류, 논리 전개상의 오류 등을 수정하였고, 일부 예나 판례를 다른 것으로 교체하기도 하였다.

그간 본서의 초판에 대해 여러 피드백을 주신 선생님들 그리고 법언어학 강의에서 다양한 질문을 통해 개정작업의 필요성을 느끼게 해준 한국외국어대학교의 수강생들에게 감사의 말을 전한다. 끝으로 개정판 출판에 선뜻 나서준 역락 출판사에게도 감사의 말을 전한다.

2023년 2월
저자 씀

초판 서문

언어학은 다른 학문에 비해 비교적 짧은 역사를 가짐에도 불구하고 빠른 시간내에 그 틀이 잡혀 왔다. 그리고 현재 언어학의 이론들은 언어교육이나 광고 등의 다양한 분야에 적용되어 활용되고 있다. 법 영역은 언어학 이론이 적용될 수 있는 또 다른 분야이다. 사실 법 영역의 많은 부분은 언어와 밀접한 관련을 맺고 있다. 그러므로 법 영역에서 나타나는 여러 문제들은 언어학적 지식의 도움으로 보다 명료하게 설명될 수 있다. 그리고 바로 이 점에서 언어학의 응용 분야로서 법언어학이 나타나게 되었다.

외국에서 법언어학에 대한 연구는 1990년대부터 영국, 독일, 미국, 오스트레일리아 등을 중심으로 활발히 진행되어 왔다. 그 결과, 2010 년대에는 여러 권의 핸드북들이 출판될 정도로 법언어학의 연구가 양적으로 그리고 질적으로 성장하였다. 국내의 경우, 1990년대에 법조문에 대한 언어학적 관심이 있었지만 본격적인 법언어학적 연구나 관심은 거의 없었다고 볼 수 있다. 이는 언어학계나 법조계에서의 상호간 관심이 적었던 점에서 그 이유를 찾을 수 있다.

저자는 언어학의 응용 분야로서 법언어학을 접하고 나서, 2015년부터 법언어학에 대한 전공 강좌와 교양 강좌를 개설하여 법언어학을 가르쳐 왔다. 법언어학에 대한 이론 소개 및 국외 사례의 설명을 중심으로 강의를 진행해 오면서, 저자는 국내 사례들에 대한 설명 가능성을 타진하고, 그 결과를 몇 편의 연구논문으로 제시하였다. 그리고 강의나 연구에서 교재 또는 참고서로 사용할 법언어학 개론서의 필요성을 느껴서 그간의 강의자료와 연구 논문들을 토대로 하여 본 저서를 기획하게 되었다.

본 저서는 법언어학에 대한 소개를 목표로 하여, 가급적 핵심적인 법언어학 주제들을 모두 다루고자 시도하였다. 각 주제에 대해서는 먼저 법학에서의 논의들 그리고 이와 관련한 언어 이론들을 소개하고, 이에 의거하여 국내 사례들을 소개하거나 분석을 제시하였다. 이를 통해 법언어학의 목표, 즉 언어학 이론을 사용하여 법 현상에 대한 보다 설득적이고 논리적인 설명 내지 분석을 제공하고자 하였다.

본 저서는 서론 외에 총 4부로 구성된다. 제 I부는 법조문, 판결문 등의 법률 문서에 나타나는 언어에 대한 언어학적 속성과 법철학적 논의들을 살펴보는 법률언어 분야를 다룬다. 제 II부는 법정에서 이루어지는 대화와 관련한 주제로서 법정신문과 위증죄를 다룬다. 제 III부는 발화와 관련되는 범죄에 대한 언어학적 분석을 다룬다. 여기에는 교사범, 협박죄, 명예훼손죄 등이 포함된다. 끝으로 제 IV부에서는 언어와 관련된 지식재산을 다룬다. 구체적으로는 상표, 표절과 저작권, 저자판별 등이 포함된다. 각 부는 내용상 서로 독립적이어서 관심에 따라 선별적으로 이용할 수 있다. 그리고 본 저서는 법언어학에 관심을 갖거나 언어학의 응용에 관심을 갖는 언어학 전공자들에게, 또는 법 지식이나 현상에 대한 언어학적 설명이나 분석에 관심을 갖는 법 전문가들에 도움이 될 것으로 생각한다.

　본 저서는 기획에서 집필에 착수하기까지는 상당한 시간이 걸렸다. 다행히 작년에 연구년을 맞이하여 본격적인 집필 작업을 진행할 수 있었다. 책이 완성되기까지 주위 여러분들의 도움이 있었다. 먼저, 법언어학 강의에 다양한 피드백을 준 한국외국어대학교 수강생들에게 감사를 드린다. 그리고 법언어학이라는 새로운 영역에 관심을 갖고 격려를 해주신 언어인지학과의 남지순 교수, 송재목 교수, 전종섭 교수, 채희락 교수, 사학과의 김상범 교수께 감사의 마음을 전한다. 또한 본 저서의 출판을 기꺼이 맡아준 역락 출판사에 감사를 드린다. 끝으로 사랑하는 나의 가족이 이 책의 완성에 큰 힘이 되었다.

2020년 02월
저자 씀

차례

제Ⅳ부 지식재산과 언어

제V부 법음성학

제1장

법언어학이란?

1.1. 법과 언어

사람들이 서로 어울려 살아가는 사회에서는 서로간에 지켜야 할 규범이
존재한다. 오래전부터 우리는 이런 규범으로 인해서 구성원간에 충돌없이
일상적인 삶을 영위해 오고 있다. 이러한 규범은 도덕규범이나 관습규범, 법
규범으로 구별된다.

도덕은 사회의 공동선 구현을 목표로 하는, 개인의 인격성을 중시하는 규
범이다. 즉, 개인의 내적 의사인 양심을 중요시하고, 자신의 양심에 따른 자율
성이 강조된다. 이와 반면에 법은 사회의 정의구현을 목표로 하는 강제규범이
다. 즉, 타율적인 속성을 지니며 외적인 행위에 중점을 두고, 국가의 권력에 기
반을 둔 강제규범이다. 한편, 관습은 어떤 사회에서 장기간에 걸쳐 유지되고
지지되어온 규범을 말한다. 이러한 관습규범은 법규범과 마찬가지로 외적인
행위에 중점을 두고, 강제가 가능한 규범이다. 그러나 법은 사회적으로 조직
된 규범이지만, 관습은 원래 동족집단 내지 지역집단과 같은 비조직적 사회에

서 조직된 규범이다. 이러한 관습은 명문으로 규정되어 있지 않지만 그 사회에서 보장되어 법으로서 기능하는 관습법의 형태를 띨 수 있다.

규범이 문자로 기록되는 순간부터 그 규범은 일정하게 유지되고 공정하게 적용될 수 있다. 다음 인용문은 문자화된 규범인 법의 속성을 자연 법칙과 비교하여 설명하고 있다.

> "법은 항상 언어적 형태를 가지며, 언어가 없으면 법이 존재하지 않을 것이다. 언어가 없으면 법적 타당성을 관철시킬 수 없을 것이다. 법은 언어로 표현된다. 이는 자연 법칙과 다르다. 비록 수학 공식을 모른다 할지라도 자연 법칙은 유효하다. 이 공식으로 묘사하지 않았더라도 자연 법칙은 유효할 것이다. 법적 규정은 자연 법칙이 아니다. 이는 인간의 의사 소통에 달려 있으며, 의사 소통을 통해서만 실현된다. 보편적으로 유효한 자연 법칙과 달리 법적 규정은 자의적이고 변화가능한 경계 내지 국경에 따라 달라질 수 있다." (Rathert 2006: 87)

이러한 법은 문서의 형식으로 표현되고 일정한 절차와 형식에 의하여 공포되면 성문법이 된다. 일찍이 고대문명의 발상지에서는 강력한 왕권이 형성되어 다양한 법규범이 성문법으로 제정되었다. BC 2100~2050년 사이에 수메르 왕조에서 제정된 우르나무(Ur-nammu) 법전이 지금까지 알려진 인류 최초의 법전이다(그림 1). 그후 바빌론의 함무라비(Hammmurabi) 법전(BC 1755년)도 쐐기문자로 남겨져 전해오고 있다. 동양에서는 중국 춘추시대 말기에 성문법이 나타난다. 그 당시에는 봉건귀족이 몰락하여 군주는 귀족과 서민들을 함께 지배할 수 있는 하나의 법이 필요하게 되었다. 춘추시대 정나라의 정치가였던 자산(子産)이 BC 536년에 청동 솥에 형벌 조항을 새겨 놓은 형

〈그림 1〉 우르나무 법전   〈그림 2〉 정나라의 형정

정(刑鼎)이 동양 최초의 성문법으로 알려져 있다(그림 2).

　법과 언어 간의 밀접한 관계는 실제 법 영역에서 찾아볼 수 있다. 헌법이나 법률 등은 문자로 기록되어 존재하게 되고, 개인들간의 계약은 작성된 문서에 의해 효력을 발휘하게 된다. 그리고 말은 법 집행에 있어서 필수불가결한 요소이다. 법정에서 원고와 피고에 대한 신문, 증인의 진술, 변호인의 변론 등은 말에 의해 이루어진다. 또한 말로써 협박이나 명예훼손 등의 위법행위들이 일어난다. 이러한 법과 언어 간의 관계는 다음에서 보는 바와 같이 여러 법언어학자들에 의해 강조되어 왔다.

　　"따라서 언어는 최소한 두 가지 면에서 법률에 필수적이다. 첫째, 법률
　　또는 법적 규범은 언어로 표현되거나 설명될 수 없으면 존재할 수 없

다. 둘째, 언어는 법률 업무를 수행하는 데 필수적인 도구이다. 의심의 여지없이 언어와 법 사이에는 아주 밀접한 관계가 있다." (Tiersma 2009: 11)

"문자 언어를 통해 국가 헌법이 생겨나고, 법률과 규정이 제정되고, 개인 간의 계약이 효력을 발생한다. 그리고 음성 언어는 법적 절차에 필수 불가결하다." (Schane 2006: 1)

즉, 문자에 의해 법이 생성되고, 말을 통해 법이 집행된다고 볼 수 있다. 이와 같이 수단으로서 언어와 법 간의 외적인 관계 이외에도 그들의 내적 연관성을 강조하여 다음에서 보는 바와 같이 법과 언어를 동일시하기도 한다.

"법이란 인간이 언어라는 선험적 조건 속에서 끊임없이 재생산하는 규범적 지식의 한 형태인 것이다. 물론 이와는 정반대의 작용도 이루어진다. 즉, 사회 역사적 현실의 변화 속에서 진행되는 법의 변화가 언어의 변화로 귀환하기도 한다. 그러므로 법과 언어는 인식론적으로 서로를 떼어낼 수 없을 뿐만 아니라, 서로를 변화시키는 상호작용의 관계에 놓인다고 할 수 있다. 이런 관계 속에서 보면 '말한다'는 것은 곧 '법을 형성하는 것'이 되며, '바르게 말한다는 것'은 곧 '올바른 법을 형성하는 것'이 된다." (이상돈 2003: 81f.)

이와 같이 법과 언어의 밀접한 관계는 널리 인정된다. 다음 문장들은 이러한 관계를 압축적으로 보여준다.

"법은 말의 직종이다." (Mellinkoff 1963)
"법만큼 언어와 관련된 직종은 없다." (Tiersma 1993)

1.2. 법과학과 법언어학

'법과학(forensic science)'은 어원상으로 보면, 라틴어의 "forēnsis(광장의)"에서 유래한다. 로마시대에 재판 등의 사법행위는 광장에서 이루어졌기 때문에, 라틴어 forēnsis는 법과 관련된 의미를 갖는다. 따라서 법과학은 법관련 학문들을 의미하며, 조사과정에서 과학적 증거들을 수집하고 보존하고 분석하는 일에 관계한다. 미국 법과학 학술원(American Academy of Forensic Science)은 이를 다음과 같이 정의한다.[1]

> "법과학은 민·형사 사건의 해결 및 법령의 연구에 있어서 과학적 원리와 기술적 실천을 정의의 목적에 적용하는 것이다."

즉, 법과학은 과학의 이론과 기술을 범죄 수사나 재판상의 증거물에 적용하여 법관이 판결을 내리는 데 도움을 주는 학문이다. 따라서 법과학은 범죄와 관련하여 여러 학문 분야에 걸쳐 있다. 특히 최근 지능적으로 점점 복잡해져 가는 범죄에 대응하려면 여러 학문 분야의 이론과 기술을 활용하여야 한다. 법과학의 세부 학문영역들을 보면 다음과 같다.[2]

법회계학(forensic accounting)

법인류학(forensic anthropology)

법심리학(forensic psychology)

법언어학(forensic linguistics)

법의학(forensic medicine)

법생물학(forensic biology)

법병리학(forensic pathology)

법독물학(forensic toxicology)

법식물학(forensic botany)

법곤충학(forensic entomology)

법고고학(forensic archaeology)

법화학(forensic chemistry)

법공학(forensic engineering)

법지질학(forensic geology)

…

법과학의 세부 영역들은 법과학의 속성상 주로 자연과학 및 공학 분야와 관련된다. 인문 사회과학 분야는 몇 개의 분야에 한정되어 있고, 언어학이 이에 속한다.

'법언어학(forensic linguistics)'은 Svartvik(1968)의 "The Evans Statements: A case for forensic linguistics" 보고서에서 처음 도입되어 사용되어 왔다. 법언어학의 범위에 대해서는 논란이 있지만, 일반적으로 "법률적 논쟁에 관련된 실제의 이슈들을 해결하는데 언어학적 지식과 방법론을 사용"하는 것으로 본다(Tiersma 2009: 29). 다음 〈그림 3〉은 이러한 법언어학과 언어학과의 관계를 잘 제시하고 있다.[3]

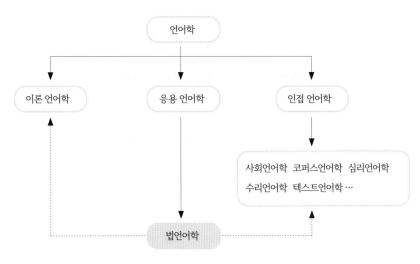

〈그림 3〉 언어학과 법언어학

즉, 법언어학 분야는 응용언어학(applied linguistics)의 하위 분야로서 이론 언어학(theoretical linguistics)과 인접 언어학과 상호작용을 한다. 이론언어학 분야로는 언어학의 핵심분야인 음운론, 형태론, 통사론, 의미론, 화용론과 음성학이 관련한다. 특히 인접 언어학으로서 사회언어학(sociolinguistics), 코퍼스언어학(corpus linguistics), 심리언어학(psycholinguistics), 수리언어학(mathematical linguistics), 텍스트언어학(text linguistics), 컴퓨터언어학(computational linguistics) 등과 직접적인 상호작용을 하여 각 인접 언어학의 방법론을 사용한다.

한편, 법언어학은 법경제학(law and economy), 법사회학(sociology of law) 등과 같이 두 학문의 경계를 다루는 융합학문의 의미를 갖기도 한다. 즉, 법학과 언어학의 융합학문으로서 법언어학은 주로 법조문이나 법률문서의 생성과 해석 등을 다루며, "법률언어학(Rechtslinguistik)" 또는 "법언어(law and language)" 등의 용어로도 불린다.[4]

국제 법언어학자협회(International Association of Forensic Linguists)에서는 이러한 법률언어학을 포함하여 법언어학의 범위를 다음과 같이 네 분야로 제시한다.[5]

- 법과 언어(Language & Law): 입법, 법조문 분석/해석, 법률용어, 법률 문서, 다국어 법률텍스트, 법률 담화, 법과 권력, …
- 법절차에서의 언어(Language in the Legal Process): 증인의 인터뷰, 경찰관 인터뷰, 법정 신문, 법정 통역, 법정 언어, …
- 증거로서의 언어(Language as Evidence): 저자판별, 화자식별, 상표, 저작권, 표절, 언어범죄, …
- 법언어 교육(Research/Teaching): 법언어학/법률언어의 교육, 법 전문가들의 언어 교육, …

이러한 분류는 '법언어 교육'을 제외하면 독일어권에서의 분류와 비슷하다: 법률 언어(Sprache der Gesetze), 법정 언어(Sprache vor Gericht), 범죄자 언어(Sprache des Täters).[6] 이를 토대로 본서에서는 다음 〈그림 4〉와 같이 법언어학을 분류한다.

먼저 법률언어학은 전통적인 법언어학과 구분된다. 법률언어학은 기존의 언어학적 연구방법론을 법률 영역에 적용하는 분야로서, 크게는 (i) 법률 전문용어, 법조문 구성 및 생성 등을 다루는 법률 언어(legal language), (ii) 법조문의 해석과 관련하는 법해석학 및 법철학, 그리고 (iii) 법률텍스트 등을 다룬다. 전통적인 법언어학은 법정 언어(courtroom language), 언어범죄

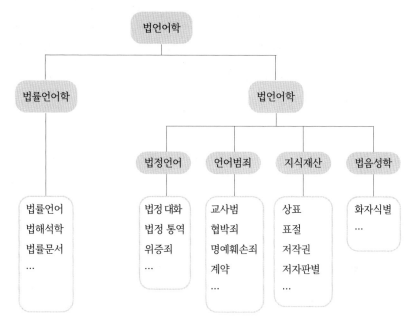

〈그림 4〉 법언어학 분야

(language crime), 지식재산에서의 언어, 법음성학(forensic phonetics) 등을 포괄한다. 법정 언어 분야는 사법 과정에서 관련되는 언어를 다루는 분야로서 법정에서의 신문, 위증, 통역 등이 있다. 언어범죄 분야는 언어가 범죄 형성에 주요 역할을 하는 협박죄, 교사범, 모욕죄·명예훼손죄 등 주로 형사소송과 관련된 범죄를 다룬다. 그리고 언어가 관련된 지식재산의 분야로서 저작권 침해, 상표, 저자 판별 등이 있다. 끝으로 범인의 목소리를 분석하여 화자를 식별하는 법음성학 분야가 있다. 본서에서는 법률언어학과 전통적인 법언어학을 포괄하여 넓은 의미의 "법언어학" 용어를 설정하기로 한다.

본서는 다음과 같이 구성된다. 〈그림 4〉에 따라 법률언어학(Ⅰ부), 법정 언어(Ⅱ부), 언어범죄(Ⅲ부), 지식재산과 언어(Ⅳ부), 법음성학(Ⅴ부)으로 짜여진다. Ⅰ부에서는 먼저 텍스트언어학의 관점에서 법률문서들의 종류 및 특성을 살펴본다(2장). 그리고 법률문서에 나타나는 법률 언어의 어휘론적, 형태론적, 통사론적 특성을 살펴본다(3장). 이와 관련하여 제품의 경고문들도 함께 살펴본다(4장). 그외 법조문을 중심으로 법해석 문제를 다룬다(5장). Ⅱ부에서는 대화분석의 관점에서 법정 신문을 살펴보고(6장), 법정 등에서 나타나는 위증죄를 의미·화용론적 관점에서 분석해 본다(7장). 다음 Ⅲ부에서는 언어 범죄를 화용론의 시각에서 다룬다. 먼저 언어 범죄 전반을 살펴보고 분석의 틀로서 화행이론을 제시한다(8장). 이를 토대로 계약(9장), 협박죄(10장), 교사범(11장), 명예훼손죄·모욕죄(12장)를 차례로 다룬다. Ⅳ부에서는 언어와 관련된 지식재산을 다룬다. 먼저 저작권을 살펴보고 저작권 침해의 예로서 표절 문제를 다룬다(13장). 또한 이와 관련하여 상표를 살펴보고(14장), 텍스트의 저자 판별도 이 관점에서 다루어 본다(15장). 마지막 Ⅴ부에서는 법음성학 분야로서 화자 식별(16장)을 다룬다.

1.3. 법언어학의 전망

법언어학은 몇몇 나라들에서 주도적으로 연구되고 있다. 법언어학은 영국에서 시작되었고, 1992년에 법언어학자 쿨샤드(Coulthard)를 중심으로 하여 국제 법언어학자협회(International Association of Forensic Linguists: IAFL)가 조직되었다. 이외에도 다음에서 보는 바와 같이 여러 나라들에서 법언어학 관련 학회나 연구회들이 조직되어 연구를 진행해오고 있다.[7]

- 미국: "사법 수속에서의 언어 연구회"(1985)
- 호주: "법언어 연구회"(1989)
- 독일: "법언어학 연구회"(1990), "독일 법언어학회"(2012)
- 일본: "법언어 연구회"(2007), "일본 법언어학회"(2009)

그리고 지난 20여 년 동안 법언어학에 대한 활발한 연구 활동으로 인해 이제는 법언어학이라는 학문 영역에 대한 체계가 잡혔다고 볼 수 있고, 그 결과 기존 연구들을 집대성한 법언어학 핸드북들이 최근까지 여러 권 편찬되었다(Coulthard & Johnson 2010 / 2021, Tiersma & Solan 2012, Felder & Vogel 2017).

이러한 법언어학의 발전에도 불구하고, 국내외적으로 법언어학은 다른 학문들에 비해 여전히 부족한 몇 가지 점들이 있다. 먼저, 법언어학 교육과 관련하여 보면, 국외의 경우 법언어학 교육을 위한 과정들이 영국, 미국, 스페인 등의 몇 개 대학교 내에 설치되어 운영되고 있다. 국내의 경우, 아직 법언어학에 대한 체계적인 연구나 교육이 이루어지지 않고 있다. 일례로 몇몇 법학전문대학원이나 법과학대학원에서는 법경제학, 법의학, 법사회학, 법여성학 등의 세부 법과학 내지 법융합학문들에 대한 강의가 개설되어 있으나, 법언어학에 대한 강의는 찾아볼 수 없다.

또한 법언어학적 연구 방법은 그간 법 영역에서 규칙적으로 요구되어 왔고, 문제 해결에 이용된 여러 사례들이 있음에도 불구하고, 국제적으로 보면 법언어학은 여전히 법과학의 주변에 머무르고 있다.[8] 이러한 현황은 여러 요인들에서 기인한다. 먼저 법정에서 언어학적 분석 자료를 증거로 받아들이는 것은 각 나라마다 사법 시스템과 절차에 따라 다르다는 점을 들 수 있다.

또한 대부분의 법언어학 전문가들은 대학교 소속의 연구자들이고, 사법 영역이나 로펌에서 활동하는 전문가들이 매우 적기 때문에 법언어학 분야에 대한 인식이 크지 않다고 볼 수 있다. 그리고 법언어학적 분석이 갖는 정확성의 부족으로 법정에서 증거로서 채택이 머뭇거려 왔다.

그러나 사회가 고도로 전문화됨에 따라 학문 자체의 발전과 학문간의 융합 발전 경향으로 인해, 법학에서의 언어학적 지식의 필요성이 그리고 언어학에서의 법학으로의 응용 가능성이 더욱 확대될 것으로 예상된다. 이러한 환경적 변화 이외에도, 국제 법언어학자협회에서는 실무자들이 준수해야 할 규정을 제시하고 있고(부록 1), 최근 컴퓨터 활용의 결과로 대부분의 법언어적 방법론이 검증 가능하게 되어 분석 자료의 신뢰도를 높여주고 있는 상황이다. 따라서 앞으로 법영역에서 법언어학 분야에 대한 관심과 수요가 증대될 것으로 충분히 예상해 볼 수 있다.

【부록 1】 국제 법언어학자협회의 실무 규정

I. 성실성

A. 자문위원은 타당하고 신뢰할 수 있고 정확하고 편견없는 언어적 정보와 분석을 사법 제도에 제공해야 할 의무가 있다는 것을 명심하고, 결과를 얻는 데 있어서 사실심리관을 도울 증거를 제공하는 것이 자신의 의무라는 점을 인식해야 한다. 숙련된 자문위원은 서면 보고서에 이러한 이해를 명시적으로 기재하기를 원할 수 있다. 일부 관할 지역에서는 그러한 진술이 요구 사항이며 해당 형식이 해당 기관에 의해 규정될 수 있다.

B. 법언어학 자문에 종사하는 언어학자는 보상이 사건의 결과에 의존하는 어떠한 협정도 체결하지 않을 것이다.

C. 적절한 경우, 자문을 맡은 언어학자는 학문과 지식의 발전 가능성을 위해서 뿐만 아니라 사회에 대한 의무로서도 할인된 요금으로 또는 무료로 서비스를 제공할 수 있다. 무료의 사건에서 지켜야 할 언어학자의 윤리적 의무는 보수를 받은 경우의 윤리적 의무와 동일하다.

D. 진술서와 보고서는 언어학자의 전문 지식 그리고 확정된 언어 지식과 방법론을 사용하는 연구에 근거해야 한다.

E. 자문위원은 변호사, 소송 대리인 또는 기타 고객의 요청 또는 제안에 따라 보고서를 추가하거나 삭제하거나 변경하지 않는다. 그렇게 할 경우 분석이나 결론의 정확성 내지 신뢰성에 중대한 영향을 미친다. 보고서의 일부 내용이 법적으로 허용되지 않기 때문에 삭제해야 하는 경우, 자문위원은 이러한 삭제가 분석 또는 결론의 유효성에 실질적으로 영향을 미치는지 신중하게 고려해야 하며, 개정된 보고서가 사실 조사 과정에서 오도되거나 부정확할 경우 변호사, 소

송 대리인 및 기타 고객에게 알려야 한다.

II. 객관성과 직업상 능력

A. 법언어학 분석을 수행하는 자문위원은 자신이 수행한 업무 및 수행 방법을 보고서에 명시하고 사용된 장비 및 컴퓨터 프로그램에 대한 관련 세부 정보를 제시한다. 분석에 사용된 자료는 명확하고 완전하게 표시되어야 한다.

B. 자문위원은 분석을 수행함에 있어 당시에 활용한 기술, 전문 지식, 방법, 그리고 조사중인 자료와 조사 목적의 적절성을 고려해야 한다.

C. 의견 또는 결론의 확실성 수준이 관련된 경우를 보고할 때, 자문위원은 확실성 수준을 분명히 제시하고, 판단 범위와 관련하여 자신의 결론이 어디에 위치하는 지를 표시할 것이다.

D. 자문위원은 최고 수준의 역량으로 언어 분석을 수행하는 데 필요한 수준의 특정 전문 지식과 기술을 소유하고 있음을 확신하면서, 업무 수행에 동의할 때 법언어학적 분석의 한계 그리고 자신의 지식과 역량의 한계를 인식하고 있어야 할 것이다. 자문위원은 일반적으로 법적 문제에 대한 증거 중 일부에 대한 지식만을 가지고 있으며 법률을 해석하는 데 전문적인 능력이 없다는 점을 인식하면서, 법적인 사실에 대한 결론을 뒷받침하기 위해 무의식적으로 유도된 결론을 내리는 데 주의해야 한다.

E. IAFL은 전적으로 학술 전문 단체이며 결코 라이센스 기관이 아니다. IAFL의 회원 자격을 얻는 것은 법언어학 자문 및 진술의 측면에서 회원 자격을 일반 대중이나 법률 전문가에게 승인하는 것이어서는 안된다.

F. 자문위원은 또한 법언어학 연구가 다른 언어학자에게 유용하고 중

요할 수 있음을 염두에 두어야 한다. 이와 관련하여 자문위원은 적절한 전문기구 및 관련 단체의 회의 및 간행물에 적극적으로 참여함으로써 결과를 공유할 것을 권장한다.

III. 기밀유지 및 이해 상충

A. 자문위원은 적절한 법적 권한이 없이 자문 관계의 결과로 얻은 기밀 정보를 공개하지 못한다. 기밀 유지는 그 의무가 있는 당사자가 기밀을 포기하거나 언어학자가 공개하는 정보가 공문서인 경우를 제외하고는 사회적 환경이나 학문적 환경에서조차도 유지되어야 한다.

B. 법언어학적 컨설팅 작업에 의해 생성된 재료 또는 분석, 또는 수행된 작업에서 이슈가 되는 문제에 직접적으로 관련하는 자료를 사용하는 출판물이나 학술대회 발표에서, 언어학자는 생성된 자료의 출처에 대한 사실과 성격을 밝힐 것이다. 법언어학적 자문 업무에 의해 생성된 자료를 학술적으로 활용할 때 자문위원은 가능한 경우 언제든지 기밀 유지의 당사자로부터 포기를 받아냄으로써 기밀 유지 의무를 준수한다. 포기가 가능하지 않거나 거절된 경우, 자문위원은 자료의 사실적 발표를 익명으로 처리하여 기밀성을 적절히 보호할 것인지 여부를 고려해야 한다. 기밀 유지가 보호될 수 없고 포기되지 않을 경우 자문위원은 그러한 자료를 학문적으로 사용하지 않아야 한다. 공개 재판에서 자료가 발표된 경우, 자료는 공개된 것으로 합리적으로 판단될 수 있다. 그러나 이러한 경우에도 법적 절차에 의해 영향을 받는 사람들에 대한 피해를 피하기 위해 주의를 기울여야 한다.

C. 부적절한 인상을 피하기 위해 자문위원은 사건의 진행 단계에서 상

대 당사자, 전문가 증인 또는 정식 소송 과정 이외의 법적 팀과의 접촉을 피해야 한다.

D. 자문위원은 해당 당사자와 해당 전문가가 현재 자문중인 다른 당사자 간의 이해 상충으로 이어질 수 있는 당사자와의 계약을 수락할 수 없다. 이러한 갈등을 야기할 수 있는 계약을 수락하기 전에 자문위원은 과거, 현재 및 제안된 자문 계약의 성격을 양 당사자를 대표하는 변호사에게 공개하여 변호사가 이해 충돌이 존재하는지 또는 잠재적으로 발생할 수 있는지를 결정할 수 있다.

제 I 부 법률언어학

법 영역에서 사용되는 법률 언어는 일상에서 사용되는 언어에 비해 고유한 특징들을 보인다. 언어를 구성하는 층위, 즉 어휘, 형태, 통사, 의미, 텍스트 전반에 걸쳐 법률 언어는 일반 언어에 비해 나름의 특성을 갖는다. Ⅰ부에서는 이러한 법률 언어학을 다룬다.

　먼저 2장에서는 텍스트 언어학의 관점에서 법률 문서들을 살펴본다. 여기서는 다양한 법률 문서들의 구조와 그 예들을 함께 살펴본다. 다음 3장에서는 법령과 판결문에 나타나는 법률 언어를 다룬다. 법률 언어를 하나의 전문어로 바라보고, 이 관점에서 법률 언어의 어휘론, 형태론, 통사론 측면을 살펴본다. 그리고 공공영역에서 불고 있는 손쉬운 언어로 글쓰기 운동을 살펴보고, 이와 관련하여 국내에서 오랫동안 시행되어온 법령 정비사업을 개관해 본다. 또한 이와 관련하여 4장에서는 제품의 경고문을 살펴본다. 제품이 가지고 있는 위험성을 소비자에게 전달하는 경고문에 대한 분석을 통해 보다 효과적인 경고문의 작성법을 알아본다. 마지막 5장에서는 법해석을 다룬다. 먼저 법률언어에 나타나는 의미 불확정성 유형들을 사례 중심으로 살펴본다. 그리고 법규범의 적용에서 나타나는 법해석의 문제를 해결하는 여러 해석방법들을 판례 중심으로 살펴본다.

제2장

법률 텍스트

법률 문서는 일반 문서와 어떻게 다르며, 법률 문서의 특징은 무엇인가? 이 질문에 답하려면 텍스트 언어학적인 관점에서 법률 문서에 대한 관찰이 필요하다. 텍스트 언어학은 텍스트를 기본 단위로 보고, 텍스트의 구조를 비롯한 텍스트에 관련된 현상들을 연구한다. 따라서 텍스트 언어학의 관점에서 법률 문서들을 관찰해 보면, 일반 문서에 비해 법률 문서가 갖는 특징들을 파악할 수 있다. 본 장에서는 텍스트 언어학의 관점에서 법률 문서들을 살펴본다.

2.1. 텍스트

2.1.1. 기초

언어를 통한 커뮤니케이션은 화자가 자신이 생각한 내용을 언어 형태로 청자에게 전달하고, 청자는 언어 형태를 해석하여 화자가 전달하고자 하는 메시지를 파악하는 것이다. 이 과정에서 화자는 가급적이면 텍스트 안에 자신이 의도한 메시지를 모두 담아서 전달하고자 한다. 그리고 청자는 그 텍스트를 보고서 화자가 어떤 메시지를 전달하려고 의도하는지 파악하고자 한다. 그러나 우리의 언어는 불완전하기 때문에 그 텍스트만 보고서 화자가 의도한 메시지를 정확히 파악할 수 없다. 그렇다면 성공적인 커뮤니케이션을 위해서는 어떻게 해야 할까? 먼저 화자가 사용하는 텍스트 자체를 청자가 제대로 이해해야 한다. 그러나 텍스트 자체에 대한 이해만으로는 부족하다. 그 외에 청자는 텍스트 이외의 문맥들을 고려해야만 화자가 의도한 메시지를 이해할 수 있다.

텍스트의 의미는 문장의 의미와는 다르게 파악된다. 문장의 의미는 프레게(G. Frege)이래로 합성성의 원리(principle of compositionality)에 의해 파악된다. 즉, 문장을 구성하는 요소들의 의미와 그들간의 결합방식에 의해서 결정된다. 그러나 텍스트의 의미는 이 원리에 의해 파악되지 않는다. 다음 예문들을 보자.[1]

    (1) a. A: 철수가 어제 결혼했다.
           B: 그것을 그는 곧 후회할거야
       b. 출근하다가 엔진이 고장났다. 나는 한 시간이나 지각했다

텍스트의 단위는 하나의 단어로 구성된 텍스트로부터 여러 문장으로 이루어진 텍스트에 이르기까지 다양하다. 그리고 텍스트는 사용된 언어의 성격에 따라 구어 텍스트 대 문어 텍스트로 구별되기도 하고, 텍스트 생성자들에 따라 독백 텍스트와 대화 텍스트로 구별될 수 있다. 대화 텍스트인 예문 (1a)의 경우, 텍스트 의미가 문장 의미의 총합보다 작을 수 있음을 보여준다. B의 문

장만을 가지고 이해해 보려고 하면 상당히 의미가 넓어진다는 것을 알 수 있다. "그것"은 아무것이나 가리킬 수 있고, "그"는 남성과 단수인 개체만을 가리킬 수 있다. 즉, '어떤 남자가 어떤 일을 후회할거야.'라고 해석된다. 그러나 문맥인 A의 발화를 고려하면 의미가 좁아진다. 여기서 "그것"은 '어제 결혼한 사실'을, "그"는 철수를 지시한다. 즉, A와 B로 이루어진 텍스트 전체의 의미는 원래 가지고 있는 문장들의 의미보다 더 좁아진다. 이와 반면에 두 문장으로 이루어진 문어 텍스트 예문 (1b)의 경우, 텍스트 의미가 문장들의 총합보다 클 수 있음을 보여준다. 이 텍스트 의미가 전달하고자 하는 메시지는 '내가 지각한 이유가 바로 내 차가 고장이 났기 때문이다'이다. 앞 문장이 이유가 되고 뒷 문장이 결과가 된다. 하지만 뒷 문장만 살펴보면 이러한 원인과 결과가 드러나지 않는다. 단순히 텍스트의 의미가 문장 의미의 총합이라고 간주한다면 텍스트의 의미를 제대로 파악할 수 없다.

텍스트 언어학자들은 텍스트를 텍스트답게 만드는 기준, 즉 '텍스트성'의 기준들을 제시하여 왔다.[2] 여기에는 응결성(cohesion), 응집성(coherence), 의도성(intentionality), 용인성(acceptability), 상황성(situationality) 등이 있는데, 이 중에서 가장 중요한 것은 응결성과 응집성이다.

응결성은 텍스트 표층의 구성요소들이 그 연쇄 속에서 서로 연관되는 방식이다. 즉, 문장과 문장을 연결해서 텍스트를 만든다고 할 때 두 문장을 연결시켜주는 단어나 구 또는 문법 표지 등이 있는 경우이다. 다음 예문을 보자.

(2) a. 천천히 아이들 놀고 있는
    b. 옛날에 한 임금님$_1$이 살았습니다. 그$_1$는 딸이 세 명 있었습니다.

예 (2a)은 완전한 문장이 아니므로 응결성이 낮다. 반면에 예 (2b)는 완전한 두 문장이 대명사에 의해 연결되어 있는 텍스트로서 응결성이 높다고 볼 수 있다.

응집성은 주제 구성에 결정적인 텍스트 구성성분들 사이의 논리적 내지 의미적 관계 자질이다. 응결성과는 달리, 응집성은 표층적으로 파악되지는 않지만, 문장들이 내용상 적절히 연결되었다고 느껴지면 그 텍스트는 응집성을 갖는다고 본다. 즉, 주제상 서로 관련된 문장들을 연결해 놓으면 응집성이 높은 텍스트라고 말할 수 있다.

      (3) a. 철수가 넘어져서 다리가 부러졌어.
         b. 철수가 넘어졌다. 개구리가 뛰어갔다.

예 (3a)에서 '넘어지다'와 '다리가 부러졌다'는 우리 경험상 인과관계에 의해 적절히 연결될 수 있다. 따라서 이 예문은 응집성이 있는 텍스트이다. 반면에 예 (3b)는 응집성이 적은 텍스트이다. 철수가 넘어진 것과 개구리가 뛰어간 것은 관련성이 적어 연결이 쉽지 않기 때문이다.

그외 기준들을 보면, 의도성은 텍스트 생산자가 달성하고자 하는 특정 목적이 드러나야 한다는 것이다. 즉, 화자 내지 저자의 의도가 직접적으로 드러나면 의도성이 큰 텍스트라고 할 수 있다. 용인성은 일련의 발화는 텍스트 수용자에게 유용하고 적합하면서 응결성과 응집성을 구비한 텍스트이어야 한다는 것이다. 즉, 청자가 이해하기 쉬운 것이어야 한다는 것이다. 그리고 상황성은 어떤 텍스트가 그 발화의 상황에 적합해야 한다는 것이다. 다시 말하면, 텍스트가 그 문맥에 맞는 텍스트이어야 한다는 것이다.

2.1.2. 텍스트 유형

텍스트 유형은 일정한 언어적, 구조적 특징과 기능을 가진 텍스트 집단이다. 즉, 어휘나 문장 구조 등의 언어적 차원에서 동일한 특징을 보이거나, 텍스트의 구조와 관련하여 유사한 특징을 보이거나, 또는 텍스트의 기능과 관련하여 유사하면 동일한 텍스트 유형으로 볼 수 있다. 그러므로 텍스트 유형을 파악하면 텍스트를 이해하기도 쉽고, 그런 유형의 텍스트를 생성하기도 쉽다.

텍스트 유형은 유형들 간의 공통점과 차이점에 의해서 상하위 유형으로 세분화될 수 있다. 다음의 예를 보자.[3]

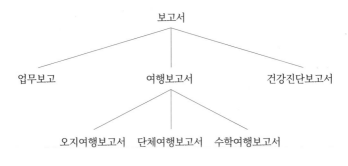

〈그림 1〉 보고서의 하위유형

즉, 여행보고서는 보고서에 비해 하위 단계에 속한다. 그리고 오지여행보고서나 단체여행보고서는 여행보고서의 하위 단계에 위치한다. 이는 상위 단계의 텍스트와, 그리고 동일한 단계의 텍스트와 공통점 또는 차이점을 비교하여 설정될 수 있다.

텍스트 종류는 텍스트 유형을 더 세분화하여 분류한 것으로서, 텍스트 유형 가운데 상대적으로 낮은 추상적 단계에 속한다. 이러한 텍스트 종류는 의사소통 욕구를 바탕으로 사회적 또는 역사적 발전 과정을 통해 생겨났다고 볼 수 있다.[4] 예를 들어, 서평은 '논증' 텍스트 유형에 속하는 텍스트 종류라고 할 수 있고, 청첩장은 '초대장' 텍스트 유형에 속하는 텍스트 종류라고 할 수 있다. 본서에서는 텍스트 종류를 고려하지 않고 텍스트 유형만을 살펴보기로 한다.

텍스트 유형에 대한 분류 작업은 텍스트언어학 연구 초기부터 시도되었다. 몇 가지를 소개하면 다음과 같다.

첫째, 자질에 의한 분류에서는 텍스트 구조와 관련된 자질들에 의해 유형 분류작업을 시도하였다. 예를 들어, Sandig(1972)에서는 [± 구어적], [± 자발적], [± 독백적] 등의 20여 개 자질들을 사용하여 텍스트들을 분류하였다.

둘째, 활동영역에 따른 분류가 있다. 다음을 보자.[5]

- 신문 텍스트: 뉴스, 보도, 사설, 논평 …
- 경제 텍스트: 신문 경제면 …
- 정치 텍스트: 정치연설문, 전단, 팜플렛 …
- 법률 텍스트: 법조문, 판결문, 계약서 …
- 학술 텍스트: 교재, 논문 …

위 분류는 텍스트의 내용에 따른 분류를 보여준다. 이에 따르면, 법률 관련 내용을 다루는 텍스트는 '법률 텍스트' 유형에 속한다.

셋째, 텍스트 기능이나 행위에 따른 분류가 있다. 다음을 보자.[6]

- 단언적 텍스트: 보도문, 보고서, 설명서, 추천서, 서평

- 지시적 텍스트: 광고문, 논평, 작업안내문, 요리설명서, 규정집, …
- 위임적 텍스트: 계약서, 보증서, 서약서, …
- 표현적 텍스트: 축전, 조전, 연애편지, …
- 선언적 텍스트: 유언장, 임명장, 위임장, …

위 분류는 텍스트가 행하는 기능에 따른 분류이다. 어떠한 텍스트를 가지고 사실을 확정하거나 전달한다면 그것은 단언적 텍스트에 해당한다. 지시적 텍스트는 상대방에게 무엇을 하라고 시키는 내용을 담고 있다. 위임적 텍스트는 나 자신에게 혹은 상대방에게 미래의 어떤 일을 하겠다고 하는 약속을 담고 있다. 표현적 텍스트는 자신의 감정을 표현하는 텍스트들이다. 그리고 선언적 텍스트는 어떤 행위의 실현이나 발생과 관련한다.

2.2. 법률문서

2.2.1. 분류

법률문서는 다른 텍스트 유형과 비교하여 볼때 본질적으로 정보적인 내용을 담고 있다. 예를 들어, 법조문은 권리, 의무 등을 부과하는 규정적 기능을 갖는다. 증인 조서에는 사건에 대한 정보와 이에 대한 평가 등이 들어간다. 그리고 법률가들의 의견서들은 어떤 의견을 주장하고 이를 상대방에게 설득하는 데 주요 기능이 있다.[7]

이러한 법률문서는 기준에 따라 하위 텍스트 유형 내지 종류로 세분화할 수 있다. Danet(1980)에서는 법률문서의 하위 분류를 ⟨표 1⟩과 같이 제시한다.

	고정된 형식	형식적 형식
문어 텍스트	보험증권, 계약서, 임대차계약서, 유언장	법조문, 변론취지서, 항소이유서
구어 텍스트	혼인서약, 기소, 증인선서, 배심원단 평결	변호사의 증인심문, 변호사의 논증, 전문가증인의 진술

〈표 1〉 법률문서의 분류

기준으로서 두 차원을 들고 있다. 첫째, 텍스트 언어의 종류에 따라 문어체와 구어체로 구분한다. 둘째, 텍스트의 형식성에 따라 '고정된(frozen)' 형식과 '형식적(formal)' 형식으로 구분한다. 이에 따르면, 가장 엄격한 문어 법률텍스트는 보험증권, 계약서, 임대차계약서, 유언장이 있다. 그리고 이에 해당하는 구어 법률텍스트로는 혼인서약, 증인선서, 배심원단 평결 등이 있다. 그리고 형식성을 갖춘 문어 법률텍스트로는 법조문, 변론취지서, 항소이유서 등이 있고, 이에 해당하는 구어 법률텍스트로는 변호사의 증인심문, 변호사의 논증, 전문가 증인의 선서 등이 있다. 이외에도 자문 성격의 구어 텍스트로는 일반증인의 진술이나 변호사-고객 간의 상담이 이에 해당한다.

한편, 문서가 법적 효력을 갖는가에 따른 구분이 있다.[8] 이에 따르면, 법률 문서는 법적 효력을 갖는 일차적 문서와 설명을 담은 이차적 문서로 구분한다. 전자는 다시 법령, 판례, 헌법 등의 기초적인 법률문서와 정관, 답변서, 탄원서, 계약서, 유언장, 구속영장, 판정서 등의 문서들로 구분하기도 한다. 그리고 후자로는 법률 의견서, 법적 편지, 법학 교재, 기타 법률 참고문헌 등으로 부차적인 법 관련 나머지 문서들을 포괄한다.

2.2.2. 예제

다음은 법적 효력을 갖는 몇 가지 법률 문서들의 구조를 살펴보기로 한다.

2.2.2.1. 법조문

법조문은 가장 일차적인 법률 문서이다. 우리나라 법조문은 '편-장-조-항'의 구조로 이루어져 있다. 조는 여러 개의 문장으로 구성되어 있는데 이를 내용상으로 '항'으로 구분한다. 보통 항은 하나의 문장으로 구성하는 것이 일반적이나, 어떠한 예외 조건을 추가할 때에는 다른 문장을 추가한다. 아예 별개의 내용은 항을 달리해서 쓴다.[9] 다음은 이에 대한 예를 보여준다.

제1편 총칙

제1장 형법의 적용범위

제1조 (범죄의 성립과 처벌)

① 범죄의 성립과 처벌은 행위 시의 법률에 의한다.

② 범죄후 법률의 변경에 의하여 그 행위가 범죄를 구성하지 아니하거나 형이 구법보다 경한 때에는 신법에 의한다.

③ 재판확정후 법률의 변경에 의하여 그 행위가 범죄를 구성하지 아니하는 때에는 형의 집행을 면제한다.

제2조 (국내범)

본법은 대한민국영역내에서 죄를 범한 내국인과 외국인에게 적용한다.

제3조 (내국인의 국외범)

본법은 대한민국영역외에서 죄를 범한 내국인에게 적용한다.

제4조 (국외에 있는 내국선박 등에서 외국인이 범한 죄)

본법은 대한민국영역외에 있는 대한민국의 선박 또는 항공기내에서 죄를 범한 외국인에게 적용한다.

2.2.2.2. 판결문

소송은 판결을 목적으로 진행되는 절차이다. 원고와 피고가 소송을 진행하면 그 결과가 판결문으로 나온다. 법원은 판결의 내용을 확정한 다음, 이를 판결문으로 작성하고, 이 판결문에 기하여 선고한다. 판결문은 사건의 당사자와 그 대리인에게 분쟁의 처리 결과를 알려주고, 유사한 사안에 대하여 선례로 기능한다.[10]

이러한 판결문에 들어갈 내용은 각 법률에 정해져 있다. 예를 들어, "형의 선고를 하는 때에는 판결이유에 범죄될 사실, 증거의 요지와 법령의 적용을 명시하여야 한다"(형사소송법 제 323조 1항). 그리고 판결문의 양식은 별도의 법규정 없이 법원의 관행에 맡겨져 오다가, 여러 차례의 개선안을 통해 나름의 독자적인 양식을 갖추게 되었다. 현재는 1998년에 제정된 "판결서 작성 방식에 관한 권장사항"에 따라 그 내용을 일반인도 이해하기 쉽게 표현하고자 한다.

전체적으로 구성을 보면, '사건번호', '소송 당사자' 정보를 통해 사건을 확인한다. 그리고 '주문'은 재판부의 결론 내용을 담고 있다. 민사 재판의 경우 원고의 청구를 받아들인다는 '인용'이나 받아들이지 않는다는 '기각'의 내용과 함께 소송 비용 부담에 관한 내용을 포함한다. 형사 재판의 경우, 검사가 기소한 범죄의 혐의가 있는 피고인에 대해 재판부가 유죄여부를 밝히고, 유죄인 경우 형량을 밝힌다. 그 다음, '청구 취지'는 원고의 요구사항이 명시된 것이다. 그리고 '이유'는 사건의 개요와 재판부의 결론에 대한 근거를 제시한다. 원고와 피고 양측의 주장과 근거를 제시하고, 이에 대한 법률적 판단의 취지와 시대적 내지 사회적 의미를 제시한다. 이유는 '기초 사실', '판단', '결론'으로 구성되는데, '기초사실'은 재판에 앞서 양측이 모두 인정한 내용이고, '판단'은 관련 법규에 따라 양측 주장의 타당성과 적법성을 검토한 과정이며, '결론'은 이에 따라 내린 판사의 결정이다. 다음은 판결문의 일부를 보여준다.

【원고】원고(소송대리인 변호사 전봉호)
【피고】전라북도교육감
【변론종결】
2009. 6. 16
【주문】
1. 원고의 청구를 기각한다.
2. 소송비용은 원고가 부담한다.
【청구취지】
피고가 2009. 1. 28. 원고에 대하여 한 정직 3월의 처분을 취소한다.
【이유】
1. 처분의 경위

가. 원고는 1981. 3. 11. ○○중학교 교사로 임용된 이래 ○○공업고
등학교 등을 거쳐 2005. 3.1.부터 다시 ○○중학교에서 근무하던
중, 2008. 3. 1. 의원면직됨과 동시에 내부형 공모제 교장으로 임
용되어 재직중인 교육공무원이다.

나. 전라북도교육공무원 일반징계위원회는 2009. 1. 15. 원고에 대하
여 "원고는 아래와 같은 사유(이하, '이 사건 징계사유'라고 한다)
로 초/중등교육법 제9조, 행정감사규정 제19조, 국가공무원법 제
56조(성실 의무), 제57조(복종의 의무)를 위반하였으므로 국가공
무원법 제78조 제1항을 적용하여 정직 3월에 처한다."는 의결을
하였다.

2.2.2.3. 기타

앞서 살펴본, 대표적인 법률문서인 법조문과 판결문 외에도 다른 일차적
법률문서들이 존재한다. 특히 소송과정에서 다양한 종류의 법률문서들이 나
타난다. 이러한 소송관련 법률문서들은 일반 문서에 비해 나름의 특성을 갖는
다.[11] 첫째, 법률문서의 내용은 증거에 의해서 제한된다. 즉, 법률문서는 주관
적이거나 감상적인 것에 근거하면 안 된다. 둘째, 법률문서는 법률과 판례의
존재를 전제로 한다. 즉, 법률문서는 내용의 근거가 되는 법조문 혹은 판례를
바탕으로 만들어지는 것이다. 셋째, 법률문서는 강제력을 갖고 있거나 그러한
강제력의 발휘를 전제한다. 넷째, 법률문서를 작성하는 법조인에게는 윤리적
의무가 부과된다. 예를 들어, 변호사는 고객의 정보를 토대로 소장을 만들거
나 청구서 등을 작성하는데 이러한 내용을 사적으로 발설하면 안 된다. 다섯
째, 법률문서에 대해서는 일정한 형식이나 기재사항이 강제되는 경우가 있다.

즉, 갖추어야 될 일정한 형식적인 요건들이 있어서, 이를 빠뜨리면 법률 문서로서 효력을 발휘하지 못하는 경우가 있다. 여섯째, 법률문서는 시간적 제약 하에서 작성되는 경우가 많다.

이에 대한 예들을 살펴보자. 먼저 원고가 소장을 작성해서 법원에 제출하면 소가 제기된다. 소장에는 당사자, 법정대리인, 청구취지 및 청구원인을 기재한다. 소장을 받으면 상대방(피고)는 답변서를 제출하게 되는데, 답변서는 피고가 원고의 청구를 다투는 경우에 제출하는 것이다. 답변서에는 소장의 청구취지에 대한 답변, 소장에 기재된 개개의 청구원인 사실에 대한 인정 여부, 항변과 이를 뒷받침하는 구체적 사실, 증거 방법 및 준비서면의 기재사항 등을 적는다. 소장과 답변서 둘 다 특정한 요건을 요구하므로 형식성이 높다고 볼 수 있다. 다음은 소장과 답변서의 예를 보여준다.

소 장

원고   ○ ○ ○ (주민등록번호:)
             ○○시 ○○구 ○○동 ○○번지
             (전화 :   )
피고   ○ ○ ○ (주민등록번호:)
             ○○시 ○○구 ○○동 ○○번지
             (전화 :   )

가옥명도청구의 소

청 구 취 지

1. 피고는 원고에게 별지목록기재 가옥을 명도하라.
2. 소송비용은 피고의 부담으로 한다.
3. 제1항에 한하여 가집행할 수 있다.
  라는 판결을 구합니다.

청 구 원 인

1. 원고는 본건 가옥을 소유하게 된 경위(즉, 매수, 매각 등)를 기재하고 원고
  의 명의로 소유권 이전등기가 되어 있는 등의 사실을 기재
2. 피고가 본건 가옥을 불법 점유하고 명도하지 않은 사실 및 원고가 본 소 청
  구에 이르게 된 경위 등을 기재

입 증 방 법

1. 본건 부동산(가옥)이 원고의 소유임을 입증할 수 있는 증빙서류를 기재

첨 부 서 류

1. 위 입증서유   각 1통
1. 소장부본(피고가 여럿인 경우 피고의 수에 따라 추가)   1통
1. 납부서   1통
1. 등기부등본, 토지대장, 가옥대장   각 1통

20○○년 ○월 ○일

답 변 서

원고: ○○○
피고: ○○○
사건번호: ○○○○ 가단 ○○○○ 호 대여금

청 구 취 지 에 대 한 답 변

1. "원고의 청구를 기각한다."
2. "소송비용은 원고의 부담으로 한다." 라는 판결을 구합니다.

청 구 원 인 에 대 한 답 변

1. 원고가 피고에게 말한 ○○○○.○○.○○자 금전소비대차계약서를 작성하고 금 5억 원을 대여했고, 약정이후 피고가 원고에게 이자를 전혀 지급하지 않았다는 애용을 통보하였다고 주장하고 있으나 이는 전혀 사실이 아닙니다.
2. 피고의 통장거래내약을 보더라도 ○○○○.○○.○○에 ○○ 은행으로부터 입금된 사실은 없습니다.
3. 피고는 ○○○○.○○.○○. ○○ 은행과 근저당권설정 계약을 하였으며 현재까지 유효하며, 원고와는 계약한 바가 전혀 없습니다. 만약 원고와 계약을 했다면 근저당권 이전사항이 등기부등본에 기록되어 있어야 하나 그렇지 않습니다. 또한 채권 최고액을 초과하여 대여금을 주는 채권자는 없다고 판단되므로 원고 주장은 거짓입니다.

○○○○ 년 ○○ 월 ○○일
피고: ○ ○ ○ (인)

서울서부지방법원 제1민사단독 귀중

최종 판결 단계에서 변호인은 자신의 의견을 진술할 기회를 가지는데, 이를 변론이라고 한다. 변론은 별도의 문서로 작성될 수 있는데, 이를 '변론요지서'라고 부른다. 변론요지서는 다른 일차적 법률문서와 마찬가지로 사건번호/사건명, 변론 내용, 변호사 기명/날인 등 일정한 형식이 정해져 있다. 다음은 변론요지서의 예를 보여준다.

변 론 요 지 서

사건   2012고단2288 사기
피고인   송 ○○
변호인   공익법무관 윤 병 남

위 사건에 관하여 피고인의 변호인은 다음과 같이 의견을 개진합니다.

다 음

1. 본 건 공소사실의 요지

　본건 공소장 기재와 같습니다.

2. 피고인의 변소 요지

　피고인은 주식회사 ○○○○의 텔레마케터로 일하면서, 회사로부터 제공받은 전화번호로 전화를 하여 단순히 부동산 투자에 대한 권유 등의 업무를 제공하였을 뿐, 공동피고인 김○○과 공모한 사실이 없고, 피해자에게 어떠한 기망행위를 한 사실이 없으며, 피해자로부터 공소사실기재금원을 편취할 고의가 없었다는 취지로 무죄를 주장하고 있습니다.

탄원서에는 탄원인과 피탄원인에 대한 기본적인 정보 외에, 탄원취지 그리고 탄원이유가 들어간다. 다음은 탄원서의 예를 보여준다.

탄 원 서

탄원인　　○○○
　　　　　○○시 ○○구 ○○동 ○번지
　　　　　전화 ○○○-○○○○
피탄원인　○○○
　　　　　○○시 ○○구 ○○동 ○번지
　　　　　전화 ○○○-○○○○

탄 원 취 지

귀원 ○○고단○○○호로 재판중인 피탄원인관련 무고사건에 대하여 탄원하오니 피탄원인을 선처해 주시기 바랍니다.

탄 원 이 유

탄원인은 ○○주식회사의 생산과장이고, 피탄원인은 탄원인의 소속 생산원입니다. 그런데 지난 20○○년 ○월 ○일 ○○주식회사 영업부장이 회사 공금을 횡령하였다는 내용이 본사 사보에 실리게 되었는데 그 내용을 피탄원인이 영업부장 ○○○을 형사처분을 받게 할 목적으로 허위로 제보하였다는 이유로 영업부장 ○○○은 피탄원인을 무고 혐의로 고소하였습니다.
존경하는 재판장님
[…]
이런 파탄원인이 무고혐의로 고소를 당하여 재판중이라니 참으로 믿어지지 않고 이해가 가지 않습니다.
부디 진실을 밝히시어 죄없는 파탄원인을 하루속히 석방하여 주십시오.

20○○년 ○월 ○일

위 탄원인 ○○○○

○○지방법원 형사○단독 귀중

제3장

법률 언어

3.1. 전문어

동일한 언어권에 속하는 사람들이라 할지라도 지역, 나이, 성, 계층, 학력, 직업 등에 따라 조금씩 다른 모습의 언어를 사용한다. 이러한 언어변이(linguistic variation) 중에서 지역에 따른 변이를 지역 방언, 그리고 사회적 신분에 따른 변이를 사회 방언이라 부른다. 후자의 경우, 사람들은 직업에 따라 또는 사회적 지위에 따라 언어적 차이를 드러낸다. 이 경우, 우리는 상대방의 발화나 텍스트를 통해 상대방에 대해 정보를 이끌어낼 수 있다. 이는 언어가 갖는 사회적 성격으로 인한 것이다.

직업에 따른 언어변이를 "전문어(Fachsprache, language for special purpose: LSP)"라고 부른다.[1] 학문과 기술이 급격하게 발달함에 따라 새로운 전문분야들이 생겨나고, 각 분야에서의 지식 전달을 위한 전문어들이 발전하게 되었다. 전문어가 어떤 특정한 분야에서 사용된 언어들의 집합이라고 하면, 일반 언어는 인간의 삶과 관련된 모든 분야의 언어적 표현 전체의 집합이라고 말할 수 있다. 따라서 전문어는 일반 언어의 한 하위언어(sublanguage)로서 특정 전문분야의 의사소통 상황에서 특정 의미를 갖는다. 〈그림 1〉은 이러한 일반 언어와 전문어 간의 관계를 보여준다.

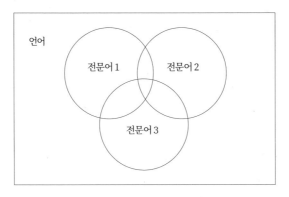

〈그림 1〉 일반 언어와 전문어

　　개별 전문어들은 일반 언어의 하위집합이므로, 일반 언어의 문법과 어휘부를 대부분 이어받지만 나름의 문법과 어휘부를 형성하기도 한다. 따라서 전문어의 특성을 어휘 부문과 문법 부문에서 찾아볼 수 있다. 어휘 부문의 경우, '전문용어(terminology)' 개념 하에서 최근 많은 연구가 이루어지고 있다. 이에 따르면, 전문어는 품사상 주로 명사 범주에 해당하고, 조어 방식으로 보면 주로 합성어와 파생어에 해당한다. 그리고 문법 부문의 경우, 일반 언어에 비해 전문어에만 고유하게 사용되는 구문는 없지만 빈번하게 사용되는 특정 구문들이 관찰된다. 예를 들어, 명사화 구문이나 기능동사구, 비인칭 수동문 등이 자주 사용하는 것을 볼 수 있다.

　　법률 언어(legal language)는 법률 영역에서 사용되는 전문어로서 법률 체계에서 사용되어온 구어와 문어 전반을 가리킨다. 법률 언어는 일반 언어와는 다른 특성을 보여주는 전형적인 전문어의 특성을 보여준다. 『걸리버 여행기』의 다음 구절은 법률가들의 언어가 일반 언어와 얼마나 동떨어진 모습을 하고 있는지 비유적으로 잘 표현하고 있다.

> "우리들 중에는 어릴 때부터 말로써 증명하는 기술을 연마해 온 사람들이 있는데, 이들은 보수를 받은 만큼 '흰 것이 검은 것이요, 검은 것이 흰 것이다'와 같은 증명을 한다. 이 사람들에게 나머지 사람들은 노예에 불과하다. [⋯]
> 특수한 은어 또는 자신들의 언어를 가지고 있는데, 그들 이외 어느 누구도 그 말을 이해할 수 없으며 그들의 법도 그러한 특수한 언어로 기술되어 있다."

전문어로서의 법률 언어에 대해 찬반 의견이 분분하다. 다음의 인용문은 전문어로서의 법률 언어가 보이는 특수성을 다음과 같이 비판한다.

> "우리 법률가들은 평범한 영어를 쓰지 않는다. 우리는 두 단어로 표현될 수 있는 것을 여덟 단어를 사용해서 표현한다. 우리는 일반적인 아이디어를 표현할 때 아주 잘 쓰지 않는 까다로운 표현을 사용한다. 엄밀하게 표현하기 위해서 부연설명을 한다. 조심스럽게 표현하기 위해 말이 길어진다. 우리의 문장은 계속 꼬이고, 절 안에 절이 들어가 있고, 절 안에 구가 들어가 있는 형태를 자주 사용한다. 그럼으로써 독자의 눈을 피곤하게 하고, 독자의 마음을 괴롭힌다. 그 결과, 법률가들이 사용하는 언어는 다음의 네 가지 특징을 가진다: 장황하고, 불분명하고, 거만하고, 날카롭지 못하다." (Wydick 1998)

이와 반면에, 다음의 인용문은 전문어로서의 법률 언어 존재의 타당성을 주장한다.

> "법의 필연적인 전문화는 법령을 법적 이해의 관점에서 작성한 법률로 나타난다. 법률을 해석하는 판사의 역할에 대한 개념이 없다면, 판사들은 법률해석하는 일을 외면하고, 법률은 일반 신문과 동일한 방식으로 쓰여져 있다는 허구에 사로잡혀 있을 것이다." (Rasmussen 1995:1055; Gibbons 2003에서 재인용)

한편, 전문어로서 법률 언어가 갖는 한계점들을 피하기 위해, 법률 언어가 갖추어야 할 기준으로서 다음 네 가지가 제시된다.[2] 첫째는 명료성(clarity)으로서, 입법부의 의도가 모호성 없이 분명하게 문자화되어야 한다. 즉, 법조문이 무엇을 담고 있는지 분명하게 그 의도가 표현되어야 한다. 둘째는 정밀성(precision)으로서, 가능한 한 적은 단어들을 사용하여 간략하게 표현할 것을 요구한다. 이는 일반적으로 명사구를 빈번히 사용하게끔 한다. 셋째는 비중의성(unambiguity)으로서 단일한 해석을 갖는 문장으로 표현해야 한다. 이를 위해 보통 적절한 위치에 관련 수식구들을 삽입하여 단일한 해석을 갖게 한다. 넷째는 포괄성(inclusiveness)으로서 가급적이면 입법자가 생각하는 모든 경우의 수를 다 포괄하여 법조문 안에 넣어야 한다. 이 기준은 형평성의 문제를 야기하는데, 모두 표현하면 이해하기 어렵고, 대표적인 몇 가지 경우만을 표현하면 누락이 생겨 해석상의 오류가 생길 수 있다. 완벽한 법조문은 위와 같은 네 가지 기준을 충족시켜야 한다고 보지만, 이러한 기준을 모두 충족시키는 법령을 만드는 일은 현실적으로 매우 어렵다.

본 장에서는 전문어로서 법률 언어에 대하여 자세히 살펴보기로 한다. 먼저 어휘 부분을 살펴보고(3.2절), 다음으로 문장 구조를 살펴본다(3.3절). 그리고 최근 일고 있는 법률 분야의 '쉬운 언어' 쓰기 운동을 소개한다(3.4절).

3.2. 어휘

본 절에서는 법률 언어를 어휘 차원에서 살펴본다. 먼저 법률 어휘의 일반적인 속성을 개관하고, 다음으로 전문용어학의 관점에서 법률 어휘를 관찰하도록 한다. 그리고 끝으로 어휘론의 관점에서 법률 어휘들 간의 의미적 관계를 살펴본다.

3.2.1. 특성

먼저 법률 언어의 어휘가 갖는 일반적인 속성들을 살펴보자. 법률 어휘는 일반 어휘에 비해 다음과 같은 몇 가지 특성을 보인다.

첫째, 고어체가 빈번하게 사용된다. 영어의 경우, 중세 영어(1) 그리고 라틴어(2) 사용을 볼 수 있다.[3]

> (1) Hear *ye* ('Listen up!')
>   Further affiant *sayeth* not. ('The affiant has nothing else to say.')
> (2) decree *nisi* (이혼 가판결)
>   *habeas corpus* (인신 보호 영장)
>   *affidavit* (선서 진술서)

ex parte (일방적으로)

한국어의 경우, 한자어(3)와 일본어(4) 표현이 빈번하게 사용된다.

(3) a. 법률안에 이의가 있을 때에는 대통령은 제1항의 기간내에 이의
　　　서를 붙여 국회로 환부하고, … (헌법 제53조 2항)
　　b. 대통령이 궐위되거나 사고로 인하여 직무를 수행할 수 없을 때
　　　에는 … (헌법 제71조)

(4) a. 총리령을 공포할 때에는 그 일자를 명기하고, … (법령 등 공포에
　　　관한 법률 제9조 1항)
　　b. 이 규칙은 민사소송법 제109조 제1항에 의하여 소송비용에 산입
　　　할 변호사보수의 금액을 정함을 목적으로 한다. (변호사보수의
　　　소송비용 산입에 관한 규칙 제1조)

　법률 언어가 이와 같이 고어체를 여전히 사용하는 배경으로는 몇 가지가
있다.[4] 먼저 법률가들은 상당히 보수적이어서 시대의 변화에 따른 어휘들을
쉽게 수정하거나 변경하지 않는다. 그리고 헌법, 법령, 판례 등은 다른 법률
문서들의 원천이 되므로 상당한 권위를 갖는다. 고어체의 사용은 한편으로
이러한 권위를 유지하는데 도움이 된다고 생각한다. 이는 종교에서 성경이
나 경전, 코란이 이해하기 어려운 어휘들로 쓰여있는 것과 같은 이유로 볼 수
있다. 또한 안전함과 편리함을 들 수 있다. 판결문의 문구 하나하나는 상당히
중요한 의미를 지니는데, 예를 들어, 새로운 단어나 구를 사용하면 이에 새로
운 의미를 부여해야 한다. 따라서 가장 안전한 방법은 기존의 어휘들을 그대
로 답습하는 것이다. 그리고 예전부터 사용해 오던 어휘나 표현들을 그대로

사용하면 다른 사람들을 이해시키는 데도 편리하다. 기존에 이미 사용되어 왔기 때문에 다른 사람들도 알고 있어서 구태여 다시 설명할 필요가 없다.

두 번째의 특징으로는 상당히 의식적이고 형식적인 언어의 사용을 들 수 있다. 즉, 특정 법체계에 고유한 형식적인 어휘나 구문이 빈번하게 사용된다. 다음은 영어와 한국어의 예를 보여준다.

(5) a. Be it enacted by the Queen's most Excellent Majesty, by and with the advice and consent of the Lords Spiritual and Temporal, and Commons, in this present Parliament assembled, and by the authority of the same, as follows. …

b. Be it enacted by the Senate and House of Representatives of the United States of America in Congress assembled, That …

(6) a. 원심판결을 파기하고, 사건을 ××법원에 환송한다.

b. 그러므로 상고를 기각하고, 상고비용은 패소자가 부담하기로 하여 관여 대법관의 일치된 의견으로 주문과 같이 판결한다.

영미법에서는 입법과정에서 법적인 효력을 갖추기 위해 항상 형식적인 문구가 법령 앞에 추가된다. 예 (5a)는 영국법에서 그리고 예 (5b)는 미국법에서 첫머리에 형식적으로 추가하는 문구들이다. 그리고 국내의 경우, 우리는 판결문의 결론부분에서 (6)과 같은 상투적인 표현들을 보게 된다. 이러한 형식적 표현들을 사용하는 것은 해당 발화가 법적 효력을 갖는 법률적 행위임을 관련자들에게 암시해 준다. 즉, 정해진 형식에 따른 발화나 문장은 소위 '법적 절차의 의식(liturgy of legal procedure)'을 만들어낸다.[5] 법률어휘들을 특정 구문에 담아 표현함으로써 사법행위에 의해 해결될 필요가 있는 다수의 상황들을 처리하기에 적합한 정교하고 위엄있는 의식을 만들어낼 수 있다.

세 번째 특징으로 법은 문화 특수적이다.[6] 법률 어휘는 지역이나 나라마다 다르고, 어떤 법률 어휘는 특정 법률 체계에서만 나타나기도 한다. 이는 법률 어휘가 국가나 문화에 밀접한 관련을 가지고 있기 때문이다. 이런 의미에서 법률 어휘는 문화 특수적 내지 문화 의존적이라고 할 수 있다. 예를 들어, 영미법과 대륙법의 법률 어휘들은 일대일 대응이 되지 않는다. 그리고 유럽연합법(European Union law)의 경우, 유럽연합은 특수한 유럽 공동체이기 때문에 그 속에서 존재하는 법률 어휘에는 개별 나라의 법률 어휘와는 다른 개념이 필요하다. 또한 냉전체제 하에서의 구 소련 법률은 사회주의 체제를 반영하는 법률 어휘들을 가지고 있다. 다음 예를 보자.

(7) a. *prodrazverstka* ('the obligation to hand over foodstuffs')

　　b. *sotsial'no opasnoe deistvie* ('socially dangerous activity')

예를 들어, 사회주의 체제 하에 존재하는 개념인 '농산물 증발'(7a)의 어휘가 존재하거나, '범죄'를 '사회적으로 매우 위험한 행위'라고 다른 식으로 표현한다(7b). 체제가 달라지면 그 체제를 반영하는 새로운 법률 어휘가 나타나거나 기존에 있던 것을 새롭게 바꾼다고 볼 수 있다. 그리고 법률은 이러한 체제 이외에도 종교나 관습에 의존적일 수 있다. 즉, 그 사회의 종교나 문화를 반영한 법률 용어들이 사용될 수 있다.

3.2.2. 전문용어로서 법률어휘

전문용어(terminology)는 특정 분야의 언어체계인 전문어에서 사용되는 어휘이다.[7] 전문어가 일반 언어의 하위언어이므로, 전문용어는 일반 언어의 용어에 포함될 수도 있다. 그러나 의미가 부여되는 방식에 있어서 전문용어는 일반 언어의 용어와는 다르다. 일반적으로 단어와 그 의미 간의 관계는 〈그림 2〉에 제시된 기호 삼각형에 의해 설명된다.

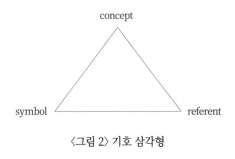

〈그림 2〉 기호 삼각형

이에 따르면, 언어기호(symbol)는 개념(concept)을 매개로 하여 실세계에 존재하는 대상(referent)에 연결됨으로써 그 의미를 획득한다. 일반용어와 전문용어는 언어기호와 대상을 연결하는 방향에서 차이를 나타낸다. 일반 용어는 대상에 언어기호를 부여하는 어의론적 관점(semasiology)을 취하지만, 전문용어는 언어기호에 대하여 대상을 부여하는 명칭론적 관점(onomasiology)을 취한다. 그 결과, 전문용어는 단일한 의미를 갖는 경향이 있다.

명칭론적 관점에서 의미를 부여받는 법률 전문용어는 다른 전문용어들처럼 명확한 의미를 갖는다. 이는 법률 전문용어와 그 정의를 제시하고 있는 법률 용어사전에서 확인해 볼 수 있다. 다음은 영어와 한국어 법률용어사전에서 제시하고 있는 전문용어의 정의문 예이다.

(8) a. Plaintiff: A person who brings an action; the party who complains or sues in a personal action and is so named on the record.

b. Abatement: A court decision that is suspended, or simply closing the case before the final decision is reached. (Black's Law Dictionary)[8]

(9) a. 낙성계약: 당사자 사이의 의사표시가 합치하기만 하면 계약이 성립하고, 그 밖에 다른 형식이나 절차를 필요로 하지 않는 계약을 말한다.

b. 미필적 고의: 행위자가 객관적 구성요건의 실현가능성을 충분히 인식하고 또한 그것을 감수하는 의사를 표명한 경우를 말한다. (법률용어사전 2018)

다음은 일반언어의 어휘와 비교하여 법률 전문언어가 갖는 특성들을 형태론적 관점에서 살펴보도록 한다.

먼저, 일반 어휘에는 다양한 품사가 존재하지만, 전문용어에서는 명사와 명사구가 압도적인 위치를 차지하며, 그외 형용사와 동사가 일부 사용된다. 법률 전문용어에서도 명사(구)가 가장 많은 비율을 차지한다. 명사(구)가 두드러지게 많이 사용되는 이유는 명사가 일반 형용사나 동사에 비해 보다 객관적이고 정밀하다는 느낌을 주기 때문이다. 다음은 명사구의 예들을 보여준다.

(10) a. 영어: presumption of innocence, burden of proof, rea-sonable doubt, …
   b. 독일어: Die Einbringung des Gesetzentwurfs ('the contri-bution of the bill'), …
   c. 프랑스어: adjudication sur baisse de mise a prix ('sale of immovable property by auction at a reduced starting price'), …

다음은 한국어 법률문서에 나타나는 명사구를 보여준다.[9]

(11) a. 가압류의 집행
   b. 인식없는 과실
   c. 한글전용에 관한 법률

한국어의 경우, 법률문서에 나타나는 명사구를 보면 크게 세 가지 패턴을 볼 있다. "A의 B" 유형(11a)는 'A를 B하다'의 의미를 표현한다. "A-ㄴ B" 유형 (11b)은 관형형의 구로서 A가 B를 수식한다. 그리고 "A에 관한 B" 유형 (11c) 은 특별 법률이나 특정 분야에 대한 세부 법률을 표현할 때 자주 등장한다.

명사의 경우, 형태론상으로는 하나의 형태소로 이루어진 단일어나, 여러 형태소들로 구성된 합성어, 형태소와 접사로 구성된 파생어 등으로 구분할 수 있다. 전문용어의 명사는 이러한 일반적인 형태들로 나타나는데, 합성어와 파생어에서 나름의 특성을 보인다. 한국어의 경우를 살펴보자. 합성어의 경우 형태

소들간의 관계에 따라 여러 하위 종류들을 설정할 수 있다. 다음 예들을 보자.[10]

> (12) a. 사회안전법: 특정 범죄를 다시 저지를 위험을 예방하고, 사회 복
>   귀를 위한 교육 개선이 필요하다고 인정되는 사람에 대하여 보안
>   처분을 함으로써 국가와 사회 안전의 유지를 목적으로 하는 법.
>   b. 상속재산: 상속에 의하여 상속인이 피상속인으로부터 물려받는
>   재산.
>   c. 사전감사: 거래가 성립하기 전에 감사인이 승낙하는 일.
>   d. 사기취재: 남을 속여서 재물을 빼앗는 일.

(12a)의 경우, 첫 번째 형태소가 두 번째 형태소의 목적을 나타내고, (12b)의
경우, 첫 번째 형태소가 두 번째 형태소의 상태를 나타낸다. 그리고 (12c)의
경우, 첫 번째 형태소가 두 번째 형태소의 순서나 빈도를 나타내고, (12d)의
경우, 첫 번째 형태소가 두 번째 형태소의 수단 또는 방법을 나타낸다.

　파생어의 경우 접두한자어나 접미한자어를 사용하여 생성된다. 다음은
자주 사용되는 접두한자어와 접미한자어의 예들을 보여준다.

> (13) a. 준점유, 가결의, 비등기선
>   b. 미성년자, 법정대리인, 선세권, 유지권사

　다음, 일반 어휘는 그 규모가 안정적인 반면에, 전문용어는 새로운 용어
들이 계속 생성된다. 새로운 법률 어휘를 만들기 위해 가장 많이 사용하는 방
법은 '차용'이다. 법 영역에서 새로운 개념이 필요하면 그 단어를 새로 만드
는 것이 아니라 다른 언어에서 그 개념을 표현하는 어휘를 가져와서 사용한

다. 예를 들어, 영어권에서는 라틴어로부터 차용이 많이 일어난다. 우리나라의 경우, 대부분의 법률용어는 일본 법률용어로부터 차용되었고, 일본 법률용어는 독일 법률용어로부터 차용이 일어났다. 차용은 그 방식에 따라 다음과 같이 구분된다. 첫째, '차용 직역(direct borrowing)'은 출처언어의 글자 하나하나를 목표언어의 글자로 번역하는 방식이다. 둘째, '차용 의역(loan translation)'은 의미를 고려해 번역하는 것으로, 출처언어의 단어 의미와 같은 의미를 갖는 목표언어의 단어로 번역한다. 셋째, '차용 의미(borrowed meaning)'는 목표언어의 단어에 출처언어의 해당 단어 의미를 부여하여 사용하는 방식이다. 다음은 이에 대한 예들이다.[11]

> (14) 차용 직역
>> a. franchising, factoring
>> b. 법률행위(Rechtsgeschäft), 충실의무(duty of loyalty)
> (15) 차용 의역
>> a. *action de classe*(class action)
>> b. 신의성실(bona fides), 집중투표(cumulative voting)
> (16) 차용 의미
>> a. tort, equality
>> b. 법률(Gesetz), 권리(right), 의무(duty)

이외에도 '차용 창조'는 전혀 새로운 법률 어휘를 만들어내는 차용 방법이다. 그 예로는 "대통령", "회사", "주식" 등이 있다. 그리고 다른 분야의 전문용어를 법률용어로 사용하는 '직접 차용'이 있다. 예를 들어, "컴퓨터", "프로그램", "소프트웨어", "인터넷" 등은 컴퓨터 분야에서 차용한 어휘들이다.

또한, 법률 어휘는 다른 전문용어와 마찬가지로 약어를 많이 사용한다. 다음은 이에 대한 예들이다.

(17) a. 영어: NY UCC (New York Uniform Civil Code), CC (Code civil)

　　 b. 독일어: BGB (Bürgerliches Gesetzbuch), ZGB (Zivilgesetzbuch)

　　 c. 프랑스어: COREPER (Comité des représentants permanents)

3.2.3. 어휘관계

일반 언어에서 어휘들은 유사어 관계, 반의어 관계, 상하위어 관계 등 다양한 어휘 관계들을 맺고 있다. 법률 언어의 어휘 관계는 일반 언어의 어휘 관계와 다른 모습을 보인다. 어휘 관계별로 이를 살펴보자.

첫째, 동음이의어 관계(homonymy)는 소리나 형태는 같은데 의미가 다른 어휘들간의 관계이다. 법률 언어의 경우, 이 관계를 갖는 어휘들은 법학내의 전문적인 의미를 갖지만 일반적인 용법에서는 비전문적인 의미를 갖는 어휘들이 이에 해당하는데, 이를 "법률 동음이의어(legal homonyms)"라고 한다. 다음은 이에 대한 예들이다.[12]

(18) action (= lawsuit)

　　 article (= part of a document)

　　 consideration (= recompense / payment)

　　 issue (= children)

(19) 위헌인 경우의 효과

　　 … 라고 봄이 상당하다

예 (18)에서 보면, action은 일상 언어에서는 '행동'을 뜻하지만 법률 문서에서는 '소송'을 의미한다. article은 일상 언어에서는 '기사'를 뜻하지만 법률 문서에서는 '법조항'을 의미한다. consideration은 일상 언어에서는 '고려'를 뜻하지만 법률 문서에서는 '보상'을 의미한다. issue는 일상 언어에서는 '판' 또는 '본'을 의미하지만 법률 문서에서는 '자식'을 의미한다. 한국어의 예 (19)를 보면, 법적 의미로서 '효과'는 일반적 의미와는 달리 부정적 의미로 쓰이며, 법적 의미로서 '상당하다'는 일반적 의미와는 달리 '타당하다'의 의미로 사용된다.

둘째, 유사어 관계(synonymy)는 둘 이상의 서로 구분되는 어휘가 하나의 의미에 대응되는 경우이다. 다음 법률 언어의 예들을 보자.[13]

> (20) a. 감경-경감, 거소-주소, 파산-도산, …
>   b. 변론-논변, 검시-검안, 공모-동모, …
>   c. 강간-준강간, 범죄-준범죄, …

(20a)의 경우 두 어휘의 의미가 완전히 동일하여 모든 맥락에서 상호 교체가 가능한 경우이다. (20b)의 경우, 일반적으로 동일의미를 나타내지만 문맥에 따라 상호 교체가 허용되지 않는 경우가 있는 부분적 동의어이다. 그리고 (20c)의 경우, 접두한자어 '준'을 사용한다. 사용한 유사 부분적 동의어에 해당한다.

법률에서 우리는 유사어 관계를 이용한 특수한 표현방식을 찾아볼 수 있다. 영어의 경우, 유사한 의미의 영어 단어와 라틴어 단어를 접속사 and로 나열하는 소위 "어원적 병기(etymological doubling)"가 나타난다. 다음 예들을 보자.[14]

(21) of sound mind and *memory*

give devise and *bequeath*

will and *testament*

new and *novel*

peace and *quiet*

즉, "영어 and 라틴어" 패턴으로서 여기에 나타나는 두 단어들은 동일한 의미를 나타낸다. 이는 유사어 반복을 통해 개념을 정확히 표현하기 위한 것이다.

또한 우리는 다음과 같이 유사한 어휘들을 가능한 모두 열거하는 법조문들을 볼 수 있다.[15]

(22) a. *any and all letters, correspondence, memoranda, notes, working papers, diaries, invoices, computations, graphs, charts, drafts,* ⋯

b. ⋯ the Author shall not, without the prior written consent of the Publisher, *write, edit, print, or publish* […] any other edition of the Work, ⋯

위 (22a)에서 문서에 해당하는 예들을, 그리고 (22b)에서는 기록과 의미상 관련있는 동사들이 나열된다. 이는 가능한 한 모든 경우를 법조문에 다 표기하여 중요성을 강조하는 효과를 갖는데, 이때 나열되는 단어들은 소위 '가짜 유사어(quasi-synonyms)'로서 엄밀한 의미에서 유사어 관계를 나타내지 않는다.

셋째, 반의어 관계(antonymy)는 서로 다른 의미를 표현하는 어휘들이 보여주는 관계이다. 다음 법률 언어의 예들을 보자.[16]

(23) a. 가중-경감, 사망-출생, …

　　 b. 개정-폐정, 동의-이의, 무죄-유죄, …

　　 c. 거주자-비거주자, 기소-불기소, 성년-미성년, …

위 예에서 (23a)의 경우, 어휘를 이루는 두 한자가 모두 반의관계를 이룬다. (23b)의 경우, 나머지 한자는 같고 단 한 개만 반대의 뜻을 갖는다. (23c)의 경우, 부정 접두어 "비, 불, 미" 등이 사용되어 반의 관계를 형성한다. 일반 언어와 달리 법률 언어에서는 반의어가 전혀 다른 것으로 쓰이는 경우가 있다. 예를 들어, 일반 언어에서 speech('말')의 반의어는 writing('글')이지만, 법조문에서는 conduct('행위')라고 본다.

　넷째, 다의어 관계(polysemy)는 일반 언어에서는 하나의 단어가 여러 개의 의미를 가지고 있는 어휘를 뜻한다. 다수의 일반 어휘는 다의어에 해당하여, 중의성을 나타낸다. 그러나 전문용어는 앞서 언급한 바와 같이 용어와 개념 간의 관계가 명칭론적 관점을 취하여 일대일 대응관계를 보이기 때문에 중의성이 나타나지 않는다. 즉, 하나의 전문용어는 단 하나의 개념만을 지시하는 단일개념원리를 따른다. 그럼에도 불구하고 법률 언어에서도 다의어 관계를 갖는 어휘들을 볼 수 있다. 다음 예들을 보자.[17]

(24) civil law (jus civile)

　　 common law

　　 supreme court

위의 법률 어휘들은 시대 또는 지역에 따라 다른 의미를 갖는 경우이다. civil law의 경우, 고대에는 로마법을 의미하고, 현대에는 대륙법을 그리고 개별

나라에서는 민법을 의미한다. common law의 경우, 일반적으로 영미법을 의미하지만, 다른 한편으로는 관습법을 의미한다. 또한 supreme court의 경우, 일반적으로 대법원을 의미하지만, 뉴욕주에서는 일반적인 법정을 의미한다.

3.3. 구문

법률문서를 읽었을 때 우리는 문장이 길고 복잡하여 이해하기가 어렵다는 느낌을 받는다. 이는 법률문서가 일반 문서와는 다른 장르상의 특징을 갖기 때문이다. 법률문서의 복잡한 문장에 대해 벤덤(J. Bentham)은 다음과 같이 표현한다.

> "여러 이유와 필요성에 의해 법적 문서 전체는 하나의 문장 안에 쥐어짜져 들어가 있는 것 같다. 혹은 (한 문장 안에 모두 들어가 있는 모습은 마치) 여관의 저녁식사가 한 접시 안에 다 담겨 나오는 모습과 같다."

법언어학자 티어스마(P. Tiersma)는 이를 다음과 같이 비판한다.

> "계약서, 증서, 유언장 등과 같은 사적 문서를 작성하는 변호사들은 일반적으로 시간당 보수를 받는데, 작성하는 문서의 길이와 복잡성을 통해 그들 고객들에게 어떤 인상을 심어줄 -혹은 보수에 대한 정당화를 할- 필요가 있다고 느낄지도 모른다. 그래서 그들은 지급받은 보수에 대해 단어들로 반응을 보인 중세시대의 수도승처럼, 자연스럽게 반복되고 장황한 스타일을 자유로이 사용하게끔 된 것일 수 있다."
> (Tiersma 1999: 61)

본 절에서는 일반 언어에 비해 법률 언어가 가지고 있는 구문상의 특징들을 자세히 살펴본다. 그리고 각 특징들에 대하여 영어 법조문과 한국어 법조문에서 나타나는 예들을 가지고 설명하도록 한다.

3.3.1. 긴 문장

먼저 눈에 띄는 특징은 법률문서에 나타나는 문장들은 그 길이가 길다는 점이다. 이는 특정 주제에 대한 모든 정보를 독립적인 하나의 단위 내에 모두 표현하려는 동기에서 나타나는 현상이다. 많은 정보를 둘 이상의 문장으로 나누어 표현한다면 해석에 있어서 중의성(ambiguity)이 발생할 수 있다. 즉, 일반적으로 선행 문장과 후행 문장은 의미상 연결되며, 이는 통사구조 또는 어휘에 반영된다. 그리고 후행 문장의 해석은 선행 문장에 의존하며, 이때 중의성이 발생할 수 있다. 그러므로 법률가들은 중의성을 피하기 위해 가능한 한 하나의 문장 내에 모두 표현하게 되고, 그 결과 긴 문장으로 나타나게 된다.

실제로 조사해 보면, 일반문서에 비해 법률문서의 문장은 길이가 긴 것으로 나타난다. 영국의 경우, 법조문은 문장당 55.11 단어인 반면에, 일반문서들의 모음인 브라운 코퍼스(Brown Corpus)에서는 문장당 25.49 단어가 나타난다.[18] 미국의 경우도 마찬가지다. 다음에 제시되는 미국 법조문의 예를 보자.

> (25) Every person who insures or receives any consideration for insuring for or against the drawing of any ticket in any lottery whatever, whether drawn or to be drawn within this State or not, or who receives any valuable consideration upon any agreement to repay any sum, or deliver the same, or any other

property, if any lottery ticket or number of any ticket in any lottery shall prove fortunate or unfortunate, or shall be drawn or not be drawn, at any particular time or in any particular order, or who promised or agrees to pay any sum of money, or to deliver any goods, things in action, or property, or to forbear to do anything for the benefit of any person, with or without consideration, upon any. Event or contingency dependent on the drawing of any ticket in any lottery, or who publishes any notice or proposal of any of the purposes aforesaid, is guilty of misdemeanor. (California Penal Code §324)

위 법조문은 157개의 단어들로 이루어진 두 개의 문장으로 이루어졌다. 한국의 경우도 이와 비슷한 경향을 보인다. 다음 예를 보자.

(26) 유구한 역사와 전통에 빛나는 우리 대한국민은 3·1운동으로 건립된 대한민국임시정부의 법통과 불의에 항거한 4·19민주이념을 계승하고, 조국의 민주개혁과 평화적 통일의 사명에 입각하여 정의·인도와 동포애로써 민족의 단결을 공고히 하고, 모든 사회적 폐습과 불의를 타파하며, 자율과 조화를 바탕으로 자유민주적 기본질서를 더욱 확고히 하여 정치·경제·사회·문화의 모든 영역에 있어서 각인의 기회를 균등히 하고, 능력을 최고도로 발휘하게 하며, 자유와 권리에 따르는 책임과 의무를 완수하게 하여, 안으로는 국민생활의 균등한 향상을 기하고 밖으로는 항구적인 세계평화와 인류공영에 이바지함으로써 우리들과 우리들의 자손의 안전과 자유와 행복을 영원히 확보할 것을 다짐하면서 1948년 7월 12

일에 제정되고 8차에 걸쳐 개정된 헌법을 이제 국회의 의결을 거쳐 국민투표에 의하여 개정한다. (헌법 전문)

위에 제시된 헌법 전문은 99개의 어절로 이루어진 하나의 문장으로 구성되어 있다.

이러한 긴 문장은 법조문 이외에 판결문에서도 쉽게 찾아볼 수 있다. 다음은 판결문의 예이다.

(27) 기록에 의하면 피고인은 제1심판결들에 대하여 항소하면서 항소이유로 양형부당만을 주장하거나 법리오해와 양형부당을 주장하다가 원심 제2회 공판기일에 법리오해 주장을 철회하였음을 알 수 있는바, 이러한 경우 원심판결에 대하여 사실오인이나 법리오해의 점을 상고이유로 삼을 수 없다. 나아가 살펴보더라도 범죄수익은닉의 규제 및 처벌 등에 관한 법률상 '범죄수익'이란 '중대범죄에 해당하는 범죄행위에 의하여 생긴 재산 등을 말하고, '중대범죄'란 '재산상의 부정한 이익을 취득할 목적으로 범한 죄로서 [별표]에 규정된 죄'를 말하며, [별표]에는 형법 제329조부터 제331조까지의 죄가 중대범죄로 규정되어 있는데, 형법 제332조는 절도의 습벽이 있는 자가 상습으로 형법 제329조 내지 제331조의2의 죄를 범한 때에 가중처벌한다는 규정에 불과하고, 상습성이 없는 단순 절도 범행으로 취득한 범죄수익에 대해서는 범죄수익은닉규제법이 적용됨에도 절도의 습벽이 있는 자가 상습으로 범한 절도 범행으로 취득한 범죄수익에 대해서는 범죄수익은닉규제법이 적용되지 않는다고 해석하는 것은 현저히 부당한 점에 비추어 보면, 설령 위 [별표]에 형법 제332조가 중

대범죄로 규정되어 있지 아니하더라도 형법 제329조부터 제331
조까지의 죄를 상습으로 범한 형법 제332조의 상습절도죄는 [별
표] 소정의 중대범죄에 해당한다고 봄이 타당하다.

따라서 피고인이 상습절도 범행으로 절취한 도금액 등을 처분하
고 그 대가로 받은 현금을 타인 명의의 계좌로 입금한 행위는 범
죄수익 등의 취득 또는 처분에 관한 사실을 가장한 행위에 해당
하여 범죄수익은닉규제법 위반죄가 인정된다고 할 것이다. 같은
취지에서 이 부분 공소사실을 유죄로 인정한 원심의 조치는 정당
한 것으로 수긍할 수 있고, 거기에 범죄수익은닉규제법이 정한 '범
죄수익'에 관한 법리를 오해한 위법이 있다고 할 수 없다. (대법원
2017. 7. 18. 선고 2017도5759 판결)

위 판결문은 총 206어절의 네 개의 문장으로 구성되어, 문장당 51.5어절이
나타난다. 한국어의 일반 문서는 문장당 평균 11어절로 이루어지지만, 판결
문의 경우 평균이 46어절로 나타나는 것으로 조사되었다.[19] 즉, 판결문이 일
반 문서에 비해 4배 이상 긴 문장들을 사용하고 있음을 보여준다.

3.3.2. 복잡한 문장구조

문장의 길이가 긴 것은 한편으로 여러 문장들을 하나의 문장 내에 표현한
결과이다. 이는 다른 한편으로 문장구조의 복잡성을 의미한다. 즉, 여러 문장
을 등위 접속사나 종속 접속사를 사용하거나 복잡한 수식이나 내포의 구조를
사용하여 연결한다. 조사에 의하면, 2001년도 영국의 법률문서의 경우 단순
문이 20%인 반면에, 중문 및 복문이 나머지 80%를 차지하는 것으로 나타난
다.[20] 다음 예는 이러한 복잡한 문장구조를 갖는 법조문이다.

(28) In the case of any matter which is not one of the reserved
matters within the meaning of the Scotland Act 1998 or in
respect of which functions are, by virtue of section63 of
that Act, exercisable by the Scottish Ministers instead of by
or concurrently with a Minister of the Crown, this section
and section 8 shall apply to Scotland subject to the following
modifications.
(Electronic Communications Act 2000 c. 7 (9)(7))

위 법조문의 경우, 내포문이 문장 가운데 들어가서 더욱 복잡한 모습을 보여
준다.

다음은 한국어의 경우를 보자. 한국어의 법률 문장도 영어와 비슷한 양
상을 보인다. 예를 들어 우리나라 헌법을 문장유형별로 분석하면, 단순문이
21%이고, 나머지 79%가 중문 및 복문으로 나타난다. 법조문의 경우에서도
우리는 문장 구조의 복잡성을 확인할 수 있다. 다음 예를 보자.

(29) a. [[이사의 직무집행을 정지하거나] [직무대행자를 선임하는 가
처분을 하거나] [그 가처분을 변경·취소하는]] 경우에는 주사무
소와 분사무소가 있는 곳의 등기소에서 이를 등기하여야 한다.
(민법 제52조의2)

b. [[상인간의 매매에 있어서 매수인이 목적물을 수령한 때에는]
지체없이 이를 검사하여야 하며] [하자 또는 수량의 부족을 발
견한 경우에는 [[즉시 매도인에게 그 통지를 발송하지 아니하
면] 이로 인한 계약해제, 대금감액 또는 손해배상을 청구하지
못한다.]] (상법 제69조)

위 예들에서 보면, 문장들이 대등문으로 연결되거나(29a), 또는 대등문과 종속문이 혼합되어 나타난다(29b). 이러한 복잡한 문장구조는 앞서 제시된 판결서 (27)에서도 확인해 볼 수 있다.

3.3.3. 명사화

한편, 법률문서에서 우리는 동사의 명사형이 빈번하게 사용되는 것을 볼 수 있다. 앞절에서 언급한 바와 같이 명사형을 쓰면 보다 객관적인 인상을 주므로 특히 법조문에서는 명사형을 번번히 사용한다. 예를 들어, 문장으로 표현할 수 있는 것도 명사형을 사용해 명사구로 표현한다. 이외에도 수동태처럼 행위자를 강조하고 싶지 않거나 명시적으로 나타내고 싶지 않을 때 명사화한 표현을 사용한다. 다음 예들을 보자.[21]

(30) a. If there is an infringement of any rights granted to the Publisher … the Publisher shall have the right, in its sole discretion, to select counsel to bring an action to enforce those rights …

b. Cutting down, destroying or injuring any kind of wood …

(30a)에서는 동사 infringe의 명사형 infringement가 사용되었고, (30b)에서는 동명사구가 사용되었다. 특히 (30b)의 경우, 동명사구를 사용하여 행위자를 표현하지 않음으로써 이러한 행위를 하는 사람들은 모두 다 이 법조문에 해당된다는 것을 의미한다.

다음은 한국어의 경우를 보자. 인도유럽어족의 언어에서는 명사형을 쓰는 것이 자연스럽지만, 한국어의 경우 명사형은 부자연스럽게 느껴진다. 그럼에도 불구하고, 우리말에 이러한 명사적 표현이 나타난 것은 독일법을 번역한 일본법을 다시 번역한 결과로 볼 수 있다. 다음 예들을 보자.

(31) a. 법인은 <u>법률의 규정에 의함이 아니면</u> 성립하지 못한다. (민법 제31조)
    b. 정관을 <u>변경함에는</u> <u>총사원의 동의</u>가 있어야 한다. (상법 제204조)

위 예에서 나타나는 부자연스런 명사형은 적절히 수정될 수 있다. (31a)에서 "법률의 규정에 의함이 아니면" 표현은 "법률의 규정에 의한 것이 아니면"으로, (31b)에서 "변경함에는" 표현은 "변경할 때에는"으로 수정되면 보다 자연스럽다.

3.3.4. 비표준적 문장

다음은 법률문서의 표현들이 일상언어의 표준문법에서 벗어나는 경우들을 살펴본다.

첫째, 법률가들은 글을 쓸 때 동일한 의미의 표현들 중에서 보다 긴 표현들을 선호하는 경향이 있다. 영어의 경우, 단일한 전치사나 부사 대신에 주로 전치사구나 복합구문을 사용하여 표현한다. 다음은 이에 대한 예들이다.[22]

(32) at slow speed (= slowly)
    in the event that (= if)
    subsequent to (= after)

during the time (= during)

until such time as (= until)

in order to (= to)

한국어 법률문서의 경우에서도 일반 언어에서 사용하는 짧은 표현 대신에 긴 표현들이 자주 사용된다. 다음은 이에 대한 예들이다.

(33) a. … 악의 또는 중대한 과실이 있는 때에는 회사에 대하여 연대하여 손해를 배상할 책임이 있다. (상법 제191조)

b. 법원은 그 선임한 재산관리인으로 하여금 재산의 관리 및 반환에 관하여 상당한 담보를 제공하게 할 수 있다. (민법 제26조)

(33a)의 "회사에 대하여"는 여격 명사구 "회사에게"로, (33b)의 "재산관리인으로 하여금"은 여격 명사구 "재산관리인에게"로 대치될 수 있다.

둘째, 어순에 있어서 표준문법과 차이를 보이는 경우들이 있다. 영어의 경우를 보면, 라틴어의 영향으로 인해 현재 영문법과 맞지 않는 영어 문장들이 사용되기도 한다. 다음 예들을 보자.[23]

(34) a. rent hereinbefore reserved and agreed to be paid

→ the reserved and agreed-upon rent

b. The Lord Chancellor may, with the concurrence of the Minister for the Civil Service as to numbers and salaries, appoint …

→ With the concurrence of the Minister for the Civil Service as to numbers and salaries, the Lord Chancellor may appoint …

예 (34a)에서 명사 수식어가 라틴어 영향으로 피수식어 명사 뒤에 나타난다. 예 (34b)에서는 주어와 동사가 수식어구에 의해 분리되어 나타난다. 이들은 제시된 수정문에서 보는 바와 같이 현대 영어와는 차이가 난다.

한국어의 경우도 어순에 있어서 표준문법과 차이나는 예들을 쉽게 찾아볼 수 있다. 다음 예들에서 법조문과 수정문을 비교해 보면, 법조문이 어색한 것을 볼 수 있다.

> (35) a. 여단급이상의 전투를 주임무로 하는 부대의 장은 대통령이 정하는 바에 의하여 제1항에 규정된 보직상의 자격을 구비한 전투병과출신장교로써 보한다. (군인사법 제16조 2항)
> → 전투를 주된 임무로 하는 여단급 이상 부대의 장은 …
> b. 공정거래위원회는 가맹본부에게 건전한 가맹사업거래질서를 확립하고 불공정한 내용의 가맹계약이 통용되는 것을 방지하기 위하여 일정한 가맹사업거래에서 표준이 되는 가맹계약서의작성 및 사용을 권장할 수 있다. (가맹사업거레의 공정화에 관한 법률 제11조 4항)
> → 공정거래위원회는 건전한 가맹사업거래질서를 확립하고 불공정한 내용의 가맹계약이 통용되는 것을 방지하기 위하여 가맹본부에 일정한 가맹사업거래에서 표준이 되는 가맹계약서의 작성 및 사용을 권장할 수 있다.

셋째, 현대 언어의 문법에 어긋나는 문장들을 많이 사용한다. 영어의 경우, 법률문서의 텍스트는 일반문서와는 달리 대명사화, 생략 등의 규칙을 적용하지 않는다. 문장을 나열할 때 아예 하나의 긴 문장으로 만들거나 대명사를 사용하지 않는다. 즉, 문장 경계를 넘는 문법적 연결을 회피하는 모습을 보인다. 이는 앞서 언급한 중의성의 문제를 피하고자 하는 의도에서 나타나는 현상이라고 볼 수 있다. 다음 예를 보자.[24]

> (36) Player will report promptly for and participate fully in Club's official pre-season training camp, all Club meetings and practice sessions, and all pre-season, regular-season and post- season football games scheduled for or by Club. If invited, Player will practice for and play in any all-star football game sponsored by the League. Player will not participate in any football game not sponsored by the League unless the game is first approved by the League.

예 (36)은 세 개의 문장으로 이루어져 있는데, 첫 번째 문장의 주어는 player, 두 번째와 세 번째 문장의 주어도 player이다. 보통 일반 문서는 두 번째 문장과 세 번째 문장의 주어를 대명사 he로 표현할 것이다. 그러나 대명사를 사용하면 그 지시대상이 열려있어 중의적 해석을 유발한다. 그러므로 법률문서에서는 명사를 반복하여 사용함으로써 처음부터 중의적 해석의 가능성을 차단한다.

한국어의 경우는 영어와는 달리 필수적인 문장성분이 생략되거나, 중복되거나, 격조사가 잘못 사용되는 경우들이 나타난다. 다음 예들을 보자.

> (37) a. 익명조합원의 출자가 손실로 인하여 감소된 때에는 그 손실을 전보한 후가 아니면 [익명조합원은] 이익배당을 청구하지 못한

다. (상법 제82조 1항)

   b. 사원이 업무를 집행함에 현저하게 부적임하거나 중대한 의무
     에 위반한 행위가 있는 때에는 … (상법 제205조 1항)

   c. 청산인은 변제기에 이르지 아니한 회사채무에 대하여도 이를
     변제할 수 있다. (상법 제259조)

예 (37a)에서 주어("익명조합원은")가 생략되었다. 특히, 생략은 대명사와 마찬가지로 그 해석 가능성이 열려 있어 중의성을 유발할 수 있다. 법률 문서에서는 가급적 중의적 해석의 표현을 배제한다는 점을 고려한다면, 한국어 법률 문서에 나타나는 생략 현상은 가급적 피해져야 한다. 또한 (37b)의 경우 목적격 조사 "의무를" 대신에 부사격조사 "의무에"가 사용되어 부정확한 문장이 된다. 그리고 (37c)의 경우 대명사 "이를"의 사용으로 인해 목적어가 반복되어 나타난다.

넷째, 영어의 경우 비인칭 구조를 선호한다. 주어 자리에 사람이 오는 것이 아니라 다른 개체들이 오는 문장들을 선호한다. 이는 'I'나 'You'를 쓰게 되면 개인들 간에 법률이 적용된다는 인상을 주지만, 3인칭을 사용하면 법률이 보다 객관적으로 적용된다는 느낌을 줄 수 있기 때문이다. 또한 법률은 광범위한 적용을 염두에 두고 한번에 여러 청자들을 상정한다. 따라서 가급적 청자를 직접 가리키는 것을 피한다. 다음은 이에 대한 예들이다.[25]

    (38) a. This court finds … (← We find …)

        b. The sex offender shall register with the police. (← You
           must register with the police.)

이와 관련하여 수동태의 빈번한 사용을 언급할 수 있다. 일반적으로 수동태는 행위자를 명료하게 나타내고 싶지 않을 때 사용되기 때문이다. 이외에도 법조인들은 상대방에게 객관적이고 권위있는 느낌을 주기 위해서도 수동태를 사용한다. 다음은 이에 대한 예들이다.[26]

(39) a. Those who skateboard on sidewalks shall be punished.
　　　(← We shall punish those who skateboard on sidewalks.)
　　b. It is ordered, adjudged and decreed ⋯ (← I order ⋯)
　　c. The application for stay of execution is denied. (← We deny ⋯)

한국어의 경우, 법조문의 첫머리는 보통 문장의 주제가 차지한다. 법조문은 특정 주제에 대해 어떤 사항들을 기술하는 구조를 갖는다. 여기서 특정 주제는 "은/는"의 보조사나 "~에 대하여"와 같은 구를 사용하여 표현된다. 다음의 예들을 보자.

(40) a. 모든 국민은 직업선택의 자유를 가진다. (헌법 제15조)
　　b. 대통령의 임기가 만료되는 때에는 임기만료 70일 내지 40일전에 후임자를 선거한다. (헌법 제 68조 1항)
　　c. 본법은 대한민국영역 내에서 죄를 범한 내국인과 외국인에게 적용한다. (형법 제2조)
　　d. 14세되지 아니한 자의 행위는 벌하지 아니한다. (형법 제9조)

예 (40a)에서 우리는 문장 첫머리에 보조사 "은/는"에 의한 주어 표현을 볼 수 있다. 이러한 보조사의 사용은 명사구 뿐만 아니라 절에서도 사용된다(40b).

또한 주제화된 목적어의 경우에도 목적격 조사 "을/를" 대신에 보조사를 사용한다(40c~d).

이와는 달리 내포문의 주어는 주제가 될 수 없으므로 법조문의 첫머리에 나타날 경우 주격조사 "이/가"로 표현된다. 다음은 이에 대한 예들이다.

(41) a. [법정대리인이 범위를 정하여 저분을 허락한] 재산은 … (민법 제6조)

   b. [점유자가 점유물에 대하여 향사하는] 권리는 적법하게 보유한 것으로 추정한다. (민법 200조)

3.4. 쉬운 공공언어

대부분의 나라에서는 법률문서를 비롯하여 정부나 공공기관에서 만들어 낸 문서를 일반 국민이 이해하는 데는 어려움이 있다. 이는 문서 생성 기관이 사용하는 관료적이고 전문적인 언어의 속성으로 인한 것이다. 미국, 영국, 스웨덴, 프랑스, 스페인 등의 유럽에서는 일반 국민이 쉽게 이해할 수 있는 언어로, 즉 '쉬운 언어(Plain Language)'로 공공기관의 문서를 작성하자는 운동이 전개되어 왔다.[27] 국내에서도 이와 비슷한 운동이 있다. 아래에서는 미국과 국내에서의 이러한 운동을 살펴본다. 그리고 이와 관련하여 국내의 법령정비사업을 함께 살펴보기로 한다.

3.4.1. 미국

쉬운 언어란 "가급적이면 적은 노력을 들여서 독자들이 저자의 의미를 이해하고 그 문서를 사용하도록 허용되는 방식으로, 정보를 독자에게 제시하는 언어와 디자인을 의미한다"(Cutts 1996). 만약 저자가 정보를 제시할 때 자신의 의도대로만 제시한다면 독자는 이해하기 어려울 수 있다. 따라서 독자의 입장을 헤아려서 독자가 이해하기 쉬운 방법으로 그 정보를 디자인하고 언어로 표현하면 독자는 더 쉽게 이해할 수 있다. 이러한 쉬운 언어는 법률 분야뿐만 아니라 의학, 공학, 경제, 과학 등의 문헌이나 논문, 그리고 정부 문서 등에도 적용될 수 있다.

이러한 쉬운 언어를 사용하면 여러 이점들이 있다.[28] 첫째, 쉬운 언어를 사용하면 말하고자 하는 취지를 정확히 표현해 낼 수 있다. 전문어의 어휘는 한정적이어서 전문용어만을 사용하여 취지를 표현하면 정밀도가 떨어질 수 있다. 이에 비해 일반적이고 일상적인 어휘나 문법을 사용하면 취지를 더 정밀하게 표현해 낼 수 있다. 둘째, 전문어의 어휘나 문법을 고집하게 되면 여러 오류들이 나타날 수 있다. 즉, 그 언어의 표준 문법에 맞지 않는 문장들이 만들어질 수 있다. 이와 반면에 일반 대중이 사용하고 있는 표준 문법을 따르는 쉬운 언어를 사용하면 오류가 줄어든다. 셋째, 적은 비용으로 문서를 빨리 만들어낼 수 있다. 법률 언어의 경우, 전문어를 사용하여 법률 문서를 생성하고자 하면, 작성자는 전문어를 습득하여야 하므로 추가적인 비용이 소요된다. 그러나 대중들이 사용하고 있는 쉬운 언어를 사용할 경우 추가적인 교육이나 비용이 들지 않는다. 넷째, 쉬운 언어는 일반 대중이 사용하고 있는 언어이기 때문에 사람들이 더 친근하게 느끼고, 사람들을 더 쉽게 설득할 수 있다. 이와 반면에 전문어의 어휘나 문법으로 표현하면 이해 자체가 어렵고, 그로 인해 독자에 대한 설득도 더욱 어렵다. 다섯째, 특정 영역에 종사하는 특정 사람들만 이해하는 전문어에 비해 쉬운 언어는 대중이 쉽게 이해할 수 있다는 측면에서 민주적이라고 할 수 있다.

미국에서의 '쉬운 언어 운동(plain language movement)'은 1960년대에 각종 계약문서의 내용과 형식이 이해하기 어려워 소비자의 권리가 침해되자 소비자들이 연방과 주정부에 개선을 요구하면서부터 시작되었다. 이러한 운동은 90년대 중반부터 PLAIN(Plain Language Action and Information Network) 단체에 이어져 내려왔다. 이 단체는 연방 내 다양한 기관의 공무원, 전문가 등 실무 그룹의 자발적 협력을 토대로 정부의 문서 작성에서 쉬운 언어 사용을 촉진하는 역할을 수행하였다. 그 결과, 2010년에 '쉽게 쓰기 법(Plain Writing Act)'이 제정되었다. "이 법의 목적은 대중이 이해하고 사용할 수 있는 명료한 정부의 의사소통을 촉진하여 연방정부의 대중에 대한 효과성과 책임성을 증진시키는 데 있다"(제2절). 이에 따르면, 쉬운 글쓰기란 "명료하고, 간결하고, 잘 조직되고, 주제나 분야 그리고 의도된 독자에 적합한 최선의 지침들을 따르는" 언어로 작성된 경우이다(제3절). 그리고 4절에서는 ㄱ) 쉽게 쓰기 기준 실행을 위한 준비, ㄴ) 새로운 문서에 쉽게 쓰기를 사용하는 기관들의 실행요건, ㄷ) 예산 관리국의 법 시행 지침 개발 및 발간을 설명하고 있다. PLAIN 단체는 이러한 언어 정책의 추진 주체가 되어, 2011년에 『연방의 쉬운 언어 지침(Federal Plain Language Guidelines)』을 발행하였다.[29] 이 단체에서는 모든 연방 공공기관들에게 제한된 편집 서비스를 제공하고, 쉬운 언어와 관련된 세미나 개체 및 훈련 프로그램을 운영하는 활동을 하고 있다.

다음은 PLAIN에서 제시하고 있는 쉬운 영어의 몇 가지 예를 살펴보자. 먼저 단어 차원을 보자. 동사의 경우, 능동태, 현재시제, 단순형태 등의 사용을 권고한다. 그리고 명사의 경우, 동사의 명사형을 피하고, 독자를 지칭하는 you의 사용을 권고한다.

(42) a. The lake was polluted by the company.

→ The company polluted the lake.

b. These sections describe types of information that would satisfy the application requirements of Circular A-110 as it would apply to this grant program.

→ These sections tell you how to meet the requirements of Circular A-110 for this grant program.

c. To trace the missing payment, we need to carry out a review of the Agency's accounts so we can gain an understanding of the reason the error occurred.

→ To trace the missing payment, we need to review the Agency's accounts so we understand the reason the error occurred.

d. Underground mine worker safety protection procedures development

→ Developing procedures to protect the safety of workers in underground mines

e. Copies of tax returns must be provided.

→ You must provide copies of your tax returns.

f. The X Department and the Y Department worked together on

a joint project to improve ⋯

→ The X and Y Departments worked on a project to improve ⋯

(42a)는 능동태로의 변환을 보여주고, (42b)에서는 would satisfy 형태 대신에 meet 형태의 사용을 보여준다. 그리고 (42c)에서는 기능동사구 carry out a review, gain an understanding of 대신에 단순 동사 review, understand의 사용을 보여준다. (42d)에서는 복합 명사구 대신에 동사를 사용한 다시쓰기를 보여준다. 그리고 (42e)에서는 독자의 you 사용 모습을 보여준다. (42f)의 경우, 불필요한 단어(Department)가 생략되는 모습을 보여준다.

다음 문장 차원을 보자.

(43) a. Once the candidate's goals are established, one or more potential employers are identified. A preliminary proposal for presentation to the employer is developed. The proposal is presented to an employer who agrees to negotiate an individualized job that meets the employment needs of the applicant and real business needs of the employer.

→ Once we establish your goals, we identify one or more potential employers. We prepare a preliminary proposal to present to an employer who agrees to negotiate a job that meets both his and your employment needs.

b. If any member of the board retires, the company, at the discretion of the board, and after notice from the chairman of the board to all the members of the board at least 30 days before executing this option, may buy, and the retiring member must sell, the member's interest in the company.

→ The company may buy the member's interest. …

c. An application for a grant does not become void unless the applicant's failure to provide requested information is unreasonable under the circumstances.

→ An application for a grant remains active if the applicant provides the information we request within a reasonable time.

문장의 경우에도 몇 가지 지침들을 제시한다. (43a)의 경우는 짧은 문장으로 표현하는 것을 보여준다. 하나의 문장에 모든 것을 집어넣으려는 유혹에서 벗어나서, 생각을 부분으로 나누고 이를 별개 문장으로 표현하도록 한다. (43b)의 경우는 주어와 동사, 목적어를 한 문장 안에서 밀접하게 붙여놓아서 이해하기 쉬운 것을 보여준다. 수식구나 삽입절을 가급적 피하거나 문장 뒤에 돌린다. (43c)의 경우는 이중 부정 및 예외에 대한 예외를 사용하지 않고서 가급적 긍정적인 문장들을 사용하는 예를 보여준다.

3.4.2. 국내

일반적인 글을 잘 쓰는 사람이 특정 전문 영역의 문서도 쉽게 꾸며낼 수 있다. 유시민(2015)에서는 독자에게 쉽게 읽혀질 수 있는 글을 쓰기 위해 다음과 같은 원칙들을 제시한다.

- 무슨 이야기를 하는지 주제가 분명해야 한다.

- 그 주제를 다루는 데 필요한 사실과 중요한 정보를 담아야 한다.

- 그 사실과 정보 사이에 어떤 관계가 있는지 분명하게 나타내야 한다.

- 주제와 정보의 논리를 적절한 어휘와 문장으로 표현해야 한다.

공공문서의 경우, 국내에서도 『연방의 쉬운 언어 지침』과 비슷한 지침이 존재한다. 국립국어원이 편찬한 『쉬운 공공언어 쓰기 길잡이』(2014)와 『한눈에 알아보는 공공언어 바로 쓰기』(2019)에서는 공공 분야에서 문서를 작성할 때 참조해야 할 일반적인 원칙들을 예와 함께 제시하고 있다. 여기서 '공공언어(public language)'는 "정부에서 일반 국민을 대상으로 공공의 목적을 위해 사용하는 언어"이지만, 좁은 의미로는 "행정부와 지방자치단체 및 그 산하 공공기관이 생산하는 문서의 언어"로 정의된다. 그리고 '쉬운 공공언어'가 갖추어야 할 요건으로 두 가지를 든다. 첫째는 소통성으로, 독자가 내용을 이해하는 데 어려움이 없어야 한다. 이를 위해 쉬운 용어를 사용하고, 형식에 맞춰 작성하고, 정보의 양을 적절하게 제시하고 배열해야 한다. 둘째는 정확성으로, 어문규범을 준수하고 표현이 정확해야 한다. 다음은 『쉬운 공공언어 쓰기 길잡이』에 제시된 예들을 살펴보자.

먼저 어휘의 차원을 보자.

    (44) a. 7일 내로 즉시 제출바람.

       → 7일 내로 제출해 주십시오.

      b. 독거노인과 결손가정에 …

       → 독거노인과 한 부모 가족, 청소년 가장 가족 등에 …

      c. 서비스 모니터링을 연 1회 실시하여 …

→ 서비스 점검을 …

표현의 측면에서 권위적인 표현이나 차별적인 표현을 쓰지 않는 것을 권고한다. (44a)에서 명령조의 "제출바람"은 부탁조의 "제출해 주십시오"로 수정한다. (44b)에서 "결손가정" 표현은 부정적 의미를 담고 있어서 이를 위 제시한 바와 같이 중립적인 표현으로 수정한다. 그리고 약어와 전문 용어는 쉽게 풀어 쓰고, 외국어를 남용하지 않고, 외국 글자나 한자를 피하도록 권고한다. (44c)에서는 외래어 "모니터링"이 우리말 "점검"으로 대체된다.

다음은 문장 차원을 보자.

(45) a. 계획을 달성할 수 있도록
→ 계획을 이행할 수 있도록
b. 미세 먼지란 입자의 크기가 ~ 이하를 말한다.
→ 미세 먼지란 입자의 크기가 ~ 이하인 것을 말한다.
c. 일정 규모 이상의 야적장을 물류창고로 운영하는 물류창고업자는 등록해야 하므로
→ 일정 규모 이상의 야적장을 물류창고로 운영하는 물류창고업자는 물류창고업을 등록해야 하므로
d. 축산물 유통 혁신을 통해 축산 농가에게는 안정적인 소득을 보장하고
→ 축산물 유통 혁신을 통해 축산 농가에는 안정적인 소득을 보장하고
e. 이 설문조사 결과는 청소년 언어 개선책을 시급히 마련해야 한다는 점을 말해 주고 있다.
→ 청소년 언어 개선책을 시급히 마련해야 한다는 점을 이 설문조

사 결과에서 알 수 있다.

먼저 문맥에 맞는 단어의 사용을 권한다. (45a)의 경우, 명사 "계획"에는 동사 "이행하다"가 어울린다. 또한 문장 구성 요소끼리 잘 어울려야 한다. (45b)의 경우, 주어 "미세 먼지란"에 어울리는 술어는 "~이하인 것"이다. 그리고 문장 구성 요소를 지나치게 생략하지 말아야 한다. (45c)의 경우, 목적어가 생략되어 "물류창고업을"을 추가해야 한다. 또한 조사를 정확하게 사용해야 한다 (45d). 이외에도 (45e)에서 보는 바와 같이, 번역 투를 피한다.

3.4.3. 법령 정비 사업

우리나라의 법률은 특히 일본의 영향으로 일본식 용어나 한자어 그리고 일본식 표현들을 많이 포함하고 있어 일반 국민들이 법률을 이해하는데 상당한 어려움이 있다. 정부는 이러한 어려움을 인식하고 법조문들을 고치려는 법령정비사업을 오래 전부터 수행해 오고 있다. 이러한 법령정비의 필요성은 다음에 잘 나타나 있다.

> "우리는 그동안 최고의 문자인 한글을 두고서도 한자 문화의 오랜 굴레를 벗어나지 못한 채 한자로 표기된 어려운 법령 문장을 사용하면서 일반 국민을 법률관계에서 소외시켜 왔다. 법치국가에서 법 문장은 국민이 쉽게 읽고 이해하여 법을 잘 지킬 수 있도록 이끌어야 한다. 그런데 우리 법은 용어와 표현이 이해하기 어렵고, 어문 규범에도 맞지 않아, 일상 언어 생활과는 거리가 있다는 지적을 받고 있다." (『알기 쉬운 법령정비기준』 8판)

국어학이나 언어학계에서도 법률문서들이 갖는 언어적 문제점들을 지적하고 그 해결책들을 제안해 왔다.[30] 한자어나 일본식 표현의 용어 문제를 제외하고, 문법적으로 문제된 경우로 지적되고 있는 것들을 몇 가지만 보면 다음과 같다.

- 격조사의 잘못된 사용
- 부사격 조사의 잘못된 사용
- 주어나 목적어가 생략된 경우
- 주어-술어 또는 목적어-술어 간 호응이 이루어지지 않는 경우
- 수식어-피수식어 관계가 부정확한 경우

이러한 용어 및 비문법적 문장 수정을 위한 법령정비사업이 해방이후 계속 시행되어 왔다. 첫 번째 법령정비사업은 해방 이후 1948년부터 5.16 쿠데타 전까지 일어난 '구법령정비사업'이다. 그 이후 1969년에 법령의 한글, 한자 표기 기준을 명시한 법령의 한글화가 추진되었다. 1972년부터는 법령용어정비가 시행되었으며, 2006년부터 지금까지는 '알기 쉬운 법령 만들기'가 시행되었다.

다음은 『알기 쉬운 법령 정비기준』에 의거하여 단어 차원과 문장 차원에서 정비의 예들을 몇 가지만 살펴보기로 한다. 이 기준에는 그간 국어학계에서 지적한 비문법적 문장들에 대한 다수의 수정안들을 포함하고 있다.

먼저 단어 차원을 보자. 3.2절에서 언급한 바와 같이, 우리의 법조문은 한자어나 일본어를 많이 포함하고 있다. 정비기준에서는 이를 한글로 표기하는 것을 원칙으로 하고, 일상생활에서 많이 사용하는 용어로 수정할 것을 권

한다. 다음 (46)은 일반 한자어에 대해, 그리고 (47)은 일본식 한자어에 대해 수정의 예들이다.

> (46) a. 개피하다 → 개봉하다/뜯다
>
>> 통수한다 → 지휘한다
>>
>> 전대하다 → 다시 빌려주다
>>
>> ...
>
>> b. 사위 → 거짓/속임수
>>
>> 암거 → 지하도랑
>>
>> 필증 → 증명서/확인증
>>
>> ...
>
> (47) a. 계리하다 → 회계처리하다
>
>> 명기하다 → 명확하게 적다
>>
>> 산입하다 → 포함하여 계산하다
>>
>> ...
>
>> b. 가도 → 임시도로/임시통로
>>
>> 미불 → 미지급
>>
>> 공중 → 일반인
>>
>> ...

이밖에도 권위적인 용어(48a), 성차별적인 용어(48b), 장애인을 비하하는 느낌이 있는 용어 등은 적절한 다른 말로 바꾸어 쓰기를 권한다.

> (48) a. 다음 각호의 1에 해당하는 자는 300만원 이하의 과태료에 처
>
>> 한다.

→ 다음 각 호의 어느 하나에 해당하는 자에게는 300만원 이하의
과태료를 부과한다.

b. 자는 부의 성과 본을 따른다. …

→ 자녀는 아버지의 성과 본을 따른다. …

다음은 문장 차원에서 법령정비의 예들을 살펴보자. 첫째, 주어, 목적어 등의 문장 성분을 분명하게 드러나게 하고, 수식어를 피수식어 앞에 위치시키는 등 어순을 올바르게 하도록 권한다. 다음 예들을 보자.

(49) a. 법 제27조의 규정에 의하여 심판변론인을 선임하고자 할 때에
는 심급마다 선임하여야 하며, 심판변론인과 연명날인한 서면
을 심판원에 제출하여야 한다. (해양사고의 조사 및 심판에 관
한 법률 시행령, 제24조)

→ 해양사고 관련자나 이해관계인은 법 제27조에 따라 심판 변론
인을 선임하려면 심급마다 선임하여야 하며, 심판변론인과 연
명으로 날인한 서면을 심판원에 제출하여야 한다.

b. 국토교통부장관은 제16조의4에 따라 건설기술의 시범사업을
실시한 결과 성능이 우수하다고 인정되는 건설기술에 대하여
는 기술의 이용·보급을 촉진하기 위하여 발주청이 시행하는 건
설공사에 우선 활용하도록 권고할 수 있다. (건설기술 진흥법,
제13조)

→ 국토교통부장관은 발주청이 시행하는 건설공사에 제12조에
따라 건설기술의 시범사업을 한 결과 성능이 우수하다고 인정
되는 건설기술을 우선 활용하도록 권고할 수 있다.

c. 법 제34조의 규정에 의하여 농림수산식품부장관이 관리기관의

장에게 위탁하는 권한은 다음 각호와 같다. (농업협동조합의 구
조개선에 관한 법률 시행령, 제20조)

→ 농림축산식품부장관은 법 제34조에 따라 <u>다음 각 호의 권한을</u>
관리기관의 장에게 <u>위탁한다.</u>

d. 제2항의 규정에 따른 교육기관에서 교육을 받는 자는 수업목적
상 필요하다고 인정되는 경우에는 <u>제2항의 범위 내에서</u> 공표된
저작물을 <u>복제하거나 전송할 수 있다.</u> (저작권법, 제25조)

→ 제2항에 따른 교육기관에서 교육을 받는 자는 수업목적상 필
요하다고 인정되는 경우에 는 공표된 저작물을 <u>제2항의 범위</u>
에서 복제하거나 전송할 수 있다.

e. 환경부장관은 <u>국민이</u> 제9조에 따른 상시측정 및 조사결과, 제
23조의 규정에 의한 오염원조사결과, 폐수배출시설에서 발생
하는 폐수의 오염도 및 배출량, 그 밖에 환경부령이 정하는 정
보에 쉽게 접근할 수 있도록 전산망을 구축·운영하여야 한다.
(수질 및 수생태계 보전에 관한 법률, 제5조)

→ 환경부장관은 제9조에 따른 상시측정 및 조사결과, 제23조에
따른 오염원 조사 결과, 폐수배출시설에서 발생하는 폐수의 오
염도 및 배출량, 그 밖에 환경부령으로 정하는 정보에 <u>국민이</u>
<u>쉽게 접근할 수 있도록</u> 전산망을 구축·운영하여야 한다.

예 (49a)는 생략된 주어를 보충하였으며, (49b)의 경우는 목적어를 분명하게
명시하였다. (49c)의 경우는 목적어를 술어에 인접하여 위치시켰고, (49d)의
경우는 부사어가 피수식어인 술어에 인접하여 이동하였다. (49e)의 경우는
복문으로서 각각의 주술 관계가 명확히 제시되었다.

둘째, 가능한한 명확한 문장을 쓰도록 하고 있다. 다음 예들을 보자.

(50) a. 교육과학기술부장관은 전항의 규정에 의하여 <u>학교법인으로부</u>
<u>터 제출된 보조신청서에</u> 대하여 그 보조여부를 결정한 후 그 결
과를 관계학교법인에 통지하여야 한다. (사립학교 보조와 원조
에 관한 건, 제2조)

→ 교육부장관은 제1항에 따라 <u>학교 법인이 제출한 보조신청서에</u>
대하여 그 보조 여부를 결정한 후 그 결과를 관계학교법인에
통지하여야 한다.

b. 『어선법』또는 『선박법』에 따라 등록한 <u>총톤수 10톤 미만의 어선</u>
<u>또는 선박일 것</u> (낚시 관리 및 육성법 시행령, 별표 2 제3호 다
목)

→ 『어선법』또는 『선박법』에 따라 등록한 <u>어선 또는 선박으로서 총</u>
<u>톤수 10톤 미만일 것</u>

c. 한정후견인의 동의가 필요한 법률행위를 피한정후견인이 한정
후견인의 동의 없이 하였을 때에는 그 법률행위를 취소할 수 있
다. 다만, 일용품의 구입 등 일상생활에 필요하고 그 대가가 과
도하지 아니한 법률행위에 대하여는 <u>그러하지 아니하다.</u> (민법,
제13조 제4항)

→ 한정후견인의 동의가 필요한 법률행위를 피한정후견인이 한
정후견인의 동의 없이 했을 때 에는 그 법률행위를 취소할 수
있다. 다만, 일용품의 ㅜ입 등 일상생활에 필요하고 그 내가가
과도하지 않은 법률행위는 <u>취소할 수 없다.</u>

d. 견책은 비행을 <u>규명하여 장래를 훈계함을</u> 말한다. (군인사법,
제57조 제1항 제6호)

→ 견책은 비행을 저지른 군인에 대하여 <u>앞으로 비행을 저지르지</u>
<u>아니하도록 훈계하는 것을</u> 말한다.

우리말은 피동문이 부자연스럽기 때문에 가급적 능동문으로 고친다(50a). 또한 문장 구조상 중의적 해석을 유발하지 않기 위해 가급적 단순한 문장구조로 제시한다. 예 (50b)의 경우, 수식어의 수식 범위가 불명확하므로 이를 다시 쓰기한 것이다. 또한 대용어의 경우도 그 선행어가 불명확할 수 있으므로 가급적 대응 내용을 직접 적어준다. 예 (50c)의 경우, 대용어 대신 해당 술어가 쓰인다. 그리고 법령에서 필요한 내용이 생략되면 그 의미가 정확하게 전달되지 못하므로 가급적 지나친 생략은 피한다. 예 (50d)의 경우, 생략된 훈계의 대상과 내용을 보충해줌으로써 그 뜻을 명확히 전달할 수 있다.

제4장

제품의 경고문

4.1. 배경

　인간은 '도구의 인간(Homo Faber)', '소비하는 인간(Homo Consumus)' 등의 명칭에서 보듯이 끊임없이 다양한 제품들을 생산하고 소비하는 사회에서 살고 있다. 새로운 기술들이 개발되고 다양한 제품들이 끊임없이 생산되는 현대 사회는 여러 종류의 위험에 항상 노출되어 있다. 이는 사회 또는 정치 차원에서의 불안 내지 위험을 유발할 수 있다. 따라서 매일 새로운 기술과 제품들이 개발되는 현대에는 그것들이 갖는 위험을 통제할 수 있어야 한다. 위험이나 사고를 통제하기 위해 가정하는 세 가지의 단계를 보면 다음과 같다.[1] 첫째, 처음부터 위험 요소를 제거할 수 있는 대안을 고려하여 설계를 한다. 둘째, 위험요소를 제거할 수 없는 경우, 이들 제품과 사람 간의 접촉을 사전에 방지하기 위한 보호 장치를 사용한다. 셋째, 위험요소를 제거할 수 없고, 또한 보호 장치도 설치가 불가능할 경우, 다양한 수단을 통해 경고를 한다. 이러한 단계별 통제장치에 의하면, 일상생활에서 사용하는 제품들에 대해서는 세 번째 단계인 경고 조치가 해당된다. 즉, 제품의 제작자들은 그 제품이 갖는 잠재적 위험을 포함한 다양한 정보들을 소비자들에게 알려줘서 소비자의 신체적·물리적 피해나 금전적 손실을 미리 막아야 한다.

다수의 국가들은 제품의 사용으로 인해 일어나는 사고를 억제하고 사고 피해를 배상할 것인가에 관한 법률을 제정하고 있다.[2] 국내의 경우, 2002년에 제정된 제조물 책임법에 따르면, "제조업자는 제조물의 결함으로 생명·신체 또는 재산에 손해(그 제조물에 대하여만 발생한 손해는 제외한다)를 입은 자에게 그 손해를 배상하여야 한다."(제3조 1항) 여기서 결함은 제조상, 설계상 또는 표시상의 결함을 포괄한다. 제조상의 결함은 제조물이 원래 의도한 설계와 다르게 제조, 가공되어 안전하지 못하게 된 경우이다. 설계상의 결함은 제조업자가 피해나 위험을 줄일 수 있는 설계를 하지 않아 제조물이 안전하지 못하게 된 경우이다. 그리고 표시상의 결함은 제조업자가 합리적인 설명·지시·경고 또는 그 밖의 표시를 하였더라면 해당 제조물에 의하여 발생할 수 있는 피해나 위험을 줄이거나 피할 수 있었음에도 이를 하지 아니한 경우이다. 본장에서는 마지막에 언급된 표시상의 결함과 관련한다. 사고 발생시 이러한 법률 규정에 의해 법적 책임을 지게 되는데, 이로부터 벗어나기 위해 대부분의 제품들은 제품이 가질 위험에 대한 정보를 표시하게 된다. 담배나 술 등은 경고문구가 법률로 확정되어 의무적으로 경고표시를 해야 한다. 의약품의 경우는 경고문구를 표시하도록 법률에 규정하고 있고, 유아용품이나 장난감의 경우 사용상의 주의사항을 표시하도록 관련 부서의 고시에 규정되어 있다. 그리고 기타 다수의 제품은 생산자 자유에 맡겨 놓고 있다.

위와 같은 법적 근거에 따라, 경고표시와 관련한 사고가 있을 경우 그 책임을 생산자에게 돌릴 수 있다는 판례를 볼 수 있다.

"제조상 내지 설계상의 결함이 인정되지 아니하는 경우라 할지라도, 제조업자 등이 합리적인 설명, 지시, 경고 기타의 표시를 하였더라면 당해 제조물에 의하여 발생될 수 있는 피해나 위험을 줄이거나 피할 수 있었음에도 이를 하지 아니한 때에는 그와 같은 표시상의 결함(지시·경고상의 결함)에 대하여도 불법행위로 인한 책임이 인정될 수 있고, 그와 같은 결함이 존재하는지 여부에 대한 판단을 함에 있어서는 제조물의 특성, 통상 사용되는 사용형태, 제조물에 대한 사용자의 기대의 내용, 예상되는 위험의 내용, 위험에 대한 사용자의 인식 및 사용자에 의한 위험회피의 가능성 등의 여러 사정을 종합적으로 고려하여 사회통념에 비추어 판단하여야 할 것이다."

(대법원 2003. 9. 5., 선고, 2002다17333, 판결)

따라서 제품의 생산자는 제품의 오용 또는 남용으로 인해 소비자가 빠질 수 있는 위험을 감소시키기 위해 또는 사고 발생 시에 그 사고에 대한 책임에서 벗어나기 위해서는 경고 문구를 가급적 명시적으로 제시해야 한다. 그러나 상품 제조업자들은 경고문의 이러한 위험 정보가 상품을 판매하는 데 부정적인 영향을 줄지도 모른다는 우려 때문에, 상품에 대하여 불충분하게 경고문을 제시하거나, 위험한 상품을 실제보다 안전한 것으로 사람들에게 인식시키려는 의도로 경고문을 세시할 수노 있다.[3] 그러므로 위험 정보의 표시, 즉 경고표시가 그 효과를 갖기 위해서는 보다 명료하게 제시되어야 한다고 기존 연구들에서 강조한다.[4] 국제표준 EN 82079-1에서는 경고 메시지의 디자인에 대해 다음과 같이 제시하고 있다.

경고 메시지의 디자인은 일관되어야 하고, 경고 메시지는 눈에 띄게 그리고 두드러지게 작성되어야 한다.

a) 신호문자로 시작해라.

b) 텍스트와 설명을 본질적인 것에 제한해라.

c) 경고표시의 위치, 내용, 스타일을 눈에 띄게 해라.

d) 사용하는 동안 적당한 시간에 적당한 위치에서 경고표시를 소비자 그리고 위험에 노출된 다른 사람들의 눈에 띄게 해라.

국내의 경우, 경고표시에 대한 소비자의 이해가 낮은 것으로 평가된다.[5] 따라서 그 내용이 명료하고, 소비자가 쉽게 이해할 수 있는 경고문에 대한 구체적인 지침의 마련이 필요하다.

4.2. 경고 표시

일반적으로 제품은 안전 정보(safety information)를 표시해야 한다. 국제 표준 EN 82079-1에 의하면, 제품의 안전 관련 정보는 다음 세 가지 유형으로 제시된다.

- 안전 기호(safety signs) 및 안전 라벨(safety labels)
- 안전 지침(safety notes)
- 경고 메시지(warning messages)

여기서 안전 기호는 안전 관련 다양한 기호들을 말하고(1a), 안전 라벨은 기호를 포함한 간단한 안전 문구가 쓰인 표지를 말한다(1b).

(1) a.

b.

안전 지침은 안전조치들을 설명하고, 안전 의식을 고양시키며, 사람들에 대한 안전관련 교육의 토대를 제공한다. 이는 문서 내에 모아서 제시되거나 하나의 절에 제시되기도 한다. 경고 메시지는 제품 사용 시 단계별로 발생 가능한 위험에 관한 지시이다. 이는 안전 지침 내에 포함되기도 하는데, 단계별 지시사항들에서 첫 번째 단계에 또는 관련 단계 앞에 제시된다. 본장에서는 제품 표면에 또는 제품 포장에 제시되는 경고 메시지를 대상으로 하여 살펴본다.

안전 지침은 대부분 "주의사항", "사용상 주의사항", "취급상 주의사항", "보관 및 취급상 주의사항" 하에 제시되고 있다. 그리고 경고 메시지는 이러한 안전 지침 내에 다른 정보들과 구분되지 않고서 보통 함께 제시된다. 다음 예를 보자.

(2) 사용상 주의사항:
   1. 용법, 용량에 따라 바르게 사용하십시오.
   2. 피레트로이드계 성분 흡입 시 중독증상으로 재채기, 비염, 천식,

혼수, 두통, 이명, 구역질 등이 나타날 수 있으므로 환기가 되지 않은 곳에서는 절대로 공간 살포하지 마십시오.

3. 분사 중에는 반드시 분사하는 사람 외에는 입실을 피하고 분사 후 실내의 공기가 외부와 교환된 후 입실하시고 분사제의 냄새가 날 경우에는 반드시 추가적으로 충분히 환기를 시키십시오.

4. 틈새나 벽면 처리 시에는 뿌린 제품이 모두 마를 때까지 처리된 공간에 출입해서는 안되며 출입을 할 경우는 신선한 공기로 충분히 환기를 시킨 후 출입하십시오.

5. 피부, 음식물, 식기, 어린이의 장난감 또는 사료에 닿지 않도록 하십시오.

6. 인체를 향하여 분사하지 마시고 분무기체를 직접 흡입하지 마십시오.

7. 관상용 물고기나 조류, 애완동물 등에는 닿지 않도록 조심하십시오.

8. 어린이의 손에 닿지 않는 장소에 보관하십시오.

9. 사용 후 제품이 환경으로 직접 배출되지 않도록 하십시오.

　[살충제]

위 예에서 보는 바와 같이, 국내 제품의 경고 메시지는 사용지침 또는 보관지침과 구분되지 않고 함께 제시되어 있다. 예 (2)에서 1항은 일반적인 사항을, 2~7항은 경고 메시지를, 8~9항은 보관지침을 담고 있다.

경고 메시지는 일반적으로 (i) 신호 부분과, (ii) 메시지 부분으로 구성된다. 신호 부분의 경우, 국제표준들에 따르면 위험정도에 따라 다음과 같이 세 가지로 구분된다.

- 위험(DANGER): 피하지 않으면 죽음이나 심각한 상처를 입을 수 있는 상황
- 경고(WARNING): 피하지 않을 경우 죽음이나 심각한 상처를 유발할 수 있는 가능성이 있는 위험상
- 주의(CAUTION): 경상을 입을 수 있는 위험상황

다음은 이에 대한 예들이다.

(3) a. 위험: 삼켜서 기도로 유입되면 유해할 수 있음. [에탄올]
　　b. 경고: 흡연은 폐암 등 각종 질병의 원인! 그래도 피우시겠습니까? [담배]
　　c. 주의: 보호자와 함께 사용하시오. [장난감]

국내에서는 법적으로 규정된 경우를 제외하고는 경고 메시지에 경고 문자를 잘 사용하지 않고, 이러한 신호문자들이 그 정의에 따라 명확하게 구분되어 사용되지 않는다. 예 (3c)의 경우, 장난감을 보호자와 함께 사용하지 않으면 경상을 입을 상황에 직면하는지 의심스럽다.

　메시지 부분의 경우, 구체적인 경고 내용이 표현된다. 경고 표시의 메시지 부분은 위험정보, 위험 회피방법, 그리고 위험의 결과로 구성된다. 식품이나 의약품의 경우에는 위험정보와 위험 회피방법 외에도 사고가 일어났을 때 대처방법이 추가된다.[6] 다음은 각 메시지들에 대한 국내 제품의 예를 보여준다.

(4) a. 위험정보: 혈당을 낮춰주는 약이므로 저혈당 증상이 올 수 있습

니다. [당뇨병약]

b. 위험결과: 화기 근처에 두면 변형 우려가 있습니다. [밥주걱]

c. 회피방법: 강한 충격을 주거나 강제로 분해하지 마십시오. [보온병]

d. 대처방법: 만일 마셨을 때는 물이나 우유를 마신 후 의사의 지시를 받으십시오. [살균세척제]

그러나 위험정보와 위험결과의 구분과 관련하여, 메시지가 위험 자체인지 위험으로부터 나오는 결과인지가 불분명한 경우들이 있다. 그리고 대처방법은 의약품과 같은 특정 제품에만 적용된다. 따라서 다음 절에서 경고표시의 메시지는 위험결과를 포함한 위험정보와, 대처방법을 포함한 위험 회피방법으로 구분하여 살펴보기로 한다.

4.3. 경고문 내용

다음은 경고 표시의 메시지를 담고 있는 경고문의 내용을 살펴본다. 경고문이 경고에 해당되지 않는 정보를 포함할 경우, 경고 효과가 떨어진다고 볼 수 있다. 따라서 경고 내용의 범위를 명확히 규정해 줄 필요가 있다.

일반적으로 경고는 "원치 않는 결과를 피하거나 최소화하기 위해 사람들에게 위험을 알려주는 일종의 커뮤니케이션이다"(Wogalter 2006: 3). 그러므로 정적인 속성의 의미론적 정의에 의해서 경고의 의미를 파악하는 것은 쉽지 않다. 이와 반면에, 화행이론은 문맥을 고려하여 문장의 의미를 규명해 준다(8장 참조). 화행이론에 따르면, 모든 발화는 나름의 어떤 행위를 수행한다. 그리고 그 행위는 상황에 따라 적정하게 이루어지기 위한 조건들에 의해서 규정된다. 따라서 화행이론은 경고내용을 보다 정확히 규정할 수 있는 틀을 제공해줄 수 있다. 이에 따르면, 경고문은 소비자에게 위험정보를 알려주는 행위와 위험에 대한 회피방법을 지시하는 행위로 구분될 수 있다. 아래에서는 경고문 내용을 유형별로 설명하기로 한다.

4.3.1. 위험정보

소비자에게 위험정보나 위험결과를 알려주는 발화행위는 일종의 경고하기에 해당된다고 볼 수 있다. 화행으로서 경고하기는 발화에 표현되는 미래의 사건이 청자에게 최상의 이익이 되지 못한다는 점을 전달하는 데 그 본질이 있다.[7] 이러한 경고하기는 이와 비슷한 약속하기, 협박하기 등과 다음과 같이 구분된다.[8] 즉, 세 행위는 미래의 사건과 관련된다는 점에서 공통적이다. 그러나 경고하기는 문제의 사태가 청자에게 이익을 가져다 주지 않는다는 점에서 협박하기와 유사하고, 약속하기와는 다르다. 그리고 경고하기와 협박하기를 비교하면, 행위나 사태에 화자가 통제할 수 있는가 여부에 따라 달라진다. 경고하기는 문제의 사태에 대해 화자가 통제할 수 없는 반면에, 협박하기는 화자가 통제 가능하다고 본다.

이러한 논의를 고려하면, 다음 예들은 경고하기 화행을 갖는다고 볼 수 있다.

  (5) a. 혈당을 낮춰주는 약이므로 저혈당 증상이 올 수 있습니다. (=4a)
    b. 화재의 가능성이 있으니 주의하십시오. [양초]

위 예들은 경고하기 화행의 속성들을 보여준다. 즉, 표현된 명제는 청자에게 불리하고, 화자가 이를 통제할 수 없다. 그리고 이 점을 화자가 청자에게 알려주고자 의도한다.

한편, 화행의 문장 실현모습을 보면, 경고하기는 일반적으로 서술문으로 실현된다(5a). 그리고 명령문 형태의 간접화행으로 실현되는 경우 (5b)를 보면, 화행동사 "주의하십시오"는 위험정보에 대한 주의를 지시하는 것으로서 경고표시의 신호 부분과 동일한 기능을 행한다. 이를 신호부분으로 변환하면, "주의: 화재 가능성이 있다"와 같이 메시지 부분은 서술문 형태를 갖는다. 따라서 경고하기 화행은 서술문으로 실현된다고 말할 수 있다.

이외에도 경고하기는 "if … then …" 형태의 소위 '가정적 경고문(hypothetical warnings)'의 형태를 가질 수 있다. 보통 경고 메시지는 이유나 조건 없이 위험정보 단독으로 제시되지 않는다. 일반적인 상황에서 제품 자체는 위험 요소를 가지고 있지 않지만, 특정 조건이나 상황 하에서는 위험할 수 있다. 일반적인 상황 하에서도 위험하면, 그 제품은 문제가 되며 판매가 어려울 수 있기 때문이다. 따라서 경고하기는 다음에서 보는 바와 같이 가정적 경고문의 형태를 주로 띤다고 볼 수 있다.

(6) a. <u>화기 근처에 두면</u> 변형 우려가 있습니다. (=4b)

　　b. <u>눈, 피부에 닿거나 마실 경우</u> 인체에 치명적인 손상을 입힐 수 있습니다.[살균 소독제]

(7) a. <u>지나친 음주는</u> 뇌졸중, 기억력 손상이나 치매를 유발합니다. [맥주]

　　b. 본 제품은 <u>흡입시</u> 심신장애 등 심각한 피해를 가져옵니다. [부탄

위 예들에서 밑줄 친 부분은 조건부에 그리고 나머지는 결론부에 해당한다. 조건부는 일반적으로 문장 형태이지만(6), 명사구로 표현될 수도 있다(7).

4.3.2. 회피방법

경고문 내용 중 위험 회피방법이나 대처방법은 충고하기 화행으로 실현된다고 볼 수 있다. 충고하기는 청자의 미래행위가 발화내용으로 나타나는데, 보통은 청자가 그 행위를 행할 지가 불분명한 경우이다. 그리고 그 행위가 청자에게 최상의 이익이라는 점을 전달하는 데 그 본질이 있다.[9] 충고하기를 앞서 살펴본 경고하기와 비교하면, 충고하기는 경고하기와는 달리 발화에 나타나는 문제의 행위가 청자에게 이득이 된다. 그리고 화자는 그 행위가 청자에게 이롭다는 믿음을 갖는다. 그러나 화자가 청자에게 어떤 행위를 하도록 시도하는 등의 적극적 행위가 아니라 단순히 의견을 피력하는 소극적 행위라는 점에서 두 행위는 유사하다고 볼 수 있다.

위험 회피방법을 제시하고 있는 다음 예들은 충고하기 화행을 실현한다고 볼 수 있다.

> (8) a. 강한 충격을 주거나 강제로 분해하지 마십시오. (=5c)
>
> b. 3세 이하의 어린이가 사용하도록 제작되지 않았습니다. [어린이 장난감]
>
> c. 흡연은 폐암 등 각종 질병의 원인! 그래도 피우시겠습니까? [담배]

즉, 표현된 명제의 내용이 청자에게 이로운 것이고, 보통은 청자가 행할 것으로 예측되지 않는 것이다. 이러한 충고하기 화행은 대부분 명령문(8a)으로 실현되지만, 서술문(8b)이나 의문문(8c) 등의 간접화행으로도 실현된다.

한편, 다음에서 보는 바와 같이 위험의 회피방법 외에 대처방법도 충고하기 화행으로 실현된다.

> (9) a. 만일 마셨을 때는 물이나 우유를 마신 후 의사의 지시를 받으십시오. (=4d)
>   b. 특별한 원인이 없는 근육 일부의 압통, 발열, 무력감 등이 지속되면 바로 의사와 상담하시기 바랍니다. [고혈압약]

위험에 대한 대처방법은 일반적으로 조건문을 동반하여 대처방법이 사용되는 상황을 기술해 준다.

4.3.3. 위험정보+회피방법

다음은 위험정보의 경고하기 화행과 회피방법의 충고하기 화행이 함께 나타나는 경우들을 살펴보자. 경고문은 소비자에게 제품이 갖는 위험을 알려주어 소비자의 피해를 줄이는데 그 목적이 있다. 그러므로 위험정보와 에 대한 회피방법을 함께 제시하면 설득력이 높아 목적을 달성할 가능성이 높다. 따라서 일반적으로 충고하기는 그 이유에 해당하는 경고하기와 함께 제시된다.

먼저 경고하기-충고하기 순서로 나타나는 다음 예들을 보자.

(10) a. 감전의 우려가 있습니다. 본체를 분해할 경우에는 시스템 종료

후 반드시 전원 코드선을 분리하십시오. [데스크탑]

b. 내용물이 바닥에 뿌려지거나 떨어졌을 때는 미끄러우니 주의

하시고, 즉시 물로 닦아낼 것 [트리트먼트]

c. 화재나 감전의 우려가 있으니 주의하세요.

- 타고 있는 담배나 타는 물질, 인화성 물질 등을 제품에 던지지

마세요.

- 제품에 물 또는 세제를 뿌리지 마세요.

- 본체나 전원 플러그에 물이나 세제 등의 이물질이 들어가지

않도록 주의하세요.

- 전원 플러그를 뽑을 때에는 반드시 물기가 없는 손으로 뽑아

주세요. [비데]

위 예들은 경고하기와 충고하기가 독립적으로 실현되는 경우를 보여준다. 예 (10a)에서는 두 화행이 각각 하나의 문장으로 표현되고, 예 (10b)에서는 복합문 내의 개별 문장으로 표현된다. 그리고 예 (10c)에서는 하나의 경고하기 화행에 여러 개의 충고하기 화행들이 제시된다.

한편, 경고하기-충고하기 순서의 연결은 의미상 인과관계를 나타내므로 내포문을 갖는 복합문으로 표현될 수 있다. 다음은 이에 해당되는 예들이다.

(11) a. 사용중이나 사용직후 기구의 화구 부분은 매우 뜨거우니 절대

만지지 마십시오. [토치]

b. 인화성이 있으므로 화기를 피하여 사용하여 주십시오. [초파리

스프레이]

여기서 경고하기는 충고하기의 원인에 해당하여 인과관계를 나타내는 연결어미에 의해 주문장에 연결된다.

또한 경고하기-충고하기 화행 연쇄체에서 경고하기 화행이 가정적 경고문의 형태로 표현될 경우, 충고하기의 내용은 경고하기로부터 추론 가능하다. 부정논법(Modus Tollens)에 의하면, 우리는 대전제인 가정적 경고문 "P → Q"가 주어지고, 소전제로 위험결과인 Q를 원하지 않는다는 사실 ~Q가 제시되면, 그 결과 대전제 조건부의 부정 ~P를 결론으로 얻게 된다. 이 결론은 회피방법에 해당한다. 이에 따르면, 우리는 앞서 제시된 가정적 경고문 (6a)에서 '화기 근처에 두지 마십시오'의 회피방법을 다음과 같이 추론해 낼 수 있다.

대전제:	화기 근처에 두면 변형 우려가 있다.
소전제:	~ (변형 우려가 있다)
결론:	~ (화기 근처에 두다)

이러한 추론 내용은 예 (12)에서 보는 바와 같이 언어적으로 표현될 수도 있다.

(12) a. 입에 넣으면 프탈레이트계 가소제가 용출될 수 있으니 입에 넣지 마세요. [어린이 장남감]

　　 b. 표백세제의 주성분으로 많이 사용하게 되면 옷감이 상하니 적당량만 사용해 주십시오. [락스]

예 (12)에서 위험 회피방법이 가정적 경고문으로부터 추론될 수 있음에도 다시 표현된다. 예 (12a)의 경우 '입에 넣지 않다'(= ~입에 넣다), 예 (12b)의 경우 '적당량 사용하다' (= ~많이 사용하다)가 이에 해당한다. 다음 절에서 살펴보게 될 경고 메시지의 표현 방식에 의하면, 메시지는 가급적 명시적으로 표현되길 요구한다. 이에 따라 회피방법이 추론된다고 하더라도 이를 다시 명시적으로 제시함으로써, 강조의 효과를 가질 수 있다.

다음은 충고하기-경고하기 순의 화행 연쇄를 살펴보자. 충고하기-경고하기 순서의 화행 연쇄는 의미상 결과-이유를 표현하며, 하나의 문장으로 나타나지 않는다. 두 화행의 자연스러운 연결은 이유를 나타내는 연결사를 사용함으로써 자연스럽게 연결될 수 있지만, 경고 텍스트에서는 가급적 연결사를 사용하지 않는 경향 때문에 다른 방식이 사용된다. 즉, 다음 예들에서 보는 바와 같이, 경고하기 화행이 가정적 경고문의 형태로 표현되어 조건부가 선행하는 충고하기 화행과 연결시켜 준다.

(13) a. 지퍼백의 입구를 살짝 열어 사용하여 주십시오. 입구를 닫은 채 사용하시면 파손의 위험이 있습니다. [이중 지퍼백]
  b. 사용이 끝난 전지는 즉시 기기에서 꺼내어 폐기해 주세요. 꺼내지 않고 보관시 괴방전되이 수액의 원인이 됩니다. [일갈라닌 건전지]

예 (13a)에서 가정적 경고문의 조건부 '입구를 닫은 채 사용하다'는 선행하는 충고하기 화행 내용('입구를 열어 사용하다')을 부정하여 형성된다. 즉, 경고하기 화행 내용('파손의 위험이 있다')은 선행하는 충고하기 화행을 부정할 경우 위험이 발생한다는 결과-이유 의미관계를 표현해준다.

그리고 충고하기와 경고하기 화행의 연결이 상식적으로 또는 문맥상 쉽게 이루어질 수 있으면, 다음 예에서 보는 바와 같이 이러한 연결 표현이 나타나지 않을 수 있다.

> (14) a. 원액은 금속류 용기에는 담지 마십시오. 부식, 녹이 나기 쉽습
>   니다. [락스]
>   b. 회전부에 손대지 마십시오. 다칠 위험이 있습니다. [장난감 전
>   동 드릴]
>   c. 절대 충전하기 마세요. 충전시 발열, 누액의 원인이 됩니다. [알
>   카라린건전지]

위 예 (14)에서 충고하기는 부정명령문으로 실현되어, 긍정명령문으로 실현되는 예 (13)와는 차이를 나타낸다. 일반적으로 부정명령문은 그에 대한 이유를 뒤에 동반함으로써, 청자에게 금지의 이유를 제시한다. 그러므로 이유에 해당하는 경고하기는 연결표현없이 범주적 경고문으로 나타나더라도 선행하는 부정명령문 형태의 충고하기와 내용상 어렵지 않게 연결될 수 있다. 그리고 연결을 강조하기 위하여 (14c)와 같이 연결표현이 나타날 수 있지만, 이는 생략되어도 선행하는 충고하기와 쉽게 연결된다.

4.4. 경고문 표현

보그랑데는 텍스트 디자인의 척도로서 효율성(efficiency), 효과성(effectiveness), 적합성(appropriateness)을 거론한다.[10] 이러한 기준은 대부분 텍스트에 통용되지만, 특히 공공문서에서 중요하다. 공공문서는 공적인 내용을 일반 대중에게 전달하는 것을 목적으로 하기 때문에, 이러한 최적화 조건의 충족을 보다 강하게 요구한다고 볼 수 있다. 이러한 조건을 충족하는 공공문서를 생성하기 위해서는 공공문서에 사용되는 언어, 즉 '공공언어'는 우리가 일상에서 사용하는 언어와는 다른 면을 보일 수 있다. 이와 관련하여 보다 구체적인 구현 방법으로서 3장에서 살펴본 '쉬운 공공언어'의 사용을 생각할 수 있다.

국립국어원(2019)에 따르면, 공공언어는 넓은 의미로 "일반 국민을 대상으로 사용하는 모든 언어"로 정의된다. 따라서 공공기관에서 사용하는 언어뿐만 아니라, 민간 단체나 기업에서 사용하는 언어도 이에 포함된다. 후자의 경우, 신문/인터넷의 기사, 은행/보험 등의 약관, 사용설명서, 광고문, 해설서 등이 있다. 제품의 경고문은 소비자를 대상으로 한 사용설명서 내에 들어가는 정보이므로 넓은 의미의 공공언어에 해당한다고 볼 수 있다. 그러므로 경고문 작성은 쉬운 언어의 일반적인 작성 지침을 따라야 한다.

특히, 기존 연구들에서는 적정한 경고문의 구성을 위한 언어학적 지침들을 제시하고 있는데, 이러한 지침들은 쉬운 언어의 일반적인 지침과 조화를 이루거나 이를 준수하고 있다고 볼 수 있다.[11] 예를 들어, Shuy(2008: 72)에서는 다음과 같은 일반적인 경고문 작성 지침을 제시한다.

- 경고문은 '일반인(ordinary person)'이 이해할 수 있을 정도로 쓰여야 한다.
- 경고문은 가능한 한 직접적이고 명시적이어야 한다. 부정확하거나 오해

를 일으키는 표현은 삼가한다.

- 경고문은 일반인이 경고문 텍스트를 이해하려는 의욕을 꺾을 정도로 매우 복잡한 구문이나 어휘로 작성해서는 안 된다.

한편, 중소기업청(2002)에서는 한국어 경고문에 대한 보다 구체적인 작성 방법을 다음과 같이 제시하고 있다.

- 가능한 한 적은 단어로 많은 내용을 전한다. 즉, 중요하지 않은 형용사를 제거하고, 단문형식을 사용하고, 애매한 표현을 회피한다.
- 직접적이고 효과적인 메시지를 전한다. 즉, 능동태/명령형을 사용하고, 전문용어를 회피한다.
- 가능한 한 체계적으로 메시지를 전한다. 즉, 보기 편하고, 읽기 쉽게 평이한 문장이나 짧은 문장을 사용한다.

4.4.1. 특징

이러한 경고텍스트가 타당한 텍스트로 인정받으려면 소위 텍스트성을 보여야 한다. de Beaugrande and Dressler(1981)에서 제시된 텍스트성의 기준들 중에서 응결성(cohesion)은 텍스트를 표층 상에서 서로 결속시키는 요소이어서 텍스트의 표현 측면과 밀접한 연관이 있다(2장 참조). 응결성의 대표적인 표현 방법은 동일한 대상에 대해 어휘 반복, 대용형 사용, 생략 등이 있다. 이러한 방법들 중에서 경고문의 표현전략을 고려하면 생략이나 대용어 표현이 경고문에 자주 나타날 것으로 예측할 수 있다. 왜냐하면 가급적 동일

지시체는 생략하거나 대용어로 대체함으로써 짧고 간결한 문장을 생성해 낼 수 있기 때문이다. 아래에서는 이를 살펴보기로 한다.

먼저, 경고문에서 제품명은 가급적 생략된다. 즉, 경고문은 제품에 관한 것이어서, 어떤 식으로든 제품을 지칭하는 표현을 포함하게 된다. 그러나 경고 텍스트는 앞서 본 바와 같이 일종의 표제어로 작용하는 제품명과 함께 포장지나 용기에 제시되기 때문에, 제품명을 경고문 내에 다시 표현하는 것은 잉여적이어서 텍스트의 간결함을 떨어뜨린다. 다음 예들은 이러한 생략의 모습을 보여준다.

> (15) a. (샴푸가) 눈에 들어갔을 때에는 즉시 씻어낼 것 [유아 샴푸]
> b. 개봉 후 변질의 우려가 있으므로 (사료를) 빨리 급여해 주십시오. [고양이 사료]
> c. (보온병에) 탄산음료, 변질되기 쉬운 음식, 드라이아이스 등을 넣지 마십시오. [보온병]
> d. (수세미로) 플라스틱, 식탁 등을 문지를 경우 스크래치가 발생할 수 있으니 주의해 주십시오. [수세미]

경고 텍스트에서 생략 모습을 보면 생략된 제품명은 경고문 내에서 다양한 문법관계를 가질 수 있다. 예를 들어, 주어(15a), 목적어(15b), 사격 보어(15c, d) 등이 있다. 또한 하나의 경고문 내에서 여러 제품명이 생략될 수 있다. 일반적으로는 동일한 문법관계를 갖는 명사구가 생략되지만(16a), 하나의 문장에 각기 다른 문법관계를 갖는 명사구들이 생략될 수도 있다. 예 (16b)에서는 여격 명사구와 목적어가 관련한다.

(16) a. (블록을) 화기에 가까이 하지 마시고, (블록을) 직사광선에 오랫
동안 방치하 지 마십시오. [블록]

b. (보온병에) 강한 충격을 주거나 (보온병을) 강제로 분해하지 마
십시오.[보온병]

이러한 생략은 소비자를 가리키는 표현에서도 나타난다. 경고문은 일반
적으로 소비자를 그 독자로 가정하므로 그에 해당하는 표현을 생략해도 쉽게
복원할 수 있다. 따라서 다음 예들에서 보는 바와 같이 서술문 형태의 경고문
에서 우리는 독자의 표현이 생략된 것을 볼 수 있다.

(17) a. 회전부에 손을 대지 마십시오. (당신이) 다칠 위험이 있습니다.
[전동드릴]

b. 이 제품은 과황산화합물을 포함하고 있어 (당신에게) 알레르기
반응을 유발할 수 있습니다.

다음으로 대용어의 사용을 보자. 경고 텍스트에서는 문맥에 따라서 생략
대신에 대용어가 사용될 수 있다. 경고문에서 대용어는 "본 제품" 또는 "제품"
으로 나타난다.

(18) a. 본 제품에 부착된 스위치로 사용하는 전기제품의 전원을 ON/
OFF 시 사용 환경에 따라 고장이 발생할 수 있습니다. [접지형
스위치 콘센트]

b. 화공약품으로 제품의 표면을 닦지 마십시오. [병원놀이-장남감]

(19) a. 사용시 (제품이) 눈에 들어가지 않도록 주의하십시오. [어린이
  샴푸]

  b. (본 제품을) 사용 시에는 담배를 피우지 마십시오. [초파리 스프
  레이]

사격 보어(18a)나 소유격 보어(18b)의 경우, 이를 생략하면 문장의 이해가 어려우므로 생략 대신에 대용어가 사용된다. 그 외 주어(19a), 목적어(19b) 등은 생략되어도 이해에 어려움이 없어 생략되거나 대용어로 나타날 수 있다.

다른 한편, 대용어와 생략이 함께 나타날 수도 있다. 다음 예문들을 보자.

(20) a. 본 제품은 화장품이니 φ 먹지 마십시오. [유아 샴푸]

  b. 제품이 얼었을 경우 변질의 우려가 있으니 φ 상온에서 사용하
  세요. [코너형 제습제]

위 예에서 우리는 하나의 경고문 내에서 대용어의 사용과 생략 현상이 나타날 경우 대용어-생략형 순으로 출현하는 것을 볼 수 있다.

한편, 경고문 내의 모든 제품명이 생략되는 것은 아니다. 예를 들어, 제품명이 수식에 의해 제한되어 특정 제품을 가리키거나, 제품의 부분을 가리키는 경우는 제품명과 동일한 것이 아니므로 생략되지 않는다. 아래 예 (21)은 전자의 경우를, 그리고 예 (22)는 후자의 경우를 보여준다.

(21) a. 사용이 끝난 건전지는 즉시 기기에서 꺼내어 폐기해 주세요.
  [알카라인 건전지]

  b. 사용한 도마는 세균 번식의 우려가 있으므로 즉시 세척하여 주

십시오. [인덱스 도마세트]

(22) a. 보온병의 마개는 반드시 세워서 열고 닫아 주십시오. [보온병]

    b. 뚜껑은 증기가 완전히 빠진 것을 확인한 후 여시오. [가정용 압력솥]

여기서 경고문의 첫 부분에 나타나는 제품 표현은 주제격 조사 "-은/는"이 부착된 화제(topic)로 작용한다. 이는 경고문이 갖는 화제-평언 구조(topic-comment structure)의 성격에 기인한다. 앞서 언급한 바와 같이, 경고 텍스트는 제품을 대상으로 한 문장들이다. 따라서 생략된 경우, 제품명은 대하여성(aboutness) 개념이 실현된 화제로 그리고 경고문은 이에 대한 평언으로 기능한다고 볼 수 있다. 그러므로 제품이나 제품 일부분이 경고문 내에 실현될 경우, 그 표현은 화제로 나타난다(21, 22). 그러나 제품이나 제품 일부분이 내포문 내에 실현될 경우, 내포문은 화제-평언 구조를 보이지 않기 때문에 그 표현은 주격조사 "-이/가"에 의한 주어로 실현된다. 다음 예에서 이를 확인할 수 있다.

(23) a. [포장지가 날카로우므로] 개봉 및 사용 시 손가락이 베이지 않도록 주의하여 주십시오. [찜시트]

    b. [내용물이 바닥에 뿌려지거나 떨어졌을 때는] 미끄러우니 주의하시고, 즉시 물로 닦아낼 것. [트리트먼트]

4.4.2. 비판

앞 절에서 살펴본 바와 같이 경고 메시지를 구성하는 정보들이 서로 결합되어 제시되는 경향을 갖기 때문에, 그 표현도 복잡하게 나타난다. 그 결과 복합문 형태가 나타나고, 문장 길이가 길어져서 전반적으로 경고문 작성지침에 어긋나는 경우들을 볼 수 있다. 먼저 이를 유형별로 살펴보면서 수정문을 제시하기로 한다.

첫째, 경고문임에도 이를 명시적으로 표시하는 "주의하다" 등의 술어가 반복되어 문장구조를 복잡하게 만든다.

> (24) a. 화재의 가능성이 있으니 <u>주의하십시오.</u> [양초] → 화재의 가능
>   성이 있다.
>   b. 유리 용기가 파손될 수 있으므로 <u>주의하여 취급해 주십시오.</u>
>   [착즙주스] → 유리 용기가 파손될 수 있다.

위 예들에서 위험 정보는 술어 "주의하다"와 결합하여 나타난다. 그러나 경고문 자체가 "주의하다"의 술어를 함의하므로 "주의하다" 술어를 생략해도 내용 전달에는 큰 변화가 없다. 오히려 제시된 바와 같이, 생략 시 문장 자체가 단순해지는 효과를 갖는다.

둘째, 위험 정보가 위험의 원인, 결과, 상황 등과 결합되어 하나의 문장 내에 표현되는 경우들이 있다. 다음 예들을 보자.

> (25) a. 가열된 제품은 매우 뜨거워 화상의 우려가 있<u>으므로 주의하십</u>
>   <u>시오.</u> [즉석조리 곰탕] → 가열된 제품은 매우 뜨겁다. 화상의

우려가 있다.

    b. 열전도가 높아 제품 사용 시 손잡이와 몸체가 뜨거우니 가열 시에나 열이 식기 전에 화상에 각별히 주의하십시오. [냄비] → 제품 사용시 손잡이와 몸체가 뜨겁다. 화상의 가능성이 있다.

위 예들의 수정안을 보면, 위험 정보들이 분리되어 각각 하나의 문장으로 표현된다. 특히 위험의 원인이나 상황은 제외하고 위험 결과를 중심으로 표현하고 있다. 이러한 수정안은 원래의 표현보다도 경고문의 내용을 보다 명료하게 전달할 수 있다고 본다.

  셋째, 위험 정보와 회피방법(대처방법)이 함께 제시되어 복합문 형태를 띠는 경우가 있다. 다음 예들을 보자.

(26) a. 고정하지 않을 경우 상해의 위험이 있으니 바닥에 고정 후 사용하십시오. [미니흡착 칼갈이] → 상해의 위험이 있다. 바닥에 고정 후 사용하시오

    b. 칼을 갈 때에는 밖에서 안쪽으로 한 방향으로만 갈아주세요. 앞뒤로 갈게 되면 칼날이 손상될 수 있습니다. [3중 칼갈이] → 앞뒤로 갈게 되면 칼날이 손상될 수 있다.

    c. 플러그의 꽂은 상태가 불완전시 접촉 불량으로 화재 발생 가능성이 있으므로 본 제품 사용 시에는 플러그가 콘센트 바닥에 완전 밀착되었는지 반드시 확인 후 사용하십시오. 완전히 밀착되지 않은 상태에서 사용시 누전 또는 스파크의 위험이 있으니 반드시 이점에 유의하시기 바랍니다. [스위치 콘센트] → 플러그의 꽂은 상태가 불완전 시 화재 발생 가능성이 있다. 플러그가 콘센트 바닥에 완전히 밀착된 상태에서 사용하시오.

d. 기름을 가열하면 연기가 발생하고 불이 붙을 수 있으니 이러한 경우가 발생하면 즉시 온도를 내리고 가열을 중단하십시오. [콩식용유] → 기름을 가열하다 화재가 발생하면, 즉시 온도를 내리고 가열을 중단하시오.

예 (26a)는 회피방법이 위험 정보 내에 내포되어 잉여적인 경우이다. 예 (26b)는 (26a)와는 반대로 회피방법-위험 정보 순으로 제시되어 있는데, 위험 정보의 표현이 회피방법과 연결되어 있어 잉여적이다. 또한 (26c)은 위험 정보가 반복적으로 표현되어 잉여적이다. 그리고 (26d)는 위험 상황에 대한 기술이 장황하게 제시되어 있다. 이들은 제시된 수정안과 같이 보다 간결하게 표현할 수 있다.

넷째, 위험 회피나 대처 방법이 복합문으로 제시되는 경우가 있다.

(27) a. 타는 재질이므로 불(화기)을 피하고, 전자렌지, 오븐 등에 사용하지 마십시오. [찜시트] → 불을 피하시오. 전자렌지, 오븐 등에 사용하지 마시오.

b. 눈에 들어갔을 때에는 눈을 비비지 말고, 즉시 깨끗한 물로 씻고, 이상이 있을 경우 의사와 상의하십시오. [과탄산소다] → 눈에 들어갔을 때: 눈을 비비지 마시오. 즉시 깨끗한 물로 씻으시오. 이상이 있을 경우 의사와 상의하시오.

예 (27a)은 위험 회피방법들이 등위문으로 나열되어 있다. 예 (27b)은 대처방법으로서 그 행위들이 나열되어 등위문으로 나타난다. 이 경우, 제시된 바와 같이 각각의 행위들을 단문으로 표현하여 단순하게 제시할 수 있다.

다른 한편, 어문규정이나 경고문 작성지침에 어긋나는 사례들을 찾아볼 수 있다. 이를 유형별로 살펴보면서 수정안을 제시하기로 한다. 첫째, 어휘상의 문제들을 볼 수 있다. 어휘상으로 보면, 단어표기에 오류가 있거나(28a), 사전에 없는 새로운 단어를 사용하거나(28b), 잘못된 축약어를 사용하거나(28c), 한자어나(28d) 전문용어를(28e) 사용하여 이해를 어렵게 하는 경우들을 볼 수 있다.[12]

> (28) a. 먼지가 뭍었다면 ... [클레이] → 묻었다면
>   b. 매회 조유 후 바로 수유하시고, 먹이다 남긴 제품은 다시 먹이
>   지 마십시오. [분유]
>   c. 유. 소아의 손에 닿지 않는 곳에 보관하십시오. [양초] → 유소
>   아
>   d. 흡습의 우려가 있으니 개봉한 제품은 바로 섭취하십시오. [유
>   산균제품]
>   e. 제품을 던지거나 휘두를 시 절창을 입을 수 있으니 주의하십시
>   오. [장난감]

둘째, 문법상의 오류가 나타나기도 한다. 아래 예에서 보는 바와 같이, 조사가 잘못 사용되거나(29a), 목적어-술어 간의 호응이 부적절한 경우를 볼 수 있다(29b).

> (29) a. 특정 원료에 대한 알레르기가 있는 아기는 원재료를 확인하여
>   사용하시기 바랍니다. [분유] → ... 아기에게는
>   b. 보온병의 마개는 반드시 세워서 열고 닫아 주십시오. [보온병]

→ 보온병은 반드시 세워서 마개를 열고 닫아 주시오.

셋째, 앞서 언급한 생략의 경우와는 달리 생략의 일반적인 원칙을 어기거나 과도한 생략으로 경고문의 이해가 어려운 경우들이 있다. 일반적으로 문법적 생략의 경우, 하나의 문장 내에 생략된 요소와 동일한 요소의 존재를 전제로 한다. 예 (30a)는 상이한 주어들이 생략되었고, 예 (30b)는 각 술어와 관련된 상이한 논항들이 일률적으로 생략되었다. 그리고 예 (30c)에서는 필수적인 술어가 잘못 생략된 경우이다.

(30) a. 미끄러져 떨어지거나 전복되어 상해를 입을 수 있으니 각별히 주의하십시오. [가구] → 사람이 미끄러져 떨어지거나, 제품이 전복되어 …

b. 제품을 사람을 향해 던지거나, 때리거나, 휘두르는 등의 난폭한 놀이 는 절대 삼가십시오. [장난감 블록] → 사람을 향해 제품을 던지거나, 사람을 제품으로 때리거나, 사람에게 제품을 휘두르는 …

c. 임신 중 음주는 태아의 기형이나 유산, 청소년 음주는 성장과 뇌 발달을 저해합니다. [술] → … 태아의 기형이나 유산을 유발하며, …

넷째, 손쉬운 이해를 거부하는 표현들을 볼 수 있다. 피동형보다는 능동형이(31a), 한자어보다는 우리말 표현이 더 자연스럽고 쉽게 이해된다(32b).

(31) a. 지방성분이 많은 제품에는 직접 접촉되지 않게 해 주십시오.

[이중지퍼백] → ... 접촉하지 마시오.

b. 상처가 있는 곳 또는 습진 및 피부염 등의 이상이 있는 부위에는 사용을 금지하여 주십시오. [샤워젤] → ... 사용하지 마시오.

제5장

법해석

5.1. 법의 의미

5.1.1. 법의 명확성 원칙

법치주의는 대부분 나라의 법체계에서 기본 원리로 작용한다. 법치주의에 따르면, 국가가 국민의 자유와 권리를 제한하거나 국민에게 의무를 부과할 때에는 반드시 법률로써 해야 하고, 행정과 사법 작용도 법률에 근거를 두어야 한다.

법학자 풀러(L. Fuller)는 법치주의를 형식적인 합법성의 관점에서 접근한다. 풀러는 다음과 같이 법체계 성립을 위한 합법성의 원칙(principle of legality)을 제시한다.

- 법은 일반적이어야 한다.
- 법은 공포되어야 한다.

- 소급입법은 가급적 최소화하여야 한다.

- 법은 이해할 수 있어야 한다.

- 법은 모순이 없어야 한다.

- 법은 불가능한 것을 요구해서는 안 된다.

- 법은 비교적 지속성을 지녀야 한다.

- 법은 정해진 대로 집행되어야 한다.

이러한 원칙에 의해 제정된 법에 의한 지배는 도덕적으로 중립적이고 선한 것으로 보았다. 그리고 이러한 법이 지배하는 사회는 공정한 사회가 될 수 있다고 본다.[1]

   법치주의의 구체적인 실현의 하나로서 죄형법정주의를 들 수 있다. '법률 없으면 범죄 없고 형벌 없다'는 의미의 죄형법정주의는 범죄와 형벌을 법률에 의해 규정해야 함을 말하고 있다. 죄형법정주의는 일반적으로 i) 관습형법 금지의 원칙, ii) 소급효금지의 원칙, iii) 명확성의 원칙, iv) 유추금지의 원칙을 내용으로 한다.[2] 이들 중에서 명확성의 원칙은 풀러의 합법성 원칙 중에서 '이해가능성'과 상통한다. 명확성의 원칙은 범죄와 형벌을 가능한 한 법률에 명확하게 확정하여야 법관의 자의에 의한 해석을 방지할 수 있고, 국민의 측면에서는 어떤 행위가 법률에서 금지되고 그 행위에 대하여 어떤 형벌이 과하여지는가를 예측할 수 있게 되어 규범의 의사 결정력을 담보할 수 있다.[3] 그러나 규범은 성격상 추상적이고 일반적인 개념을 사용하여 가능한 한 개별적이고 구체적인 모든 사실관계에 적용될 수 있도록 하기 때문에 그러한 규범은 불명확하다. 따라서 법치주의 개념 하에서 요구되는 명확성의 원칙은 규범의 성격과는 근본적으로 어울리지 못한다.[4]

다음은 명확성 개념을 언어 의미의 불확정성 개념을 가지고 살펴본다. 불확정성 개념은 크게 '중의성'과 '모호성'의 개념으로 구분되는데, 이러한 언어의 불확정성이 법조문의 해석에서 어떤 결과를 가져오는지 관련 판례들을 중심으로 살펴본다.

5.1.2. 의미의 불확정성

일반적으로 어휘는 개념을 매개체로 하여 세상의 개체들을 '지칭함으로써(denote)' 의미를 획득하는 것으로 본다. 그러나 유한한 수의 어휘들과 무한한 수의 개체들 간의 연결은 일대일 대응관계를 갖지 못하며, 그 결과 다양한 유형의 의미 불확정성의 모습을 보인다.

먼저, 어휘가 연결되는 개체들의 세분화가 언어마다 달라질 수 있다. 어떤 언어는 개체들을 세분화하지 않은 채로 어휘와 대응시켜, 어휘의 의미가 '미결정성(indeterminacy)'을 띠는 경우가 있다. 영어의 경우, 남자 형제들을 언급할 때 나이를 고려하지 않는 brother 명사를 사용한다. 이와 반면에 한국어의 경우, 남자 형제들의 나이를 고려하여 다른 어휘들을 사용한다("형", "동생"). 한국어와 비교하면, 영어의 brother는 그 의미가 더 이상 세분화되지 않은 미결정성을 보인다. 다음으로 하나의 어휘가 여러 개체들에 연결되는 일대다 대응관계를 볼 수 있다. 이는 하나의 어휘가 여러 의미를 갖는 '중의성 (ambiguity)'의 경우이다. 하나의 어휘형태가 서로 관련없는 의미들을 갖는 동음이의어나, 서로 연관되는 의미들을 갖는 다의어가 이에 해당한다. 마지막으로 우리는 그 특성상 분명하게 구별되지 않는 개체들에 연결되는 어휘를 생각할 수 있다. 이러한 어휘는 연결되는 개체 자체의 불명한 속성으로 인해 그 의미가 분명하지 않은 '모호성 (vagueness)'을 보인다.

일반적으로 문장이나 텍스트에 나타나는 어휘들의 의미는 출현 문맥에서 하나로 결정되어 명확히 해석될 필요가 있다. 위에서 살펴본 경우들에서 중의성과 모호성은 실제 쓰임에 있어서 그 의미 불확정성이 해소된다. 여기서 하나의 의미를 확정하는 데는 일반적으로 문맥(context)이 중요한 역할을 한다. 중의적 표현의 경우, 사전에 등재된 여러 의미들 중에서 문맥 정보에 의해 하나의 의미가 선택된다. 그리고 모호한 표현의 경우, 사전에 등재된 불분명한 의미가 문맥 정보를 통해 보다 구체적인 의미로 해석된다. 아래에서는 이 둘의 경우를 자세히 살펴보기로 한다.

5.1.2.1. 중의성

중의성은 동음이의어나 다의어 유형의 어휘차원 뿐만 아니라, 다양한 차원에서 나타날 수 있다.[5] 다음 예들을 보자.

> (1) a. He is funny.
>
>   b. She met the man with her friend.
>
>   c. Every man loves a woman.
>
>   d. Bill thought he should be more productive.

예문 (1a)에서 형용사 funny는 존이 다른 사람들을 잘 웃기는 재주가 있다는 의미와, 평소 기이한 행동을 한다는 의미를 가져 어휘 차원에서 중의성을 보인다. 예문 (1b)는 하나의 문장에 두 개의 문장구조를 설정할 수 있어서 구문상의 중의성을 보인다. 전치사구 with her friend는 the man 또는 she를 수식할 수 있고, 그에 따라 각기 다른 해석을 받는다. 예문 (1c)는 의미차원에서의 중의성을 보인다. 양화표현 every man과 a woman 간의 상대적 영역 (scope)에 따라 '모든 남자들이 각기 한 여성을 사랑한다'와 '모든 남자들이 한 여성을 동시에 사랑한다'는 두 해석을 갖는다. 그리고 예문 (1d)는 담화차원에서의 중의성을 보인다. 대명사 he는 담화 정보에 따라 주문장의 Bill 또는 제 3의 남성을 지시할 수 있다.

법조문이 중의적 해석을 갖는 사례들을 살펴보자. 먼저, 구문의 중의성과 관련하여 다음의 법조문을 보자.

> Whoever knowingly ... acquires ... food stamps in any manner not authorized by this chapter or the regulations ... has committed a felony. [Liparota v United States]

위 법조문에서 문제가 되는 것은 부사 knowingly의 수식 범위이다. 이 부사는 구조상 acquires ... food stamps까지 수식하는 경우와 동사구 전체 acquires ... food stamps in any manner not authorized by this chapter or the regulations까지 수식하는 경우가 있다. 즉, 부사의 수식 범위에 따라 그 사람이 불법적임을 모르고 식권을 획득한 것인지 알고 획득한 것인지의 해석 차이가 나타난다.

다음은 담화상의 중의성과 관련된 사례를 보자. 다음의 법조문을 보자.

> the court shall revoke the sentence of probation and sentence the defendant to not less than one third of the original sentence. [United

States v Grandson]

Grandson은 죄를 저질러서 6개월의 형을 받는 대신에 보호관찰 3년을 받게 되었다. 이 보호관찰 중에 죄를 추가로 저지르면, 위 법조문에 따라 원래 선고량의 1/3 이하에 해당하는 형을 선고받는다. 이때, 원래 선고량을 무엇으로 볼 건지에 따라 Grandson의 형 선고량이 달라진다. 즉, 6개월 감옥 기간의 1/3을 선고 받아야 하는지, 아니면 3년 보호관찰 기간의 1/3을 선고 받아야 하는지에 대한 문제가 생긴 것이다. 즉, the original sentence가 무엇을 가리키느냐에 대한 문제이다.

끝으로 구문의 중의성과 관련된 국내의 판례를 보자.[6] 사건의 요지는 다음과 같다.

> 피고인 박××가 바람이 세게 불던 1993년 어느 날 피해자 민×× 등 소유의 대전 사과나무 밭에서 인부로 일하는 도중 담뱃불을 붙이기 위해 마른 풀을 모아 불을 붙인 뒤 그 불을 제대로 끄지 않아 불씨가 주변에 옮겨 붙고, 피해자들 소유의 사과나무에까지 번지게 되었다. 그로 인해 상당한 손해를 입게 되었다.

위 사건에서 관련된 문제의 법조문은 다음과 같다.

> 과실로 인하여 자기의 소유에 속하는 제166조 또는 제167조에 기재한 물건을 소훼하여 공공의 위험을 발생하게 한 자도 전항의 형과 같다. (형법 제170조 2항)

위 법조항은 "자기의 소유에 속하는" 표현이 "제166조"만을 수식하는가 또는 "제166조 또는 제167조에"를 수식하는가의 중의성을 보인다. 하급심에서는 후자의 해석을 취하여, 타인 소유의 사과나무를 훼손한 사건에 대해 무죄 판결을 내렸다. 그러나 대법원에서는 다수 의견과 반대 의견으로 나뉜다. 다수 의견에 따르면, 문제의 법조항은 '자기의 소유에 속하는 166조에 기재한 물건 또는 자기의 소유에 속하든 혹은 타인의 소유에 속하든 불문하고 제167조에 기재한 물건'을 의미하는 것이라고 해석하여 피고인에게 유죄 판결을 내렸다. 이와 반면에 반대의견에 따르면, 우리말의 표현방식으로는 "자기의 소유에 속하는" 이라는 말은 "제166조 또는 제167조에 기재한 물건"을 한꺼번에 수식하는 것으로 볼 수 밖에 없다고 본다.[7]

5.1.2.2. 모호성

법조문에서 중의성의 문제는 사실 거의 나타나지 않는다. 입법자들이 주의를 기울이면 중의성의 문제를 일으키지 않는 법조문을 만들어낼 수 있기 때문이다. 이와는 달리 모호성의 문제는 언어 자체가 갖는 속성으로 인해 쉽게 해결되지 않는다.

먼저 모호성을 갖는 다음 예들을 보자.[8]

    (2) a. tall, red, enter, …

        b. game, religion, …

        c. corruption, neglect, …

예 (2a)는 대표적인 모호한 표현으로서 정도 형용사 등이 이에 속한다. 예

(2b)는 일반명사로서 그 외연에 속하는 사례들을 확정지을 수 없다. 또한 예 (2c)에서 해당 표현이 갖는 외연은 기준에 따라서 달라지기 때문에 확정지을 수 없다.

다음은 이러한 모호한 표현들이 갖는 속성들을 살펴보자. 먼저, 모호한 표현이 포함된 구나 문장의 의미는 문맥에 따라 달라질 수 있다. 예를 들어, "큰 생쥐"와 "큰 코끼리"에서 "크다"의 의미는 결합하는 명사에 따라 달라진다. 다음, 모호한 표현은 그 의미가 불분명하여, 확실하게 판단할 수 없는 경계선상에 놓인 개체들이 존재한다. 그리고 전형적인 모호한 표현은 다음과 같은 소위 '더미 역설(the Sorites Paradox)'을 보인다. 대전제에서 "1억 달러를 가진 사람은 부자다"와, 소전제 "X 달러의 소유자가 부자라면 X에서 1 달러를 뺀 소유자도 부자다"로부터 우리는 "99,999,999 달러를 가진 사람은 부자다"라는 결론을 이끌어낼 수 있다. 그런데 이 결론을 대전제로 하여 다시 소전제를 적용하는 삼단논법을 반복적으로 적용하면 "0 달러의 소유자는 부자다"라는 이상한 결론에 도달하게 된다.[9]

이러한 모호성은 현실과 언어 세계 간의 불일치로 인해서 나타난다. 구체적으로 보면 개별화의 문제일 수도 있고 분류의 문제에서 나타날 수도 있다.[10] 대상이 정밀하게 구별될 수 있다는 개별화의 관점에서 보면, 일반적으로 이 세상에 존재하는 것들은 작은 단위로 계속해서 구분될 수 있지만 연속성을 띤다. 즉, 세계는 예단된, 분리된 개체들로 나타나지 않는다. 그러나 언어 표현은 경계가 분명한 독립적 단위들이고 한정적이다. 따라서 개체의 모든 단위들을 언어로 표현할 수 없기 때문에, 표현된 언어는 지시 대상에 있어서 모호성을 불러 일으킨다. 그러므로 대부분의 단어는 모호성을 어느 정도는 띤다고 볼 수 있다. 한편 분류의 관점에서 보면, 개체들은 그 자체 뿐만 아니라, 개체들이 갖는 속성들도 연속적이라고 말할 수 있다. 따라서 대상의 어떤 특질은 정도 차이를 보여서 그 범위를 확정할 때 문제를 야기한다.

이러한 성격의 모호성을 고려하여, 예 (2)를 가지고 모호성을 분류해 보자. 예 (2a)에서 빨강의 색상은 연속 선상에서 규정되는 개념인데, 어디까지가 빨강이고 어디까지가 분홍인지, 그 중간 부분은 어떻게 구분해야 하는지에 대해 정확히 말할 수 없다. 이를 양적 모호성(quantitative/soritical vagueness)으로 부른다. 한편, 대상이 어떤 범주에 속하기 위해서 가져야 할 필수적인 속성이 무엇인지 확정하기 어렵다. 예 (2b)의 '경기'에서 우리는 여러 종류의 경기를 아우르는 정의를 그 자질들로 제시할 수 없다. 체스에서는 말들의 움직임을 지시하는 규칙들이 존재하는 반면에, 권투에서는 물리적 타격에 관한 규칙들이 존재한다. 이를 질적 모호성(qualitative/combinatorial vagueness)으로 부른다. 그리고 예 (2c)의 '부패'에 대해 우리는 다양한 차원에 속하는 자질들에 의해 정의할 수 있고, 이 자질들은 상호 비교가 어렵다. 이는 다차원적 모호성(multidimensional vagueness)이라 부른다.

모호한 표현들에 대한 기존의 접근 방법들을 살펴보면, 크게 논리적 접근법, 인식론적 접근법, 언어학적 접근법 등이 있다. 먼저 논리적 접근법을 보면, 전통적인 2가 논리의 거부로 모호성을 설명한다. 예를 들어, 3가 논리에서는 참, 거짓 외에 중립적인 값을 설정한다. 퍼지 논리(fuzzy logic)에서는 참과 거짓 사이에 정도에 따른 값들을 인정한다. 다음으로 인식론적 접근법에 따르면, 모호한 어휘는 개체에 적용 여부에 대해 날카로운 경계를 가지고 있다. 특정 개체가 관련된 집합에 속하는지가 불분명할 때 모호성이 일어난다. 그리고 우리는 그 소속 여부를 여전히 알지 못한다고 본다. 끝으로 언어학에서는 문맥주의를 주장한다. 이들은 먼저 모호한 술어는 분명한 컷오프 지점을 가지고 있고, 문제의 컷오프 지점은 문맥에 의해 결정된다고 보며, 구체적인 방법은 연구자들마다 차이가 난다.[11]

명확성 원칙에도 불구하고 법률에서 우리는 다양한 유형의 모호한 표현들을 보게 된다. 따라서 불명확한 법규정을 해석에 의해 해결하고자 그간 법학에서는 사비니(Savigny) 이래로 다양한 법해석 방법론들이 제안되어 왔다. Hart(1994)에서는 법률 텍스트를 '개방구조(open texture)'로 보면서, 핵심 의미는 단어의 의미로부터 결정되지만, 주변부 의미는 법관이 재량권을 갖고 결정해야 한다고 주장한다. 그리고 Waldron(1994)에서는 이와는 달리 문맥을 좀 더 상세히 기술함으로써 모호성을 탈피할 수 있다고 본다. 국내에서는 모호한 표현이 법률에 나타나는 경우, 주로 "건전한 일반상식과 통상적인 법감정"을 가진 사람의 판단에 의하면 모호성이 해소되어 명확성 원칙을 위배하지 않는다고 보아 왔다. 또한 형벌의 과중에 따라 명확성 원칙의 준수 여부를 결정함으로써 모호성 표현에 대해 유연한 입장을 갖기도 한다.

아래에서는 각 모호성 유형별로 대표적인 사례에 대한 법적 설명을 살펴보기로 한다. 앞서 제시한 양적 모호성, 질적 모호성, 다차원의 모호성 등 세 가지 유형 이외에도 구문에 의해 유발되는 유형을 포함한 네 가지 유형에 따라서 헌법재판소의 판례를 중심으로 살펴본다.

■ 양적 모호성

양적 모호성의 유형은 더미역설의 속성을 분명하게 보여주는 red, tall 등의 정도 형용사를 전형적인 예로 갖는다. 이 유형은 모호성이 뚜렷하므로 법률에서는 가급적 사용되지 않는 경향을 보인다. 그럼에도 여러 이유로 해서

이 유형의 표현들이 나타나는 경우들도 있다. 즉, 이는 법관들에게 판단할 수 있는 재량권을 부여하는 효과를 갖고, 시민들에게 책임감 있는 태도를 갖게 해준다고 본다.[12] 그러나 다른 한편, 법률에 나타나는 이러한 유형의 표현들은 법관의 판단에 심각한 위협이 된다. 법은 어떠한 경우에도 결정을 내려야 하는데, 이러한 모호한 법률은 또한 법적 판단을 전적으로 법관에 미룸으로써 입법부와 사법부 간의 분리 원칙을 저해할 수 있다.

이 유형과 관련된 사례를 보자. 다음은 재개발 재건축 등을 시행하는 조합 등에 적용되는 법조항이다.

> 제86조(벌칙)
> 8. 그 밖에 정비사업시행에 관하여 대통령령으로 정하는 서류 및 관련 자료
> ② 추진위원회·조합 또는 정비사업전문관리업자는 총회 또는 <u>중요한</u> 회의가 있은 때에는 속기록·녹음 또는 영상자료를 만들어 이를 청산시까지 보관하여야 한다. (구 도시 및 주거환경정비법)

위 법조항은 양적 모호성을 보이는 "중요한" 표현을 갖는다. 이에 대해 헌법재판소는 "'중요한'이라는 용어는 그 자체만으로 독자적인 판정기준이 될 수 없어 그 해당 여부가 안건에 따라 정해지는지, 실제 의결된 내용에 따라 정해지는지 여부조차 예측할 수 없을 뿐만 아니라, 위 조항의 입법취지나 다른 관련 조항을 종합해 보더라도 이 부분 해석에 도움이 되는 객관적이고 명확한 기준을 얻을 수 없으므로, 결국 이 사건 법률조항은 범죄의 구성요건을 지나치게 추상적이고 모호하게 규정함으로써" 명확성 원칙을 위반하였다고 본다.[13]

■ 질적 모호성

다음으로 질적 모호성의 유형은 religion, game 등의 보통명사들처럼 '일반성(generality)'의 속성을 갖는 어휘들이 이에 속한다. 즉, 해당 표현들의 외연을 확정하는 필요조건 또는 충분조건이 불명확하여 해당 사례들을 완벽하게 규정할 수 없어서 열려 있는 경우이다. 즉, 그 표현이 적용되는 대상은 일정한 속성을 갖지만, 그에 대한 필요충분조건들은 정해져 있지 않다. 이런 점에서 이 유형의 표현은 개방성(open-endedness)을 지니며, 비트겐쉬타인의 가족유사성(family resemblance)을 보인다.

법률에서도 "음란", "불온 유인물", "의료행위" 등 질적 모호성을 갖는 표현들을 찾아볼 수 있다. 법률에서 이러한 개념을 사용하면, 관련된 다양한 행위들을 간결하게 표현할 수 있고, 또한 새로운 상황에 따라 그 대상이 달라져도 이를 포착할 수 있다.[14] 그러나 기본적으로 이러한 표현의 사용은 명확성 원칙을 위배하며, 관련 판결들에서도 동일한 결론을 내리고 있으며, 이에 대해 지속적으로 수정·개정 작업이 이루어지고 있다.

이와 관련한 판례를 보자. 문제가 되는 법조항은 다음과 같다.

> 제47조(벌칙) ① 공익을 해할 목적으로 전기통신설비에 의하여 공연히 허위의 통신을 한 자는 5년 이하의 징역 또는 5천만원 이하의 벌금에 처한다. (구전기통신기본법)

이에 대해 헌법재판소의 판결에 따르면, "어떠한 표현행위가 "공익"을 해하는 것인지, 아닌지에 관한 판단은 사람마다의 가치관, 윤리관에 따라 크게 달라질 수밖에 없으며, 이는 판단주체가 법전문가라 하여도 마찬가지이고, 법집행자의 통상적 해석을 통하여 그 의미내용이 객관적으로 확정될 수 있다고 보기 어렵다. 나아가 현재의 다원적이고 가치 상대적인 사회구조 하에서 구체적으로 어떤 행위상황이 문제되었을 때에 문제되는 공익은 하나로 수렴되지 않는 경우가 대부분"이라고 한다.[15] 따라서 관련 법조항은 명확성 원칙을 위배하여 헌법에 위반된다고 보았다.

■ 다차원의 모호성

다음으로 우리는 다차원적 속성들에 의해 그 개념이 규정되는 다차원의 모호성 유형을 보자. 이 유형의 표현들은 여러 차원의 자질들에 의해서 그 외연이 규정되기 때문에, 그 외연을 명확히 제시할 수 없다. 다음은 법률에 나타나는 이 유형의 예들이다.[16]

> (3) a. neglected … in a manner likely to cause him unnecessary
>   suffering or injury to health. (UK 헌법)
>   b. corruptly giving, offering or promising anything of value to
>   a public official or candidate to influence any official act. (18
>   USC 201)

위 예들은 전형적인 경우나 일반성 경우에 비해 상대적으로 모호하지 않지만, 그 외연을 규정할 경우 상호비교가 불가능한 다차원적 평가에 의존하여 모호성을 띤다. 예를 들어, (3a)에서 아이를 "소홀히" 방치하는 것을 평가하기 위해 아이의 나이, 방치된 시간, 관련 환경 등이 고려되지만 상호 비교 불가능하기 때문에 "소홀히"의 개념을 명확하게 규정할 수 없다.

국내의 경우, 일반적으로 "건전한 상식과 통상적인 법 감정"에 의해 그 의미를 파악할 수 있다고 보아 합헌의 결정을 내리고 있다. 이 유형과 관련된 사례를 살펴보자. 관련된 법조항은 다음과 같다.

> 제487조(소송비용의 집행면제의 신청)
> 소송비용부담의 재판을 받은 자가 <u>빈곤으로</u> 인하여 이를 완납할 수 없는 때에는 그 재판의 확정 후 10일 이내에 재판을 선고한 법원에 소송비용의 전부 또는 일부에 대한 재판의 집행면제를 신청할 수 있다. (형사소송법)

위 법조문에서 "빈곤"의 의미는 비교가 어려운 여러 기준들에 의해서 정의될 수 있으므로 모호한 표현에 해당한다. 이에 대해 헌법재판소에서는 "'빈곤'은 사전적 의미로 '수입이나 재산이 적어서 살림살이가 넉넉하지 못하고 어려움'을 뜻하는 바, 소송비용의 부담을 덜어주기 위한 신청 절차를 규정한 취지를 고려할 때 건전한 상식을 가진 일반인이라면 그 의미를 충분히 파악할 수 있으며, 법관의 보충적 해석을 통해서 그 적용단계에서 다의적으로 해석될 소지도 크지 않다. … 위 법률조항의 문언을 고려하면 '빈곤'은 결국 '경제적 사정으로 소송비용을 납부할 수 없는 경우'를 지칭한다고 보는 것이 건전한 상식과 통상적인 법 감정에 부합한다고 할 수 있다"고 보아 명확성원칙에 위배되지 않는다고 결정한다.[17]

■ 구문의 모호성

모호성은 단어 차원을 넘어 구나 문장 차원에서도 찾아볼 수 있다. 다음

예들을 보자.[18]

 (4) a. John's book

   b. She has done the sitting room.

 (5) a. Yan work too hard.

   b. Everyone wore a new cardigan.

   c. There is a rectangle of lawn at the back.

 (6) a. Birds fly.

   b. John smokes.

명사구 (4a)는 문맥에 따라 '존이 소유한 책' 또는 '존이 쓴 책' 등의 의미를 가질 수 있다. 이와 유사하게 문장 (4b)는 문맥에 따라 그녀가 거실을 어지럽히거나 청소한다는 해석을 가질 수 있다. 다음 (5)의 유형들도 문장 차원에서 일종의 모호성을 보인다. 발화의 불명료한 부분이 문맥 등으로부터 정보를 보충받아 논리적으로 완전한 명제를 형성할 수 있다. 예 (5a)에서는 hard로 인해 [for what]에 해당하는 정보가 빠져 있어 불완전한 논리 형태를 보인다. 그리고 예 (5b)의 경우, everyone은 지구상의 모든 사람들을 대상으로 할 수 없기 때문에 그 대상이 되는 사람이 문맥에 의해 제한될 필요가 있다. 그리고 예 (5c)의 경우, 엄밀한 의미의 사각형을 의미하지 않기 때문에 그 개념이 문맥에 맞게 조정될 필요가 있다. 이외에도 (6)에서 보는 총칭문(generic sentence)도 모호성을 갖는다고 볼 수 있다. 즉, 날지 못하는 새들도 있는 상황에서 우리는 (6a)와 같이 표현하며, 하루에 몇 개비의 담배를 피우는가에 관계없이 우리는 (6b)와 같이 표현한다.

법률에서도 우리는 가끔씩 이러한 구문의 모호성을 보이는 법조문들을 보게 된다. 다음은 예 (5c)와 같이 그 개념이 문맥에 맞게 조정되는 표현이 나타나는 경우이다.

제20조의2(앞지르기 금지장소)
모든 차의 운전자는 다음 각호의 1에 해당하는 곳에서는 다른 차를 앞지르지 못한다.
1. 교차로·터널안 또는 다리위
2. 도로의 구부러진 곳
…   (도로교통법)

위 법조문에서 "도로의 구부러진 곳"의 축자적 해석은 직선이 아닌 모든 곳을 말하기 때문에 위 법조항의 문맥에 정확하지 않아, 문맥에 맞게 그 의미가 조정될 필요가 있는 표현이다. 이에 대해 헌법재판소에서도 "도로의 구부러진 곳이란, 문의 그대로 해석하면 조금이라도 휘어진 도로, 즉 도로가 완전히 직선이 아닌 모든 곳을 말한다. 그러나 이 사건 법률규정과 관련된 제반규정과 입법목적에 비추어 볼 때, 앞지르기로 인하여 위험을 초래하고 교통안전에 지장을 줄 수 있는 정도의 구부러진 도로로 한정 해석하여야 한다. 입법목적에 따라 이 사건 법률규정을 해석한다 하여도, 구체적으로 어느 정도로 구부러진 도로가 이에 해당하는지 여부는 여전히 불명확하다고 볼 소지가 있다."[19] 그러나 판결에서는 여러 가지를 고려하여 명확성의 원칙에 위배되지 않는다고 본다.

5.2. 법의 해석

5.2.1. 법적 추론

오늘날 우리의 사회생활은 많든 적든 '법의 적용'을 받는다. 법의 적용이란 원칙적으로 추상적인 규범인 법에 구체적인 사실을 대응시켜 일정한 효과를 발생시키는 과정을 말한다. 즉, 구체적인 법적 분쟁이 발생하였을 때, 법규범을 적용하여 그 사태로 야기된 분쟁을 해소한다. 이러한 법의 적용은 논리적인 추론과정을 통해 이루어지는데, 이를 '법적 추론'이라 한다.[20]

법적 추론에는 긍정 논법(Modus Ponens)이라는 삼단논법이 법적 추론의 기본적인 모델을 형성한다. 긍정 논법은 다음 도식에서 보는 바와 같이 일정한 대전제를 기반으로 하여, 이 대전제에 소전제를 적용하여 일정한 결론을 도출하는 논리적 방법이다.

대전제: $P \rightarrow Q$

소전제: P

결론: Q

이러한 삼단논법을 법 영역에 적용하면 다음과 같다. 첫 번째 단계는 대전제로서 법적 분쟁에 관련된 법규범을 탐색하고 구체화하는 단계이다. 두 번째 단계는 소전제로서 법적 분쟁의 사실 관계를 확정하는 단계이다. 마지막 세 번째 단계는 대전제인 법규범을 소전제인 사실 관계에 적용하여 법적 결론을 도출하는 단계이다. 이와 같은 전통적인 법적 삼단논법에 따라 사법작용이 이루어질 경우, 법관은 소송절차를 통해 확정된 사실관계를 해석된 법규범에 기계적으로 적용시키는 일만을 할 뿐이다. 그러나 세부적으로 들어가면, 사법작용은 단순히 논리적 추론과정이라고만 볼 수 없다.

　법적용 과정을 좀 더 구체적으로 살펴보자.[21] 법적용이 이루어지기 위해서는 먼저 법적 분쟁이 일어나야 한다. 여기서 법적 분쟁이란 법으로써 해결할 만한 분쟁을 말하며, 특정 갈등이 법적 분쟁에 해당하는지 여부는 권리침해나 법익침해 등과 같은 개념으로 판단된다. 다음으로 법적 분쟁의 전제가 되는 사실관계를 파악하고 확정해야 한다. 이러한 사실관계의 파악은 재판과정을 통해 이루어진다. 구체적인 소송절차를 통해 법적 분쟁의 사실관계가 확정되면, 다음 단계는 이 사실관계에 적용할 수 있는 법규범을 찾아 구체화하는 작업이다. 법규범의 구체화 작업은 법규범을 탐색하고, 그 법규범을 해석하는 일이다. 즉, 법규범 탐색이 완료되면, 법관은 탐색된 법규범을 다음절에서 설명하게 될 다양한 해석방법들을 사용하여 해석한다. 마지막 단계에서는 해석을 통해 구체화된 법규범을 인정된 사실관계에 적용하여 법적 결론을 도출한다.

　위와 같이 사법작용은 큰 틀에서 보면 법적 삼단논법의 적용과정이라고 볼 수 있지만, 세부적으로 보면 각 단계별로 수행되어야 할 여러 법적 과정들로 구성됨을 보았다. 다음 예를 가지고 법적 추론을 설명해 보자.[22]

> A는 평소 개인적으로 알고 있던 해커 B 에게 C 은행이 보유하고 있는 고객의 개인정보를 해킹할 것을 부탁하였다. 이에 평소 C 은행에 좋지 않은 감정을 갖고 있던 B 는 C 은행이 관리하는 서버를 해킹하여 고객의 개인정보를 입수하였다. 그후 이렇게 해킹하여 획득한 고객정보를 A 에게 돈을 받고 넘겨주었다.

먼저 소송절차를 통해서 위 예시의 사실관계가 확정된다. 다음 단계에서는 이렇게 확정된 사실관계에 적용 될 수 있는 법규범을 탐색하고, 이 법규범의 해석이 이루어진다. 위 사례는 다음의 법규범이 관련된다고 본다.

제362조(장물의 취득, 알선 등)
① 장물을 취득, 양도, 운반 또는 보관한 자는 7년 이하의 징역 또는 1천500만원 이하의 벌금에 처한다. (형법)

법규범은 일반적으로 범죄의 구성요건과 그 효과로 구성된다. 법적 분쟁이 실제 발생했을 때 문제의 사실관계가 구성요건을 충족하면, 해당 법규범이 적용되어 법적 효과가 부여된다. 위 예시가 해당 법규범에 적용되는가 여부는 "장물"에 대한 해석에 달려있다. 즉, 서버에 저장된 개인 정보가 '장물' 개념에 속하는가 여부이다. 따라서 사실관계를 법규범에 적용시켜 법적 결론을 이끌어 내는 데 있어서 법규범의 해석이 매우 중요한 역할을 한다.

5.2.2. 법해석론

법 해석은 일상에서의 의미해석과는 다르다. 일상적인 대화나 텍스트에서는 단어들의 의미 그리고 화자 의도와 같은 문맥적 요소들을 고려하여 해석이 이루어진다. 법 해석은 이러한 일상에서의 의미해석 방법을 따르지만, 그 외에 다음과 같은 점에서 차이가 난다.[23] 첫째, 일반적 해석은 여러 의미의 가능성을 열어 둘 수 있지만, 법 해석은 의미에 대해 규범적 접근법을 취하여, 불확실한 경우에도 단 하나의 정확한 법률적 의미를 부여한다. 둘째, 일반적 해석은 일상 대화에서 즉각적으로 의미를 부여하지만, 법 해석은 종종

논증이라는 명시적 과정을 통해 의미를 부여한다. 이때 법률 해석가는 언어적 의미 뿐만 아니라 입법의 취지와 같은 법적인 고려사항까지 참고한다. 셋째, 일반적 해석은 화자의 측면에서 이루어지지만, 소송에서 법적 발화는 상대방 측면에서의 다른 해석 가능성도 허용되고, 전문화된 해석 절차에 따라 법적으로 타당한 결정이 내려진다.

다음은 법규범의 해석 방법들을 살펴보자. 사비니가 법적 해석에 대해 문리적 해석, 역사적 해석, 논리적 해석, 체계적 해석을 제시한 이래로 다양한 해석 방법들이 제안되어 왔다. 특히 각 나라는 나름의 법해석 전통에 따라 다른 해석 방법들을 택하기도 한다. 아래에서는 여러 해석 방법들의 토대를 이루고 있는 텍스트주의(textualism), 의도주의(intentionalism), 목적주의(purposivism) 등을 중심으로 살펴보도록 한다.

■ 텍스트주의

법률 텍스트는 해석의 출발점을 제공한다. 법률 텍스트에 대한 주의 깊은 분석과 인식이 적합한 법해석의 첫 단계라고 할 수 있다. 이와 같이 법률 텍스트에 초점을 두는 해석 방법이 텍스트주의이다. 텍스트주의에 따르면, 법 일반은 우리 실생활에 근거한 나름의 문법을 가지며, 사용된 어휘들은 이 세계의 실체에 대응된다. 그러므로 이런 어휘들로 구성된 문장이 표현하는 것은 이 세계에서 일어나는, 파악가능한 사건이나 상태이다. 따라서 이런 문장 형태의 법규범은 '분명하고', 항상 '결정적(determinate)'이라고 본다.

이러한 배경 하의 텍스트주의는 법실증주의에 기초한다. 다음은 이를 잘 표현해 주고 있다.

"법적 결정은 기존의 법규정에서 획일적으로 정확하게 결정되는 것이며, 법원은 해당 법규와 관계 사실과의 결합에서 논리적 연결을 통해 결정을 이끌어낸다는 것이다." (심헌섭 1989)

이러한 텍스트주의에 의한 법조문의 해석은 법률적 문맥을 고려해서 해석하는 소위 '황금률(golden rule)'이 적용된다. 즉, 순전히 사전의 의미에 기초한 축자적 해석은 입법부가 의도하지 않은 불합리한 해석을 가져올 수 있으므로, 법률 문맥을 고려한 의미로 해석이 이루어진다.[24]

텍스트주의에 근거한 국내외 판결들을 보자. 먼저 국외 사례로는 Whitely v. Chappell 사건이 있다.[25] 관련 법률은 "투표할 자격이 있는 사람을 사칭하는(personate any person entitled to vote)" 것을 사기 행위로 규정했다. 피고는 유권자 명부에 이름이 올라 있었지만 그 당시 우연히 사망한 이웃의 이름으로 부정하게 투표를 했다. 이 법조항의 목적이 다른 누군가를 사칭해 부정 투표하는 것을 범죄로 규정하는 데 있다는 것은 의심의 여지가 없고, 따라서 피고의 행위는 이 범죄의 정의에 포괄되어야 했다. 그러나 텍스트주의 관점에서 보면 죽은 사람은 "투표할 자격이 있는 사람"으로 간주될 수 없으므로, 법원은 피고인의 행위가 범죄에 해당되지 않는다고 판단했다.

국내 사례로는 항공기 탑승구복귀사건에 대한 판결이 있다. 항공사 부사장인 피고인이 자사 여객기에 탑승하였다가, 담당 승무원의 객실서비스 방식에 화가 나 폭언하면서 승무원을 비행기에서 내리도록 하기 위해, 기장으로 하여금 계류장의 탑승교에서 분리되어 푸시백 중이던 비행기를 다시 탑승구 쪽으로 돌아가게 함으로써 위력으로 운항 중인 항공기의 항로를 변경하게 하였다고 하여 항공보안법 위반으로 기소된 사건이다. 쟁점은 다음 법조항의 적용과 관련하여 피고인이 푸시백 중이던 비행기를 탑승구로 돌아가게 한 행위가 항공기의 항로를 변경하게 한 것에 해당하는지 여부이다.

> 제42조. 위계 또는 위력으로써 운항 중인 항공기의 항로를 변경하게 하여 정상 운항을 방해한 사람은 1년 이상 10년 이하의 징역에 처한다. (항공보안법)

이에 대해 대법원에서는 다음에서 보는 바와 같이 텍스트주의에 입각하여 "항로"를 해석함으로써 항공기의 항로를 변경하게 한 것에 해당하지 않는다고 결정하였다.[26]

> "법률을 해석할 때 입법 취지와 목적, 제·개정 연혁, 법질서 전체와의 조화, 다른 법령과의 관계 등을 고려하는 체계적·논리적 해석 방법을 사용할 수 있으나, 문언 자체가 비교적 명확한 개념으로 구성되어 있다면 원칙적으로 이러한 해석 방법은 활용할 필요가 없거나 제한될 수밖에 없다. […]
> 법령에서 쓰인 용어에 관해 정의규정이 없는 경우에는 원칙적으로 사전적인 정의 등 일반적으로 받아들여진 의미에 따라야 한다. 국립국어원의 표준국어대사전은 항로를 '항공기가 통행하는 공로(공로)'로 정의하고 있다. 국어학적 의미에서 항로는 공중의 개념을 내포하고 있음이 분명하다. 항공기 운항과 관련하여 '항로'가 지상에서의 이동 경로를 가리키는 용어로 쓰인 예를 찾을 수 없다."

법실증주의에 기반한 텍스트주의 방법론은 모든 가치론적 측면을 제외하고 형식적으로 타당한 실정법을 강조한다. 그 결과, 법학의 체계화와 법치국가 이념의 형성에 기여하였고, 또한 법관의 자의적 해석을 통제하는데 일정 역할을 하였다고 본다. 그러나 이러한 방법론은 몇 가지 문제점들을 가지고 있다. 법의 내용보다는 형식을 강조함으로써 법의 가치중립성을 추구하는 것이 올바른가 하는 문제를 제기한다. 또한 합법적 절차에 의한 법적 구속력에 정당성을 부여하기 때문에 악법 문제에 대해서는 소극적일 수 밖에 없다는 비판을 받는다. 그리고 현실적으로 보면 법률은 완전하지 않으며, 경우에 따라서는 해석에 있어서 법관의 재량이 필요하다는 데 문제가 있다.[27]

■ 의도주의

의도주의는 입법자의 의도를 헤아려 법을 해석하자는 입장이다. 크립키 (S . Kripke)에 따르면, 의미란 불확실하고 미결정적이다(indeterminate). 그래서 언어 표현의 의미는 사회적 실천 속에서 의사소통 참여자들 상호간의 합의에 의해 정해진다고 본다. 의미가 불확실하다면 문장을 어떻게 해석해야 하는가? 의도주의에서는 원래 그 문장을 작성한 사람이 어떤 의도를 가지고 만들었는지를 고려해 해석해야 한다고 본다. 일반적으로 문장이나 텍스트는 저자가 의도한 바를 모두 담아 내기에는 한계가 있다. 즉, 법조문에는 입법자의 취지나 의향이 모두 반영되어 있지는 않기 때문에, 그의 의향이나 취지를 고려해서 해석되어야 한다고 본다.

여기에 관련된 해석 규칙으로는 소위 '해악규칙(mischief rule)'이 있다. 이 규칙에 따르면, 판사는 입법의 특정 대상이나 목표물을 확인하여, 해악을 억제하고 치료를 촉진하는 그런 해석을 해야 한다.[28] 즉, 원래 법조문을 만들

때 사람들이 생각하는 것은 긍정적인 효과 뿐이어서 미처 생각하지 못했던 오류나 해악이 나타날 수 있다. 그 법조문이 가져올 수 있는 긍정적인 효과들은 법조문에 담아낼 수 있지만 부정적인 효과들은 담아낼 수 없다. 그래서 부정적인 효과를 억제하려는 방향으로 해석하면 입법자의 의도를 어느 정도 반영할 수 있다고 본다.[29]

의도주의 해석 방법과 관련된 국내외 판례들을 보자. 국외 판례로는 Church of the Holy Trinity v. U.S. 판결이 있다.[30] 관련 법은 당시 미국 노동 시장에서 값싸고 미숙련된 노동자들의 유입을 막기 위해, "노동력 또는 모든 종류의 서비스(labor or service of any kind)" 수입을 금지하였다. 이와 관련하여 고위 성직자가 뉴욕에 있는 성삼위일체 교회의 교구 목사로 봉사하기 위해 영국에서 왔는데, 이를 관련 법과 관련하여 어떻게 판단할 것인가가 문제였다. 이에 대해 법원은 "노동"이라는 단어의 사용이 실제로 육체노동에 국한되고 성직자에게는 해당되지 않는다고 보았다. 즉, 입법자의 의도에 비추어 보면 목사가 이주해오는 것은 금지되지 않는다고 판단하였다.

국내 판례는 휴일근로수당 판결을 들 수 있다. 환경미화원으로 근무하다가 퇴직한 사람들이 근로기준법에 따른 통상임금을 기준으로 산정한 미지급 휴일근로수당, 연차휴가수당 등의 지급을 구하는 사건에서, 휴일근로에 대하여는 휴일근로수당 외에 연장근로수당도 중복하여 지급하여야 한다고 주장한다. 이 사건의 쟁점은 구 근로기준법상 1주간 기준근로시간인 40시간을 초과하여 휴일에 근무한 경우 이를 연장근로로 보아 휴일근로에 따른 가산임금 외에 연장근로에 따른 가산임금도 중복하여 지급하여야 하는지이다. 이는 '1주'의 해석과도 관련한다.

이에 대해 대법원에서는 다음과 같이 입법자의 의도를 존중하는 의도주의 해석론에 입각하여 휴일근로시간은 1주간 기준근로시간 및 1주간 연장근로시간에 포함되지 않는다고 보고, 휴일근로에 따른 가산임금과 연장근로에 따른 가산임금은 중복하여 지급될 수 없다고 판결하였다.[31]

> "구 근로기준법상 '1주'에 휴일을 포함할 것인지 여부는 근본적으로 입법정책의 영역에 속하는 문제이다. 따라서 이에 관한 법해석을 할 때에는 입법자의 의사를 최대한 존중하여 법질서의 통일성과 체계적 정당성을 유지하는 방향으로 하여야 한다. 그런데 근로기준법의 제정 및 개정 경위를 통해 알 수 있는 입법자의 의사는 휴일근로와 연장근로를 명확히 구분하여 휴일근로시간을 연장근로시간에 포함하지 않겠다는 것임이 분명해 보인다. […].
> 구 근로기준법상 휴일근로도 연장근로에 포함되어 1주간 최대 근로시간이 52시간이라고 해석하게 되면, 국민의 대표기관인 국회가 오랜 시간 노사 양측의 상충하는 이해관계를 조정하고 각계각층의 다양한 의견을 수렴하여 마련한 개정 근로기준법 부칙 조항과 모순이 생기고, 그 적용 과정에서 불합리하고 혼란스러운 결과가 발생하는 것을 피하기 어려워 법적 안정성을 깨뜨린다."

이러한 의도주의에 대해 제시되고 있는 몇 가지 비판점들을 살펴보면 다음과 같다. 첫째, 모든 법텍스트에 항상 입법자가 존재하는 것은 아니다. 옛날부터 관습적으로 내려오는 것을 문서화한 경우도 있다. 이런 경우 입법자가 누군지 알 수 없기 때문에 그 법이 제정된 의도를 파악하기가 어렵다. 둘째, 법텍스트라 하여도 입법자는 소속 정당이 다른 여러 명인 경우가 대부분이고, 그 입법자들 간의 입법 의도나 입법 목표가 다를 수 있다. 의도를 분명히 파악하더라도 그것이 서로 다른 의도라면 누구의 의도를 고려하여 법조문을 해석할 지에 대한 문제가 나타난다.

■ 목적주의

목적주의 해석에서는 법관은 의회가 추구한 목적을 충실하게 반영하여 법률을 이해해야 한다고 전제한다. 따라서 법관은 해당 법률의 취지와 의도를 고려하여 법적 의미를 결정해야 한다고 본다. 해당 법률이 현재 법질서 안에서 수행하는 목적과 기능 등을 고려한다는 점에서 입법자의 의도를 중요시하는 의도주의에 비해 보다 객관적인 해석방법이라고 할 수 있다.

목적주의 해석 방법과 관련된 국내외 판례들을 보자. 국외 판례로는 Garner v. Burr를 들 수 있다(Marmor 2014).[32] 1930년 영국 도로교통법에 따르면, 고속도로를 주행하는 모든 "차량"에 공기 타이어를 장착해야 한다. 피고인은 닭장에 철제 바퀴를 달고서 트랙터로 고속도로를 따라 이동했다. 법원은 공기 타이어를 의무화하는 법의 목적이 아스팔트 도로의 손상을 방지하기 위한 것이기 때문에, 바퀴가 장착된 닭장이 완전한 차량은 아니더라도 법의 목적상 차량으로 간주한다는 논리로 이를 위법으로 판단했다.

국내 판례로는 자동차범퍼 판결을 들 수 있다. 피고인이 견인료 납부를 요구하면서 피고인 운전의 캐피탈 승용차의 앞을 가로막고 있는 교통관리직원인 피해자의 다리 부분을 위 승용차 앞범퍼 부분으로 들이받고 약 1m 정도 진행하여 그를 땅바닥에 넘어뜨려 폭행하였다는 사건이다. 관련 법조항은 다음과 같다.

제3조(집단적 폭행 등)

① 단체나 다중의 위력으로써 또는 단체나 집단을 가장하여 위력을 보임으로써 제2조제1항 각 호에 규정된 죄를 범한 사람 또는 흉기나 그 밖의 위험한 물건을 휴대하여 그 죄를 범한 사람은 제2조제1항 각 호의 예에 따라 처벌한다. [폭력행위 등 처벌에 관한 법률]

쟁점은 자동차범퍼가 법조항의 "위험한 물건을 휴대하여"에 해당하는지 여부이다. 이에 대해 대법원 판결에서는 다음에서 보는 바와 같이 해당 법률의 취지와 목적을 고려하여 자동차를 위험한 물건으로 해석한 경우이다.[33]

"폭력행위등처벌에관한법률 제3조 제1항에 있어서 '위험한 물건'이라 함은 흉기는 아니라고 하더라도 널리 사람의 생명, 신체에 해를 가하는 데 사용할 수 있는 일체의 물건을 포함한다고 풀이할 것이므로, 본래 살상용·파괴용으로 만들어진 것뿐만 아니라 다른 목적으로 만들어진 칼·가위·유리병·각종공구·자동차 등은 물론 화학약품 또는 사주된 동물 등도 그것이 사람의 생명·신체에 해를 가하는 데 사용되었다면 본조의 '위험한 물건'이라 할 것이며, 한편 이러한 물건을 '휴대하여'라는 말은 소지 뿐만 아니라 널리 이용한다는 뜻도 포함하고 있다."

■ 기타

이외에도 법률의 제정/개정 당시의 역사적 맥락을 고려하여 의미를 결정하는 역사적 해석이 있다. 이에 따르면, 당시 입법자가 법 제정시에 염두에 두었던 바를 드러내는 다양한 문헌들이나 당시의 논의들을 참조하여 의미를 해석한다.

또한 법규범들 간의 논리적, 체계적 연관관계를 고려하여 의미를 결정하는 체계적 해석이 있다. 다른 법률들과 충돌하는 의미는 배제하고, 대신 잘 조화를 이루는 의미를 선택한다. 예를 들면, 헌법 합치적 해석이 이에 해당한다.

종합하면, 법조문 해석에 대한 이러한 두 가지 또는 세 가지 입장은 상호 보충적인 성격을 갖는다.[34] 다음의 인용문은 이러한 점을 잘 표현하고 있다.

> "텍스트주의와 문맥주의(의도주의)는 기본적으로 별로 차이가 없다. 법적 해석의 주요 목적은 입법자에 충실하는 것이다. 그러한 목적을 달성하기 위한 첫 단계는 그 법조항의 문구에 충분한 주의를 기울이는 것이다. 만약 법조문 자체가 분명한 해석을 주지 않는다면 다양한 외적 증거, 결과주의적 추론과 실질적인 가치들을 고려해야 한다. 차이는 어떤 외적 증거가 법적 증거로 고려될 것인가와 관련해 나타난다."
> (Solan 2010: 14)

즉, 텍스트주의가 기본이고 만약 텍스트주의로 해결이 되지 않는다면 다양한 증거를 토대로 하여 의도주의든 목적주의든 더 넓게 해석해야 한다고 보고 있다.

국내의 경우도 다음의 대법원 판결에서 밝히고 있는 바와 같이 다양한 해석 방법론의 적용을 통해 타당한 해석을 얻도록 하고 있다.

> "법은 원칙적으로 불특정 다수인에 대하여 동일한 구속력을 갖는 사회의 보편타당한 규범이므로 이를 해석함에 있어서는 법의 표준적 의미를 밝혀 객관적 타당성이 있도록 하여야 하고, 가급적 모든 사람이 수긍할 수 있는 일관성을 유지함으로써 법적 안정성이 손상되지 않도록

하여야 한다. 그리고 실정법이란 보편적이고 전형적인 사안을 염두에 두고 규정되기 마련이므로 사회현실에서 일어나는 다양한 사안에서 그 법을 적용함에 있어서는 구체적 사안에 맞는 가장 타당한 해결이 될 수 있도록, 즉 구체적 타당성을 가지도록 해석할 것도 요구된다. 요컨대, 법해석의 목표는 어디까지나 법적 안정성을 저해하지 않는 범위 내에서 구체적 타당성을 찾는 데 두어야 한다. 그리고 그 과정에서 가능한 한 법률에 사용된 문언의 통상적인 의미에 충실하게 해석하는 것을 원칙으로 하고, 나아가 법률의 입법 취지와 목적, 그 제·개정 연혁, 법질서 전체와의 조화, 다른 법령과의 관계 등을 고려하는 체계적·논리적 해석방법을 추가적으로 동원함으로써, 앞서 본 법해석의 요청에 부응하는 타당한 해석이 되도록 하여야 한다." (대법원 2009. 4. 23. 선고 2006다81035 판결)

법정 언어

커뮤니케이션은 참여자들 간에 메시지의 발송과 수신이 일어나는 과정이며, 대화는 이의 전형적인 실현방식이다. 대화에서의 메시지 전달 수단은 발화이다. 일반적인 대화의 경우, 화자의 발화는 상대방에게 화용론적 의미로 전달되고 이해된다. 그러나 의 경우, 특수한 법적 환경으로 인해 엄밀한 의미의 화용론적 의미가 작동되지 않는다.

Ⅱ부의 구성은 다음과 같다. 제6장에서는 법적 대화의 대화구조와 언어적 특성들을 살펴본다. 대화의 한 축인 질문이 갖는 화용론적 의미를 전제와 관련하여 논의하고, 대화의 다른 한 축인 답변을 함축의 관점에서 논의한다. 제7장에서는 법정 대화에서 일어나는 범죄로서 위증죄를 다룬다. 위증은 일종의 거짓말이다. 거짓말은 발화에 의해서 이루어지므로 이에 대한 이해의 첫 단계는 언어학적 분석이다. 여기서는 위증죄와 관련한 발화에 대한 언어학적 분석을 제시한다.

제6장

법정 대화

법정에서 증인과 검사 또는 변호인 간에 오가는 질문과 답변, 경찰관과 피의자 간의 질문과 답변 등은 일종의 대화에 해당하지만, 우리가 일상에서 행하는 대화와는 성격이 많이 다르다. 법의 영역에서 일어나는 여러 종류의 질문-답변 연쇄체는 법적 제약들에 적용을 받고, 법적인 의미를 부여받는다. 본 장에서는 법 영역에서 일어나는 대화들을 언어학적 시각에서 살펴본다. 먼저 대화분석(conversational analysis) 이론의 기초를 살펴보고(6.1절), 이를 토대로 하여 화용론 시각에서 질문에 대하여(6.2절), 그리고 답변에 대하여(6.3절) 각각 살펴보도록 한다.

6.1. 대화분석

6.1.1. 기초

대화문법론에서의 대화 유형학에 의하면, 대화는 그 기능에 따라 관계중심적 대화, 행위동반적 대화, 과제중심적 대화로 구분된다.[1] 관계중심적 대화는 사람과 사람 간의 사회적 관계를 유지하게 하는 대화, 오락을 위한 수다, 잡담 등을 말한다. 행위동반적 대화는 행위를 동반하는 대화 유형이다. 그리고 과제중심적 대화는 대화참가자들의 의사소통 목적에 발화의 초점이 맞추어지고, 과제를 해결하는 기능을 갖는 대화 유형이다.

과제중심적 대화는 대화를 시작할 때 대화 참가자들 간의 이해관계에 따라 상보적 대화, 협력적 대화, 경쟁적 대화로 구분된다. 상보적 대화는 의사소통 목적이 같거나, 한쪽이 다른 쪽의 목적에 순응하는 경우이다. 대화 참가자들의 의사소통 목적이 다른 경우는 목적 달성 방식에 따라 다시 협력적 대화와 경쟁적 대화로 구분된다. 협력적 대화에서는 참가자들이 서로 양보하여 참가자들 모두 만족할 만큼 이해를 조정하는 반면에, 경쟁적 대화에서는 한쪽이 다른 쪽의 목적을 강제로 포기하게 하여 자신의 목적을 관철시킨다. 대화의 대상이나 주제에 따라 각 대화 유형은 다시 세분화된다.

- 상보적 대화: 문의대화, 상담대화, 위로대화
- 협력적 대화: 토론대화, 협상대화, 화해대화
- 경쟁적 대화: 논쟁대화, 심문대화, 관철대화

상보적 대화에서 정보를 필요로 하여 이루어지는 대화가 문의대화이고, 실제

상황에서의 대처방안을 논의하는 것은 상담대화, 그리고 심정적 주제인 경우가 위로대화이다. 협력적 대화의 경우, 지식이나 정보를 주제로 한 토론대화, 실제적 상황에서 이루어지는 협상대화, 그리고 심정적 주제가 지배적인 화해대화 등이 있다. 경쟁적 대화의 경우, 특정 정보에 대한 논의가 주로 이루어지는 논쟁대화나 심문대화, 실제 일어나는 관철대화 등이 있다.

다음으로 대화의 기본 구조를 살펴보자. 먼저 대화는 화자와 청자로 이루어진다. 화자는 대화규칙에 따라 화자와 청자의 역할을 주고 받으면서 대화에 참여한다. 대화의 말차례(turn)는 화자가 자신의 말차례를 완료할 때까지를 나타내는 단위이고, 화자의 말차례가 연속적으로 교환됨으로써 대화의 이동(move)이 일어난다. 대화가 이루어지는 순서를 보면, A가 화자일 경우에 B는 청자가 되고, B가 화자일 경우에 A는 청자가 된다. 즉, A가 화자가 되었다가 멈추면, B가 화자가 되어 말을 하는 교대가 나타나는 데, 이를 말차례 순서교대(turn taking)라고 하고, 화자가 바뀌는 것이 가능한 부분을 교체 적정 지점(transition relevance place: TRP)이라 한다. 다음은 순서교대의 규칙이다.[2]

규칙 1. 말차례의 첫 번째 TRP에서 아래의 규칙이 적용된다.

    (a) 만일 현재의 화자가 다음 화자를 선택하면, 선택된 화자는 처음의 TRP에서 말차례를 가져 말할 수 있다.

    (b) 만일 현재의 화자가 다음 화자를 선택하지 않으면, 대화 참여자들 중 누구라도 다음 화자로 나설 수 있다. 제일 먼저 나선 화자가 다음의 말차례를 갖는다.

    (c) 만일 현재의 화자가 다음 화자를 선택하지 않고, 또 다른 사람이

아무도 나서지 않으면, 현재 화자가 계속해서 말을 해 나갈 수 있다.

규칙 2. 다음에 계속 이어지는 모든 TRP에서 적용된다.

현재 화자에 의해 규칙 1(c)가 적용되면, 다음 TRP에서 규칙 1(a-c)가 순환적으로 적용되고, 이 순환적 적용은 화자가 교체될 때까지 매번 다음 TRP에서 반복된다.

우리는 다음 대화에서 말차례 순서교대를 관찰할 수 있다.[3]

(1) A: Morning, Tom!

B: Good morning, sir!

A: Have you got a Guardian left this morning?

B: You're lucky; it's the last one. Bit brighter today, by the looks of it.

A: Yes, we could do with a bit of a dry spell. You got change for a pound?

B: Yes, plenty of change; here you are. Anything else today?

A: No, that's all just now, Tom. Be seeing you.

B: Mind how you go.

위 대화에서 A와 B는 짤막한 인사의 교환으로 대화를 시작한 이후, 두 사람의 말차례 순서가 교대로 일어난다. 질문의 형식으로 다음 화자의 말을 유도하기도 한다.

다음, 인접쌍(adjacency pairs)은 대화의 기본구조로서 현재 화자의 말에 대하여 다음 화자가 응답하는 연속구조를 말한다. 예를 들면, 질문을 하면 대답을 하고, 제안을 하면 받아들이거나 거절하는 것과 같이 일상대화에서 나타나는 말차례의 쌍이다. 이러한 인접쌍의 특징은 다음과 같다.[4] ㄱ) 서로 인접해 있고, ㄴ) 서로 다른 화자에 의해 발화된다. ㄷ) 주는 말과 받는 말로 순서가 이루어져 있고, ㄹ) 유형화되어 있다.

인접쌍에서 주는 말에 대한 반응으로서 받는 말은 다음에서 보는 바와 같이 선호된 반응과 비선호된 반응으로 구분된다.

주는 말	받는 말	
	선호된 반응	비선호된 반응
요청	수용	거절
제공/초대	수용/감사	거절
평가	동의	반대
질문	예상된 답변	예상치 못한 답변/ 대답 없음
제안	동의	반대
비난	부인	인정

〈표 1〉 인접쌍

무표적인 선호된 반응은 단순한 구조를 보이는 반면에, 유표적인 비선호된 반응은 복잡한 구조를 보인다. 다음 예들을 보자.[5]

  (2) A: 내일 좀 만날 수 있겠니?
　　 B: 예.
  (3) A: 내일 좀 만날 수 있겠니?

B: 지금으로서는 뭐라고 대답할 수가 없는데, 이따가 다시 연락하
기로 하자.

대화 (2)에서 요청에 대한 선호되는 반응은 허락으로서 단순하고 간결한 구
조로 나타나며 즉각적이다. 이와 반면에, 대화 (3)는 요청에 대한 비선호되는
반응인 거절을 표현한다. 비선호되는 반응은 청자의 기대와 어긋나는 것이
기 때문에 화자가 심리적으로 부담을 느낀다. 따라서 화자는 말을 간접적으
로 하거나 부드러운 어휘로 약화시켜 표현한다.

6.1.2. 법정 신문

공소제기에 의하여 사건이 법원에 계속된 이래 그 사건을 심리하여 재판
이 확정될 때까지의 모든 절차를 공판절차라고 한다. 공판절차는 피고인에
대한 진술거부권의 고지, 인정신문, 검사/피고인의 모두진술, 재판장의 쟁점
정리 등으로 이루어지는 모두절차, 그리고 증거조사, 피고인의 신문, 최종변
론 등으로 이루어지는 사실심리절차, 끝으로 판결선고절차로 구성된다.[6] 본
장에서 다루는 법정 신문은 사실심리절차의 하나에 해당하는 전형적인 법정
대화이다.

법정 대화는 검사 또는 변호사와, 피고인 또는 증인 간에 이루어진다. 대
화 절차에 관해서는 형사소송법, 민사소송법에 제시되어 있다. 예를 들어, 형
사소송에 있어서 증인 신문과 피고인 신문은 다음과 같이 형사소송법에 규정
하고 있다.

제161조의2 (증인신문의 방식) ① 증인은 신청한 검사, 변호인 또는

피고인이 먼저 이를 신문하고 다음에 다른 검사, 변호인 또는 피고인이 신문한다.

제296조의2 (피고인신문) ① 검사 또는 변호인은 증거조사 종료 후에 순차로 피고인에게 공소사실 및 정상에 관하여 필요한 사항을 신문할 수 있다. 다만, 재판장은 필요하다고 인정하는 때에는 증거조사가 완료되기 전이라도 이를 허가할 수 있다.

여기서 첫 번째로 행해지는 신문이 주신문이고, 그 다음으로 행해지는 신문이 반대신문이다. 주신문에서는 증인신문을 청구한 자가 증명할 사실에 대하여 이루어진다. 반대신문은 주신문에 나타난 사항에 대하여 행해지는데, 목적은 주신문에 나타난 증인의 진술이 신빙성있는지 여부를 반대의 입장에서 살펴보기 위한 것이다. 보다 구체적인 신문 방법은 다음과 같이 형사소송규칙에 제시되어 있다.

제74조 (증인신문의 방법) ① 재판장은 증인신문을 행함에 있어서 증명할 사항에 관하여 가능한 한 증인으로 하여금 개별적이고 구체적인 내용을 진술하게 하여야 한다.
② 다음 각호의 1에 규정한 신문을 하여서는 아니된다. 다만, 제2호 내지 제4호의 신문에 관하여 정당한 이유가 있는 경우에는 그러하지 아니하다.
　1. 위협적이거나 모욕적인 신문
　2. 전의 신문과 중복되는 신문
　3. 의견을 묻거나 의논에 해당하는 신문
　4. 증인이 직접 경험하지 아니한 사항에 해당하는 신문

이러한 증인 신문은 앞서 살펴본 대화의 분류에서 보면 나름의 대화목적을 갖고서 문제를 해결하고자 하는 과제중심적 대화이고, 좀더 자세히 분류하면 대화 당사자 간 목적이 다르고 자신의 목적을 관철하려고 한다는 점에서 경쟁적 대화에 해당한다고 볼 수 있다. 이러한 법영역의 대화는 다른 한편으로 '제도 담화(institutional talk)'에 속한다. 제도 담화는 다음과 같은 특징을 지닌다.[7]

- 대화 참여자들은 그 제도와 관련된 특정 사람들이다: 의사와 환자, 교사와 학생 등.
- 제도 담화는 그 내용에 특정한 제약들이 가해진다.
- 제도 담화는 특정 제도상의 문맥에 고유한 추론프레임과 절차에 연결되어 있다.

또한 법정 대화의 참여자들은 동등한 권력관계에 있지 않다.[8] 법관/검사/소송변호인/피고변호인 등은 강한 힘을 갖는 참여자들이고, 이와 반대로 증인/피고인은 약한 힘을 갖는 참여자들이다. 이러한 힘의 불균형은 언어형태에서도 나타난다. 의사-환자 간 대화나 교사-학생 간 대화에서 보듯이, 일반적으로 강한 힘의 참여자들은 주로 질문을 제시하여 대화의 주제, 질문의 페이스, 주제의 대화 시간 등을 통제한다. 다음은 이러한 질문의 예이다.

(4) a. What happened around noon?
   b. Where were you when you noticed the car?
   c. The knife just found itself in your hand, did it?

제시된 질문의 유형에 따라 답변의 유형이 달라진다. 예 (4a)에서 증인은 사건에 대해 진술하도록, 예 (4b)에서는 요구되는 바를 명시해주길, 그리고 예 (4c)에서는 제시된 바를 확인해주도록 요청받는다.

　이와 반면에 약한 힘의 참여자들은 질문에 답변하도록 요구된다. 다음 예를 보자.[9]

> (5) C: Was there firing in Sandy Row that night?
>
> 　W: Not to my knowledge.
>
> 　C: Will you look at 00.55 hours: 'Automatic firing in Sandy Row'.
>
> 　W: No, that is not correct.

위 법정 대화에서 보면, 법조인 C의 질문에 대해 증인 W은 단순히 답변을 제시한다. 위와 같이 법정 대화에서는 앞서 언급한 비대칭적 권력관계를 반영하여 '질문-답변' 인접쌍이 선호되는 유형이지만, 도전-반박, 비난-부정 등의 인접쌍 유형이 나타날 수도 있다.[10] Rathert(2006)에서는 법정 대화에서 출현하는 인접쌍들을 언어행위(sprachliche Handlung) 모형으로 파악하여 다음과 같이 세 가지 유형의 행위 연쇄로 제시하고 있다.

〈그림 1〉 법정 대화의 언어행위 연쇄

즉, 질문에 대하여 (i) 정보를 제공하거나, (ii) 질문 자체를 반박하거나, (iii) 나름의 주장을 제기할 수 있다. 그러나 이들중 '질문-답변' 인접쌍에 해당하는 첫 번째 유형의 행위 연쇄가 주로 나타난다.

6.2. 질문

'질문-답변'의 인접쌍으로 구성된 법정 대화는 참여자의 권력 불균형으로 인해 각자의 발화에 법적 제약들이 가해져 일상적인 대화와는 차이가 난다. 본 장에서는 발화의 의미에 초점을 두고서 그 차이를 살펴보고자 한다. 이를 위해 본 절에서는 법정 대화의 전형적인 인접쌍인 '질문-답변'에서 질문을 살펴본다. 먼저 의문문이 갖는 언어학적 속성을 전제 개념과 관련하여 논의한다. 그리고 이와 관련하여 증인/피고인 신문에서 특수하게 나타나는 유도질문을 살펴본다.

6.2.1. 의문문과 전제

일반적으로 질문은 새로운 정보를 얻기 위해 제기된다. 그러나 법정에서 법조인에 의해 제기되는 질문은 이러한 일반적인 목표를 갖는 것이 아니라 법정이라는 환경에 고유한 목표를 달성하기 위해 사용된다. 즉, 법조인은 문제의 사건에 대해 증인으로부터 새로운 사실을 얻어내려는 것이 아니라 나름의 정보와 논리를 이미 가지고서 원고 또는 피고 측에 유리한 증거들을 이끌어내고자 하거나, 또는 신문 과정을 통해 이를 확인하고자 한다. 질문 자체는 의미론적으로 그리고 화용론적으로 보면 이미 많은 정보를 갖고 있기 때문에, 이러한 목적에 적절한 수단이라고 볼 수 있다. 아래에서는 이를 살펴보기로 한다.

의문문은 일반적으로 (6a) 성분 의문문(constituent question), (6b) 판정 의문문(polar question), (6c) 선택 의문문(alternative question)으로 구분된다.

(6) a. What did John read?

    b. Did Bill read 'War and Peace'?

    c. Did Bill read 'War and Peace' or 'Anna Karenina'?

의문문의 의미에 대해서는 이론에 따라 상이하게 파악된다.[11] 명제 이론 (propositional approach)에 의하면, 의문문의 의미는 가능한 대답의 집합이다. 예를 들어, 위 성분 의문문 (6a)와 판정 의문문 (6b)의 의미는 다음과 같다.

(7) a. {John read War and Peace, John read Anna Karenina, John read Brothers Karamazov, … }

b. {Bill read War and Peace, Bill didn't read War and Peace}

한편, 의문문은 문맥과 관련하여 화용 의미, 즉 전제(presupposition) 를 갖는 것으로 알려졌다. 전제는 그 속성으로 인하여 연구 초기부터 의미론 현상으로 또는 화용론 현상으로 간주되어 왔다. 이에 대해 언어철학에서는 의미 이전에 충족되어야 할 내용으로 간주하는 프레게(Frege), 스트로슨(Strawson)의 화용론적 견해와, 문장 의미의 일부로 간주하는 러셀(Russell) 의 의미론적 견해가 대립되어 왔다. 이후 전제의 정의에 관해서도 함의(entailment)에 기초한 의미론적 정의와, 공통 토대(common ground)에 기초한 화용론적 정의로 구분되어 왔다. 의미론적 전제를 보면 다음과 같이 정의된다.[12]

> (8) 문장 A가 문장 B를 의미론적으로 전제하기 위한 필요충분조건은
>   (a) A가 B를 함의하고,
>   (b) ~A가 B를 함의하는 경우이다.

의미론적 전제의 테스트 방법으로서 'S-family'를 보면,[13] 부정문, 의문문, 조건문 등에서도 그 전제가 생성되면 성립한다고 본다.

> (9) a. Joan has stopped drinking wine for breakfast.
>   b. Joan hasn't stopped drinking wine for breakfast.
>   c. Has Joan stopped drinking wine for breakfast?
>   d. If Joan has stopped drinking wine for breakfast, he has
>   probably begun to drink more at lunch.

>> John used to drink wine for breakfast.

예 (9)에서 동사 stop으로 인해 부정문, 의문문, 조건문 등에서도 전제 'John used to drink wine for breakfast.'가 생성됨으로 동사 stop은 그 전제를 유발한다. 이러한 전제 유발자(presupposition trigger)는 어휘나 구문이 될 수 있다. 예를 들어, regret, realize, odd, notice, discover 등의 사실성 술어는 보문의 의미가 참이라는 전제를 갖는다. 또한 시간 부사절을 포함한 복합문의 경우, 부사절의 의미가 참이라는 전제를 갖는다.

의문문은 구문 자체가 전제유발자로서 위 성분 의문문 (6a)과 판정 의문문 (6b)의 경우 다음과 같은 전제를 갖는다.

(10) a. John read something.

　　 b. Either Bill read War and Peace or not.

즉, 모든 의문문은 많든 적든 전제 정보를 갖는다. 따라서 의문문은 그 형태 자체가 갖는 의미론적 의미와 화용론적 의미로 인하여 가능한 답변들이 제한되고, 또한 질문 자체가 이미 어떤 내용이 참임을 전제하고 있다. 따라서 법조인은 질문을 통해 증인 또는 피고인의 답변을 통제할 수 있게 된다.

6.2.2. 유도질문

질문의 형태는 답변 내용을 제한함으로써 증인의 진술을 통제한다. 특히 반대신문(cross examination)에서는 유도질문(leading question)이 자주 사용된다. 유도질문은 단 하나의 정확한 답변이 있고 증인을 이 답변으로 유인하는 속성을 갖는다.[14] 주신문의 경우, 질문자와 증인이 호의적 관계에 있다는 것이 일반적이어서 증인에게 암시를 주어 허위의 증언을 유도할 위험이 있다고 하여 유도질문이 원칙적으로 금지된다. 이와는 달리 반대신문에서는 일반적으로 질문자와 증인 간의 관계가 적대적이어서 증인은 질문자가 원하는 답변을 가급적 주지 않으려고 한다. 이 때문에 반대신문에서는 유도질문이 허용된다. 형사소송규칙에서는 주신문과 반대신문에서의 유도질문에 대해 다음과 같이 규정하고 있다.

제75조 (주신문)

② 주신문에 있어서는 유도신문을 하여서는 아니된다. 다만, 다음 각 호의 1의 경우에는 그러하지 아니하다.

1. 증인과 피고인과의 관계, 증인의 경력, 교우관계등 실질적인 신문에 앞서 미리 밝혀둘 필요가 있는 준비적인 사항에 관한 신문의 경우

2. 검사, 피고인 및 변호인 사이에 다툼이 없는 명백한 사항에 관한 신문의 경우

3. 증인이 주신문을 하는 자에 대하여 적의 또는 반감을 보일 경우

4. 증인이 종전의 진술과 상반되는 진술을 하는 때에 그 종전진술에 관한 신문의 경우

5. 기타 유도신문을 필요로 하는 특별한 사정이 있는 경우

③ 재판장은 제2항 단서의 각호에 해당하지 아니하는 경우의 유도신문은 이를 제지하여야 하고, 유도신문의 방법이 상당하지 아니하다고 인정할 때에는 이를 제한할 수 있다.

제76조 (반대신문)

② 반대신문에 있어서 필요할 때에는 유도신문을 할 수 있다.

③ 재판장은 유도신문의 방법이 상당하지 아니하다고 인정할 때에는
이를 제한할 수 있다.

④ 반대신문의 기회에 주신문에 나타나지 아니한 새로운 사항에 관하
여 신문하고자 할 때에는 재판장의 허가를 받아야 한다.

이러한 유도질문은 나름의 장점을 가진다. 질문자가 먼저 제시함으로써 증인이 증언을 쉽게 할 수 있도록 하고, 신문 절차를 빠른 속도로 진행할 수 있고, 질문자가 파악하고 있는 사실관계를 법관에게 쉽게 인식시킬 수 있다.[15]

다음은 유도질문의 유형을 살펴보자. 영어의 경우, 유도 질문의 전형적인 형태는 다음에서 보는 바와 같이 언어학에서 '편향된 의문문(biased questions)'이라 불리는 것들이다: Y/N-부정의문문(11a), 부가 의문문(11b), 의문문 억양의 평서문(11c).[16]

(11) a. Didn't you eat broccoli last night?

 b. You ate broccoli last night, didn't you?

 c. You ate broccoli last night?

유도질문은 형태만으로는 파악할 수 없고, 질문자가 단 하나의 답변을 상정하고 있다는 인상을 받는가에 달려 있다. 예를 들어, 다음과 같은 질문들은 (11)에 제시된 전형적인 형태가 아님에도 불구하고 상황에 따라 유도질문에 해당한다.[17]

(12) a. Would you care to tell me how the heroine came to be in your house tonight?

b. Did they tell you at that particular meeting or at some other time?

c. Do you agree that you told us that about that time you were at C railway station?

이러한 유도질문들중 '전제포함 질문(loaded question)' 유형이 있다.[18] 이 유형은 아직 사실로 확정되지 않은 전제를 포함하는 의문문 형태를 갖는다. 따라서 확정되지 않은 내용에 대해 답변자는 책임질 수 없기 때문에 이런 유형의 질문에 부담을 느끼게 된다. 다음은 법정 대화에서 나타나는 예들이다.[19]

(13) a. Do you remember burgling the house?

b. How far away from her were you when you fired the first shot?

(14) Q: How long did you spend in preparing your written direct testimony?

A: My written direct testimony?

위 (13)의 예들은 각각 전제 유발자들에 의해 '증인이 집에 침입했다', '증인이 첫발을 쏘았다' 등을 전제한다. 따라서 전제를 포함한 질문에 답변할 경우, 전제를 사실로 인정하게 된다. 그러나 예 (14)와 같이 반론을 제시함으로써 전제를 부정할 수 있다. 즉, Q는 '진술서를 준비했다'는 전제를 갖는 전제포함 질문을 던지지만, A는 그 질문 자체를 의문시하여 전제의 성립을 부정한다.

다음은 한국어를 보자. 한국어에서 유도 질문은 문맥을 고려해 판단하는 경우를 제외하고는 확인 의문문이거나, 전제포함 의문문의 형태를 띤다. 다음 예들을 보자.[20]

    (15) a. 어제 그 책을 읽었지?

        b. 철수가 학교에 갔지 않아?

    (16) a. 복부를 찌르기 전에는 칼을 몇 차례나 휘둘렀나요?

        b. 증인의 앞을 통과한 차에 타고 있던 것이 그 남자라고 하는 것은 어떻게 알았습니까?

예문 (15)는 확인 의문문에 해당한다. 이는 종결어미 "-지"에 의하거나(15a), 또는 부가의문문 형태를 지닐 수 있다(15b). 예문 (16)은 전제포함 의문문을 보여준다. 예 (16a)에서는 "- 전에"에 이끌리는 시간 부사절은 전제를 유발한다. 그리고 예 (16b)에서 인지술어 "알다"는 보문 내용을 전제한다.

국내의 형사법정에서 증인신문이 이루어지고 있는 현실을 보면, 효율적인 그리고 적법한 신문이 아닌 경우들이 있다. 다음 예들을 보자.[21]

    (17) 검   사: 피고인이 증인을 상대로 '죽여버리겠다'라고 소리치면서 피고인이 쥐고 있던 칼로 증인의 얼굴과 가슴을 향하여 여려 차례 휘두르고 복부를 1회 찔러 증인을 살해하려고 한 사실이 있지요?

    (18) 변호사: 그렇다면 당시 싸움은 거의 일방적으로 증인이 우세한 싸움이었던 것으로 보이는데 어떻습니까?

    증   인: 싸움이 한번 일어났던 게 아니고

변호사: 그러니까 그 안방에서 같은 경우는

증　인: 안방에서 같은 경우는 사람이 말렸기 때문에 간단하게 싸
우다 나오게 된 겁니다.

변호사: 아니 거기서 주먹으로 5-6회 쳤다면서요.

증　인: 예.

변호사: 간단한 게 아니고, 주먹으로 얼굴을 5-6회 쳤다는 게 어떻
게 그게 간단한 싸움입니까?

증　인: 거기에 5-6회라는 진술은 주먹으로 5-6회를 휘둘렀다는
소립니다. 왜냐면 싸움을 일방적으로 갯수를 세지는 …

주신문에서 원칙적으로 허용되지 않는 유도질문이 많이 이용되고(17), 반
대신문에서는 주신문에서의 증언내용을 재확인하는 중복 질문이 나타난다
(18). 이는 유도질문에 대한 정확한 인식이 부족하기 때문에, 사용이 허용되
지 않는 주신문에서 법조인이 무의식적으로 자주 사용하고 또한 상대편에서
도 이의 사용에 대해 이의를 제기하지 않는다고 볼 수 있다.

6.3. 답변

본 절은 법정 대화의 전형적인 인접쌍인 '질문-답변'에서 답변을 살펴본다.
먼저 일반적인 발화의 추론적 해석을 설명하는 대화함축 이론을 살펴본다. 다
음으로 의사소통행위 이론의 관점에서 법정 대화의 특수성을 다루어본다. 그
리고 이를 토대로 하여 법정 대화에서의 답변에 대한 언어학적 해석을 제시한
다.

6.3.1. 대화 함축

일반적인 대화의 경우, 화자의 발화는 문자적 의미와 이를 넘어선 추론 의미를 갖는다. 그라이스(Grice)의 대화함축(conversational implicature) 이론은 추론 의미를 다루는 대표적인 화용 이론이다. 그라이스는 화자의 의도에 중점을 두고서 발화의 '비자연적 의미(nonnatural meaning)'를 다음과 같이 제시한다.[22]

> (19) 화자 S는 청자 A에게 발화 U를 '발화'함으로써 명제 p를 비자연적
> 으로 의미하기 위한 필요충분조건은 S가 다음을 의도하는 것이다:
> (i) A가 p를 생각한다.
> (ii) S가 (i)를 의도한다는 사실을 A가 인식한다.
> (iii) S가 (i)를 의도하고 있음을 A가 인식하는 것이 A가 p를 생각
> 하는 일차적 이유가 된다.

그리고 이러한 비자연적 의미가 커뮤니케이션에서의 메시지에 해당된다고 본다. 비자연적 의미를 토대로 하여 그라이스는 대화에서 작동되는 대화함축 이론을 제시한다.[23] 이에 따르면, 커뮤니케이션에서 이성적 상호작용을 효과적으로 달성할 수 있는 방식을 결정해주는 기본 원리가 존재한다고 보고, 이를 협력의 원리(cooperative principle)와 네 범주의 격률들, 즉 양(Quantity), 질(Quality), 관련성(Relation), 태도(Manner) 격률로 제시한다.

협력의 원리:

　　네가 참여하고 있는 대화에서 수용되는 방향 혹은 목적에 따라 요구

되는 만큼, 대화가 일어나는 단계에서, 대화상 기여해라.

질의 격률: 너의 기여한 바가 사실이도록 노력해라.

  (i) 거짓이라고 믿는 것을 말하지 마라.

  (ii) 타당한 증거가 부족한 것을 말하지 마라.

양의 격률:

  (i) 너의 기여가 필요한 만큼 정보적이 되라.

  (ii) 너의 기여를 필요 이상 정보적으로 만들지 마라.

관련성 격률: 관련된 것을 말하라.

태도의 격률: 명료해라.

  (i) 모호한 표현을 피해라.

  (ii) 중의성을 피해라.

  (iii) 간략히 해라.

  (iv) 순서를 지켜라.

즉, 일반적인 대화에서 화자와 청자 양측은 일반적으로 협력의 원리와 그 격률들을 의식하면서 대화를 진행해 나간다. 이들을 엄격히 준수하거나 의도적으로 무시할 때, 발화의 축자적 의미를 넘어선 비논리적인 추론들이 나타난다. 바로 이러한 비논리적 추론들이 발화에 의해서 전달되는 메시지로 해석된다고 본다. 이에 대한 다음 예들을 보자.

  (20) Q: 그 여자는 사과를 몇 개 먹었어?
    A: 그녀는 사과 두 개를 먹었다.

(21) Q: 하루에 가게 매출이 얼마나 나오세요?

　　A: 좀 됩니다.

예 (20)에서는 '알고 있는 최대의 정보를 제공하라'는 양의 격률을 준수한다
고 보면, A의 발화는 '세 개 이상은 먹지 않았다'라는 함축을 만들어 낸다. 이
와 반면에 예 (21)의 A 발화는 양의 격률을 의도적으로 위반함으로써 '자세한
정보를 알려주고 싶지 않다'라는 함축을 전달한다.

6.3.2. 하버마스의 행위 유형론

다음은 법정 대화의 속성을 하버마스(J. Habermas)의 행위 유형론으로
살펴본다. 하버마스는 기존의 사회 이론에서 드러난 협소한 행위 개념을 넘
어서서 포괄적인 행위 개념에 근거한 사회이론을 제시한다.[24] 아리스토텔레
스 이래로 인간의 행위는 주체가 나름의 고유한 목적을 실현하기 위해 적절
한 수단을 활용하여 이루어내는 활동으로 이해되어 왔다. 이러한 전통적인
관점의 사회적 행위는 개인의 욕구나 이익을 추구하는 활동으로 이해되며,
사회 질서 역시 이러한 개인들 사이의 전략적 타협의 산물로서 이해된다. 하
버마스는 인간의 행위에 대한 이러한 일면적 이해방식을 극복하고 상호인정
과 합의를 지향하는 '의사소통적' 행위의 개념을 제시한다.

하버마스의 행위 유형들은 다음과 같이 구분된다.

행위지향 행위상황	성공지향	상호이해지향
비사회적	도구적 행위	
사회적	전략적 행위	의사소통적 행위

〈표 2〉 하버마스의 행위 유형 분류

행위 유형을 구별하는 기준은 두 가지이다. 첫째, 그 행위가 이루어지는 상황이 사회적인지 비사회적인지에 따라 행위 유형이 구분된다. 사회적 상황이란 그 행위의 상대방으로서 말하고 행위하는 주체가 고려됨을 의미한다. 전략적 행위와 의사소통적 행위는 적어도 한 사람 이상의 상대방을 고려하기 때문에 사회적 행위에 해당하여, 비사회적 행위인 도구적 행위와 구별된다. 둘째, 행위자의 입장에서 각각의 행위가 무엇을 지향하고 있는가에 따라 성공지향적 행위와 상호이해지향적 행위로 구분된다. 성공지향적 행위에서 행위자는 자신의 행위계획을 성공적으로 달성하는 데만 목적을 두는 반면에, 상호이해지향적 행위에서 행위자는 상대방과의 상호이해와 동의를 목표로 한다. 이 기준에 의하면 전략적 행위는 전자에 그리고 의사소통적 행위는 후자에 해당한다.

> "성공지향적 행위를 기술적 행위규칙의 준수라는 측면에서 고찰하고,
> 상황과 사건의 연관에 얼마나 효과적으로 개입하는지에 따라 평가할
> 때, 우리는 그런 성공지향적 행위를 도구적(instrumentell)이라고 부
> 른다.
> 성공지향적 행위를 합리적 선택규칙의 준수라는 측면에서 고찰하고
> 합리적인 상대방의 결정에 얼마나 효과적으로 영향을 미치는지에 따
> 라 평가할 때, 우리는 그런 성공지향적 행위를 전략적(strategisch)이

라고 부른다. […]

이에 반해 우리가 의사소통적(kommunikativ) 행위에 관해 말할 때
는 관련된 행위자들의 행위계획들이 자기중심적 성공 계산에 의해서
가 아니라 상호이해의 행위를 통해서 조정되는 경우이다. […] 그들
은 그들의 행위계획을 공동의 상황정의를 토대로 서로 조정할 수 있
으며, 그런 조건 하에서 개인적 목표를 추구한다." (Habermas 1981:
384)

또한 이러한 행위유형은 사회적 영역에 따라 구분될 수 있다. 하버마스는
사회적 영역을 체계(System)와 생활세계(Lebenswelt)로 구분한다. 생활세계
는 언어를 매개로 상징적 재생산이 이루어지는 구체적인 삶의 영역이고, 체
계는 생활세계가 발전함에 따라 화폐와 권력이라는 조정매체를 통해 물질적
재생산이 이루어지는 영역이다.[25] 이를 행위유형과 관련시켜 보면, 체계 내에
서의 행위는 주로 전략적 행위가, 그리고 생활세계 내에서의 행위는 주로 의
사소통적 행위가 지배한다고 볼 수 있다. 법 영역은 사회를 유지하기 위한 기
능을 수행함으로 체계에 속한다고 볼 수 있다. 따라서 법 영역에서의 언어행
위는 전략적 행위에 해당한다. 즉, 신문이 진행되는 법정에서의 대화는 대화
참여자 각자가 자신의 목표 달성만을 지향하는 전략적 행위의 성격을 지니
며, 따라서 대화 참여자들은 기본적으로 상호간 적대적 성격을 갖는다고 볼
수 있다. 이러한 성격은 다음에서 보는 바와 같이 '작은 전쟁'으로 묘사되기도
한다.

"그것은 일종의 전쟁 축소판이다. 모든 예절과 정직함으로 행해지는
재판이지만, 그것은 일종의 전쟁이다." (Gibbons 2003: 77)

즉, 법정신문은 검사와 변호사가 반대입장에 서서 각자 그 소송을 이기고자 하는 일종의 전쟁으로 간주될 수 있다.[26]

6.3.3. 답변의 해석

법정 신문에서 증인 또는 피고인은 법조인의 질문에 답변을 해야 한다. 이는 다음과 같이 법률에 의해 규정되어 있다.

> 형사소송법 제161조 (선서, 증언의 거부와 과태료)
> ① 증인이 정당한 이유없이 선서나 증언을 거부한 때에는 결정으로 50만원 이하의 과태료에 처할 수 있다.

또한 그 답변의 내용이 사실일 것을 다음과 같이 위증죄로 규정하고 있다.

> 형법 제152조 (위증죄)
> ① 법률에 의해 선서한 증인이 허위의 진술을 한 때에는 5년 이하의 징역 또는 1천만원 이하의 벌금에 처한다.

이러한 법률상의 제약 외에도, 증인의 발화는 내용과 방식에 있어서 구체적인 여러 제약을 받는다. 예를 들어, 다음은 미국 법정에서 적용되는 제약들이다.[27]

- 증인은 관련 사건에 대해 다른 사람들이 말한 바를 반복하지 않는다.
- 증인은 관련 사건에 대한 자신의 반응, 감정, 믿음 등에 대해 평을 하지

않는다.

- 답변시에 증인은 질문의 주제를 벗어날 때 제약을 받는다.
- 증인은 자신의 설명에 관련 사건에 연루된 사람들의 마음 상태에 대한 가정을 포함해서는 안된다.
- 증인의 가치 판단이나 의견 제시는 일반적으로 선호되지 않는다.
- 증인은 제기된 질문에 대해 논평하거나, 증언 과정 자체에 대한 논평하는 것이 금지되어 있다.

이러한 제약을 받는 증인의 답변은 표현상으로도 힘이 약한 모습을 보여준다. 증인의 답변에서 자주 나타나는 다음과 같은 표현들이 이에 해당한다.[28]

(22) a. I think, I guess, sort of, …

b. uh, well, you know, …

c. please, ma'am, thank you, …

d. so, very, surely, …

즉, 소위 울타리 표현(hedges)(22a), 주저하는 모습을 보여주는 의미없는 단어들(22b), 공손한 표현(22c), 강화사(22d) 등이 자주 사용된다고 본다.

그리고 법 영역에서의 대화는 상호협력적이라고 할 수 없다. 법조인은 가급적 정확한 정보를 얻어내고자 하고, 증인은 가급적 정보를 제공하지 않으려고 한다. 다음 예를 보자.[29]

(23) Q: How do you feel about the people when you have to arrest them? …

A: Part of the job. …

Q: You don't like them, you don't dislike them?

A: No.

Q: Just doing your job?

A: That's correct.

위 대화에서 피고인 A는 yes, no 로 대답하면서 알고 있는 정보를 가급적 제공하려고 하지 않는다. 이런 점에서 법정 대화는 (특히 영미법에서) 성격상 적대적인 모습을 갖는다고 본다. 따라서 상호협력적 상황 하에서 적용되는 대화함축 이론을 답변에 적용하여, 그로부터 함축이나 추론 의미를 이끌어낼 수 없다. 위증죄와 관련해서 자주 인용되는 다음 예를 보자.[30]

(24) Q: Do you have any bank accounts in Swiss banks, Mr. Bronston?

A: No, sir.

Q: Have you ever?

A: The company had an account there for about six months, in Zürich.

위 예는 청문회에서의 대화인데, 증인은 파산 신청한 연예계 기획사 대표로서 스위스 은행에 개인 계좌를 가지고 있음에도 불구하고, 이에 대한 질문에 대해 회사를 언급함으로써 답변을 회피한 경우이다. 증인 A의 마지막 발화는 대화격률을 적용할 경우, 관련성의 격률에 의해 사실과 어긋나는 '증인은 스위스 은행에 계좌를 가지고 있지 않다'는 함축내용을 이끌어 낼 수 있다. 그러나 법정 대화에서의 발화 의미는 의미론적 차원에서 해석되므로 이러한 화용론적 차원의 함축 의미는 고려될 수 없다. 즉, 법적 대화에서는 의미론적 차원의 의미인 축자적(literal) 의미만이 관여한다고 볼 수 있다.

한편 이러한 성격에 비추어 법정 대화에서는 간접화행이 작동되지 않을 수도 있다. 즉, 출현 단어들의 축자적 의미에 기초하는 직접화행과는 달리, 간접화행은 그 언어사회권에서 문맥을 고려하여 관례적으로 유도되는 의미이어서 법정 대화에서는 제대로 파악되지 않을 수도 있다. 예를 들어, 아래 대화에서 질문 Q에 대해 일상에서는 A1과 같이 답변하지만, 법정에서는 A2와 같이 답변할 수 있다고 본다.[31]

> (25) Q: Do you remember what you had for breakfast this morning?
> A1: I had coffee and granola.
> A2: Yes.

그리고 다음 예는 법정 대화에서 문장의 의미는 철저히 사전상의 축자적 의미를 토대로 해석됨을 잘 보여준다.[32] 르윈스키와의 소위 '부적절한 관계'로 인한 탄핵과정에서 클린턴은 진술에서의 위증 혐의를 받게 된다. 클린턴은 르윈스키와 '부적절한 관계'에 대한 신문 과정에서 "성적 관계(sexual relationship)"가 없었다고 진술하였으나, 후에 그녀와 오럴 섹스를 즐긴 점이 드러났다. 검사는 이점을 토대로 이전의 신문들에서 행한 클린턴의 진술이 위증임을 증명하고자 신문하였으나, 클린턴은 다음에서 보는 바와 같이 성적 관계의 사전적 의미를 들어 자신의 이전 진술이 거짓이 아님을 주장한다.

(26) Q: And you remember that Ms. Lewinsky's affidavit said that she had had no sexual relationship with you. Do you remember that?

A: I do.

Q: And do you remember in the deposition that Mr. Bennett asked you about that. This is at the end of the -- towards the end of the deposition. And you indicated, he asked you whether the statement that Ms. Lewinsky made in her affidavit was true. And you indicated that it was absolutely correct.

A: I did. [···]

I believe at the time that she filled out this affidavit, if she believed that the definition of sexual relationship was two people having intercourse, then this is accurate. And I believe that is the definition that most ordinary Americans would give it.

If you said Jane and Harry have a sexual relationship, and you're not talking about people being drawn into a lawsuit and being given definitions, and then a great effort to trick them in some way, but you are just talking about people in ordinary conversations, I'll bet the grand jurors, if they were talking about two people they know, and said they have a sexual relationship, they meant they were sleeping together; they meant they were having intercourse together.

So, I'm not at all sure that this affidavit is not true and was not true in Ms. Lewinsky's mind at the time she swore it out.

종합하면, 법정 신문은 법조인이 증인으로부터 어떤 사실을 확인하거나 증명하는 데 목표를 둔다. 이는 앞서 살펴본 바와 같이 상대방에게 영향을 미쳐서 자신이 계획한 행위를 성공적으로 달성하는 데 목표를 두는 전략적 행위에 해당한다고 볼 수 있다. 그러나 상대방의 의도 파악에 기초한 대화함축 이론에서는 대화 참여자들이 상호 협력적이라는 가정 하에서 상대방의 발화로부터 숨겨진 의미를 이끌어 낸다. 즉, 하버마스적 개념인 의사소통적 행위에 해당한다. 따라서 전략적 행위에 해당하는 법정 신문에서는 증인의 발화로부터 함축 의미를 이끌어낼 수 없다.

법정 대화가 갖는 이러한 비함축성은 법정 대화에서 피고인 또는 증인의 답변이 갖는 법적 의미와 부합한다. 대부분 나라에서 형벌의 부과는 "법률 없으면 범죄 없고, 형벌 없다"라는 죄형법정주의를 따른다. 따라서 특정 행위가 법률에 위배되는 지를 적법절차에 따라 살펴보아야 한다. 즉, 법정에서 형사 절차의 기초가 되는 사실을 신중하게 심리하여 실체적 진실을 객관적으로 규명하고 난 후에 판결이 내려져야 한다. 이때 증거는 사실관계를 확정할 때 사용되는 자료이고, 피고인 또는 증인의 신문에서 그들의 진술은 이러한 증거의 하나이다. 이는 다음의 법조항에 반영되어 있다.

> 형사소송법 제307조 (증거재판주의)
> ① 사실의 인정은 증거에 의하여야 한다.
> ② 범죄사실의 인정은 합리적인 의심이 없는 정도의 증명에 이르러야 한다.

이에 따라 합리적 의심이 없을 정도의 확신을 갖기 위해서는 피고인 또는 증인의 진술 자체의 축자적 의미가 주 관심이 된다고 볼 수 있다. 따라서 '질문-답변'의 인접쌍으로 구성되는 법정 대화에서 관련 발화의 해석은 함축, 추론 등의 화용론적 의미를 배제하고 철저히 축자적 의미에 기반한 의미론적 의미에 기반하여 이루어진다고 볼 수 있다. 이는 법정 대화가 갖는 속성에서 기인한다.

제7장

위증죄

위증은 일종의 거짓말이다. 거짓말의 직관적 정의는 사실과 어긋난 발화이다. 일반적인 의사소통에서는 사실에 기반한 진술이나 의견의 교환이 이루어진다. 사실에 기반하지 않는 진술, 즉 거짓말은 특수한 경우를 제외하고는 의사소통을 어렵게 만들기 때문에 일상 대화에서 배제된다.

거짓말 개념에는 화자의 의도 등과 같은 심리학 내지 철학 개념을 내포하고 있기 때문에, 거짓말에 대한 보다 완전한 이해는 언어학적 분석을 넘어선다. 그럼에도 불구하고 언어학적 분석이 거짓말의 이해에서 필수적인 작업임을 부인할 수 없나.

7.1절에서는 거짓말에 대한 일반적 정의를 언어학의 관점에서 살펴본다. 다음 7.2절에서는 법학에서의 위증을 살펴본다. 위증죄에 대한 구성요건들 그리고 허위 진술 개념에 대한 상반된 견해들을 살펴본다. 그리고 이를 거짓말의 일반적 정의와 비교하여 그 차이를 살펴본다. 7.3절에서는 법정 진술에서 나타날 수 있는 다양한 유형의 발화에 대해 의미론적 설명을 제시하고, 이

에 의거하여 몇 가지 구체적인 사례들을 분석한다.

7.1. 거짓말

거짓말은 발화에 의해서 이루어지므로 이에 대한 이해는 언어학적 관찰 내지 분석을 필요로 한다. 거짓말은 "사실이 아닌 것을 사실인 것처럼 꾸며 대어 말을 함"(표준국어대사전)으로 정의된다. 그러나 이러한 정의는 보다 세밀한 규정을 필요로 한다. Coleman & Kay(1981)에서 제시된 다음의 정의를 가지고서 거짓말에 대한 언어학적 설명 가능성을 살펴보자.

    (1) (a) 명제 P가 거짓이다.

       (b) 화자 S는 P가 거짓이라고 믿는다.

       (c) S는 P를 발화하면서 청자 A를 속이고자 의도한다.

전형적인 거짓말은 위의 세 조건들을 충족시켜야 한다고 본다. 세 조건들중 어느 하나라도 부족하면 전형적인 거짓말에서 벗어난다고 본다. 아래에서는 조건들을 하나씩 살펴보기로 한다.

    첫째, 조건 (1a)는 '거짓' 개념을 포함하는데, 이는 일반적으로 의미론 시각에서 설명된다. 타스키(Tarski) 이래로 진리조건적 의미론(truth-conditional semantics)에서 문장의 의미는 다음과 같이 파악된다.

    (2) 문장 "Snow is white"가 참이 되기 위한 필요충분조건은 눈이 하얀

       색일 경우이다.

즉, 명제의 의미는 그 명제가 참(true)이 되는 조건들의 집합이다. 실제의 세계에서 그 명제를 참으로 만드는 필요충분 조건들이다. 필요충분 조건들이 만족되지 않으면 그 명제는 거짓(false)이다. 조건 (1a)는 의미론적 시각에서의 거짓 명제가 거짓말의 한 조건에 해당함을 말해준다.

둘째, 조건 (1b)는 화자의 '믿음' 개념을 포함하는데, 이는 화용론, 즉 대화함축(conversational implicature)의 관점에서 설명 가능하다. 대화함축의 관점에서 보면, 거짓말은 이성적인 의사소통을 어렵게 만든다. 그라이스는 언어를 사용한 의사소통이 효과적으로 이루어지기 위한 원리로서 협력의 원리(co-operative principle)를 제안하고, 이를 질(quality), 양(quantity), 관련성(relation), 태도(manner)의 네 가지 격률로 다시 구체화하였다.[1] 대화상에서 이 격률들이 준수되거나 의도적으로 위반됨으로써 의미론적 의미를 넘어서서 함축적 의미가 발생하고, 위반되는 경우 대화의 진행이 어렵게 된다. 거짓말은 이들 중 질의 격률 위배와 관련된다.[2] 질의 격률은 다음과 같다.

(3) 질의 격률: 너의 기여한 바가 사실이도록 노력해라.
 (i) 거짓이라고 믿는 것을 말하지 마라.
 (ii) 타당한 증거가 부족한 것을 말하지 마라.

하위격률 (3i)에서는 화자의 믿음을 언급하고 있다. 이는 앞서 제시된 거짓말 조건 (1b)에 연결된다. 따라서 질의 격률 (3)의 위반은 거짓말의 한 조건에 해당하여 대화를 어렵게 만든다. 이와 반면에 격률을 의도적으로 위반한 경우는 함축을 유발한다. 다음 예들을 보자.

(4) a. 내 마음은 호수요.

　　 b. 침대는 가구가 아닙니다. 과학입니다.

　　 c. 그는 쥐꼬리만한 월급을 받는다.

위 예들은 은유, 아이러니, 과장법 등의 수사학적 표현으로서 질의 격률을 의도적으로 위반함으로써 축자적 의미와는 다른 내용을 함축한다.

셋째, 조건 (1c)은 화자의 '의도' 개념을 포함한다. 일반적으로 화자의 의도는 언어의 문제라기 보다는 심리학이나 철학의 문제에 해당된다고 볼 수 있다. 심리학에서는 믿음, 희망, 의도 등의 정신상태를 토대로 하여 인간의 행동을 설명한다. 이에 따르면, 의도적 행동 내지 의도성(intentionality)이란 희망한 목표를 달성하기 위한 것이다. 달리 말하면, 희망(desire)이 의도(intention)을 야기하고, 의도는 행위(action)을 야기하고, 행위는 결과를 야기한다고 본다.[3]

철학에서는 의도를 다음과 같이 세 종류로 구분한다.[4]

첫째, 미래에 어떤 행위를 할 것을 의도하는 것.

둘째, 다른 것을 의도하면서 현재 어떤 행위를 하는 것.

셋째, 의도적으로 행하는 것.

위에서 첫 번째는 '순수한' 의도에 해당하는 것으로 미래의 행위를 계획한다는 의미이다. 두 번째의 '의도'는 "행위자가 B할 의도로 A한다"의 도식으로 풀어쓸 수 있고, 이는 다음과 같이 이해된다: 행위자는 A 하기를 원한다. 그리고 행위자는 A가 B의 수단이라고 믿는다. 거짓말의 조건 (1c)에 나타나는 '의도'가 이에 해당한다. 세 번째의 '의도'는 그라이스의 대화함축 이론에서 찾아볼 수 있다. 그라이스의 이론은 화자의 의도에 기반한 '비자연적 의미(non-natural meaning)'에 기초한다.

종합하면, '비사실' 개념에 기반한 조건 (1a)는 의미론 차원에서, 그리고 '믿음' 개념에 기반한 조건 (1b)는 화용론 차원에서 다루어지지만, '의도' 개념에 기반한 조건 (1c)는 심리학적 내지 철학적 차원에 속하는 것으로서 언어학의 영역을 벗어난다.

7.2. 법률적 요건

거짓말과 관련된 범죄로는 본 장에서 논의하는 위증죄를 비롯하여 무고죄(형법 제156조), 허위감정죄(형법 제154조), 명예훼손죄(형법 제307조), 허위사실공표죄(공직선거법 제250조) 등이 있다. 각 범죄들에서 거짓말 개념이 법률적 요건으로 반영되는 모습들은 서로 다르다.[5]

위증은 기독교 전통의 서양에서 한때 신에 대한 맹세를 위반하여 신의 존엄을 침해하는 범죄로 이해되었지만, 현대에는 대부분의 나라에서 위증을 국가의 사법기능에 해를 끼치는 범죄로 규정하고 있다.[6] 법률적 요건들을 제외한 위증의 본질은 거짓말이라고 볼 수 있지만, 위증죄에 대한 법률적 요건이 앞서 살펴본 거짓말에 대한 일반적 정의를 그대로 반영할 것 같지는 않다. 본 절에서는 위증죄 성립을 위한 법률적 요건을 살펴보고, 이를 거짓말 정의와 비교해 본다.

위증죄는 법률에 의해 선서한 증인이 허위의 진술을 행하여 법원 또는 심판기관의 정상적인 판단을 위태롭게 함으로써 야기되는 국가의 사법기능 침해를 방지하고자 설정된 범죄유형이다. 이러한 위증죄는 다음과 같이 형법에 규정되어 있다.

> "법률에 의하여 선서한 증인이 허위의 진술을 한 때에는 5년 이하의 징역 또는 1천만원 이하의 벌금에 처한다." (형법 제152조 1항)

이외에도 '국회에서의 증언·감정 등에 관한 법률', '인사청문회법' 등의 법률에서도 허위의 진술과 관련된 규정들을 찾아볼 수 있다.

> 국회에서의 증언·감정 등에 관한 법률:
> 제14조 (위증 등의 죄) ① 이 법에 의하여 선서한 증인 또는 감정인이 허위의 진술이나 감정을 한 때에는 1년 이상 10년 이하의 징역에 처한다, 다만, 범죄가 발각되기 전에 자백한 때에는 그 형을 감경 또는 면제할 수 있다.

> 인사청문회법:
> 제18조 (주의의무) ① 위원은 허위사실임을 알고 있음에도 진실인 것을 전제로 하여 발언하거나 위협적 또는 모욕적인 발언을 하여서는 아니된다.

위증죄의 보호법익은 국가의 사법기능이다. 즉, 위증죄는 허위의 진술에 의하여 국가의 사법기능이 침해될 추상적 위험이 있으면 완성된다. 그리고 위증죄는 법률에 의하여 선서한 증인이 허위의 진술을 함으로써 성립한다.

형사소송법 제157조:

② 선서서에는 "양심에 따라 숨김과 보탬이 없이 사실 그대로 말하고 만일 거짓말이 있으면 위증의 벌을 받기로 맹세합니다"라고 기재하여야 한다.

즉, 행위의 주체는 법률에 의하여 선서한 증인이다. 그리고 행위는 허위의 진술을 하는 것이다. 진술의 대상은 사실에 제한되며, 가치판단을 포함하지 않는다. 진술의 내용은 증인신문의 대상이 된 모든 사항이 해당된다.

허위의 진술이 무엇인가에 대해서는 크게 객관설과 주관설로 나뉜다.[7] 국내는 주관설이 다수의견인 반면에, 독일은 객관설이 다수의견이다.

객관설에서는 진술의 내용이 객관적 사실과 합치되는가의 여부에 따라 진술의 허위성이 판단된다. 따라서 증인이 기억에 반하는 진술을 하였더라도 그것이 객관적 사실과 일치할 경우에는 허위가 아니며, 그 반대로 증인이 기억에 합치하는 진술을 하였더라도 그것이 객관적 사실과 일치하지 않을 경우에는 허위이다. 이에 대한 논거로서는 첫째, 위증죄의 핵심은 증인의 불성실이 아니라 '국가의 사법기능에 대한 위험'에 있다고 본다. 둘째, 객관적 진실에 합치되는 진술은 국가의 사법기능을 해할 염려가 없다고 본다.

주관설에서는 진술의 내용이 증인의 기억에 반하는 경우에만 허위로 판단한다. 따라서 증언이 기억에 반하는 진술을 한 경우에는 설사 그 내용이 객관적 사실과 일치하더라도 허위이며, 반면에 증인이 기억에 합치되는 진술을 한 경우에는 설사 그 내용이 객관적 사실과 일치하지 않더라도 허위가 아니다. 이에 대한 논거로는 첫째, 증인에게 자기가 기억한 것 이상의 진실을 말해줄 것을 기대할 수 없다고 본다. 둘째, 자신의 기억에 반하는 비양심적인 진술을 처벌하는 것이 위증죄의 기본취지라고 본다. 셋째, 증인 자신의 기억에 반하는 진술만으로도 이미 국가의 사법기능을 해할 추상적 위험이 있다고 본다.

일반적인 경우에는 두 학설이 차이가 없다. 문제가 되는 경우는 과실 내지 착오의 경우이다. 즉, 기억에 반하는 진술을 하였으나 객관적 진실과 일치하는 경우이다. 주관설에 의하면 허위의 진술이 되지만, 객관설에 의하면 허위의 진술에 해당하지 않는다. 또한 기억상 진실이라고 믿고 진술하였으나 객관적 진실에 반하는 경우도 마찬가지이다.

한편 위증죄는 고의범이어서 객관적 구성요소에 대한 고의를 필요로 한다. 따라서 법률에 의하여 선서한 증인이라는 신분에 대한 인식뿐만 아니라 허위의 사실을 진술한다는 점에 대한 인식도 고의의 내용이 된다. 따라서 오해나 착오에 의한 진술 또는 기억이 분명하지 못하여 잘못 진술한 경우 등은 본죄가 성립하지 않는다고 본다.

다음은 거짓말의 정의를 위증의 법학적 관점에서 살펴보자. 거짓말 정의 (1)을 법정 진술에 적용하면, ㄱ) 증인의 진술 내용이 거짓이어야 하고, ㄴ) 증인이 그 내용이 사실임을 믿어야 하고, ㄷ) 청자를 속일 의도가 있어야 한다.

첫째, 비사실 개념은 사실 여부에 대한 주관설과 객관설에 따라 달리 파악된다. 실제 세계에서의 사실 여부에 의존하는 객관설에서는 언어학적 견해와 동일하게 현실 세계에 비추어 판단하지만, 기억에 의존하는 주관설에서는 증인의 기억에 비추어 판단한다.

둘째, 법학에서의 규정은 거짓말의 조건 (1b)를 포함한다. 위증죄의 주관적 구성요건으로 들고 있는 '고의' 개념은 '구성요건실현의 인식과 의사 (Wissen und Wollen der Tatbestandverwirklichung)'로 정의된다. 즉, 인식에 의해 자신의 행위가 금지되어 있음에도 불구하고, 이러한 환기작용을 무력화하여 의사를 가지고 행위한 것으로 본다.[8] 이러한 정의에 따르면, 고의 개념에서 불법적 요소 인식이 거짓말의 조건 (1b)에 해당한다.

셋째, 법학에서는 언어학에서와 마찬가지로 조건 (1c)에 해당하는 개념이 없다. 즉, 청자를 속이려는 화자의 의도를 포착하는 요소가 없다. 따라서 사건의 정황 등에 비추어 판단할 수 밖에 없다.

종합하면, 법학에서 규정하는 위증죄에 대한 법률적 요건은 '전형적인' 거짓말의 조건들중 의미론 차원과 화용론 차원의 조건들만을 반영하고 있다고 볼 수 있다.

7.3. 언어학적 분석

위증은 발화에 의해서 이루어지므로 이에 대한 이해는 발화에 대한 분석, 즉 의미론적 차원의 거짓말 분석에서 시작되어야 한다. 발화에 대한 의미 해석은 축자적 의미를 기초로 한다. 5장에서 살펴본 바와 같이, 법정 신문에서 증인 발화에 대한 의미 해석은 철저히 축자적 의미에 기초하고, 문맥을 고려한 추론직 의미를 배제한다. 따라시 증인의 발회에 대한 위증 판단도 발화가 갖는 축자적 의미에 기초해서 이루어지는 것으로 이해할 수 있다. 이러한 배경 하에 본 절에서는 증인의 발화에 대한 의미론적 분석을 제시한다.

7.3.1. 진술문 유형

위증죄와 관련될 수 있는 증인 또는 피고인의 발화는 여러 종류가 있을 수 있다. 이를 인간의 인지과정에 대응하여 유형별로 분류해 볼 수 있다. 일반적으로 인지과정은 감각 작용(sensation), 지각 작용(perception), 인지 작용(cognition)으로 구분된다. 감각 작용은 어떤 물리적 대상에 대해 단지 특정 감각으로 받아들이는 것이고, 이와 관련되는 정보(색, 형태, 소리 등)를 구체적으로 제공하면 지각의 단계가 된다. 더 나아가 사유 과정을 거쳐 논리적인 판단에 이르는 주관적인 인식인 인지 단계가 있다. 변정민(2002)에 의하면, 이러한 과정은 다음과 같이 표현된다.

(5) 외부대상 ⇨ 감지 방법 ⇨ 구체적인 표현 ⇨ 개념화
　　감각　　　　지각　　　　　인지

이에 따르면, 발화는 외부 대상을 감각 기관으로 받아들여 이를 언어적으로 표현한 것이다. 지각 단계를 거친 발화는 지각 수단의 언어적 표현 없이 단순히 제시되거나, 또는 지각 수단의 언어적 표현과 더불어 제시될 수 있다. 그리고 더 나아가 다양한 인지 과정을 나타내는 언어적 표현과 함께 제시될 수도 있다. 위 과정을 반영하여 증인 또는 피고인의 발화를 분류해 보면 다음과 같다.

(6) 유형 1: 철수가 잤다.
　　유형 2: 철수가 자는 것을 보았다.
　　유형 3: 철수가 자는 것을 알았다.
　　유형 4: 철수가 잤다고 믿는다.

유형 1은 지각한 단순 사실을 표현한 것이다. 이 경우, 발화 내용이 실제 세계에서 일어났는가를 확인하면 그 진리치가 결정된다. 유형 2는 지각한 단순 사실과 감지 방법이 표현된 것이다. 감지 방법을 나타내는 지각동사의 사용으로 인한 단순명제 형태를 띤다. 그 의미는 일반적인 명제와 같이 관련 두 개체의 존재(화자와 사실)와 지각동사 '보다'에 의해 표현된 감각의 발현 여부에 따라 참/거짓이 결정된다. 예를 들어, '철수가 잔다'라는 사건이 존재하고, 이 사건을 화자가 시각을 통해 지각하면 발화의 의미는 참이 된다. 그러나 해당 사건이 일어나지 않았거나, 화자가 시각을 통해 지각하지 않았으면 발화의 의미는 거짓이 된다.

유형 3과 4는 인지과정이 언어로 표현된 것인데, 유형별로 각기 다른 인지작용이 관여한다. 먼저 유형 3의 경우를 보자. "알다"로 표현되는 인지과정은 지각과정을 포함한다고 말할 수 있다. 이는 전제(presupposition) 개념으로 파악된다.[9] 즉, 인지동사 "알다"는 다음 예에서 보는 바와 같이 일반적으로 보문 내용을 전제한다.

(7) a. John knows that Baird invented television.

b. John doesn't know that Baird invented television.

>> Baird invented television.

따라서 유형 3이 의미를 갖기 위해서는 먼저 전제가 충족되어야 한다. 전제의 충족은 보문의 의미가 참이 될 것을 요구한다. 그러나 전제 실패가 일어나면, 정의에 의하여 발화 자체의 의미를 따져볼 수 없다. 즉, '의미없는' 발화에 해당한다.

유형 4는 유형 3과 마찬가지로 인지 단계가 동사로 표현된 것이다. 그러나 유형 4는 유형 3을 토대로 한 주관적 과정이다.

> "인지 동사의 의미 영역은 크게 '앎'이란 인식의 단계에서 출발하여 사유 과정을 거쳐 판단하는 일련의 심리적 활동을 포함한다. 감각적 차원인 느낌의 단계 이후 지각의 과정을 거쳐 의식적인 내적 과정으로 이끌어진다. 이때 어떤 대상을 사유 과정을 통해 인식하거나 사태를 판단하기도 하고 어떻게 대상을 여기거나 이해하기도 하는 과정도 포함한다." (변정민 2002: 126f.)

이러한 주관적 과정은 보문의 의미를 토대로 하지 않기 때문에, 보문 내용을 전제하지 않는다고 볼 수 있다. 즉, 인지술어 "생각하다"는 보문을 전제하지 않는다. 이는 인지술어 "생각하다"가 인지술어 "알다"에 기반하여 형성되지만, 그들의 의미는 서로 의존적이지 않다고 볼 수 있다.

위와 같은 진술의 유형 분류는 법학에서의 외적 사실, 내적 사실의 개념과 관련한다.[10] 사건의 발생은 증인과는 독립적으로 진행된 것이어서 외적 사실에 해당하고, 감각/지각/인지 등 증인의 인식체계와 관련한 것은 내적 사실에 해당한다. 이에 따르면, 위의 유형 1은 외적 사실을 그리고 유형 2~4는 외적 사실과 내적 사실을 함께 표현한다. 후자의 경우, '철수가 자다'는 외적 사실에 그리고 '보다/알다/믿는다' 등은 내적 사실에 해당한다. 외적 사실의 판단은 주관설과 객관설에 따라 달라질 수 있다. 그러나 내적 사실의 판단은 진술자의 인식에 관한 것이므로 학설에 따른 차이가 없다. 따라서 어떤 사실을 전해 들었는데 직접 목격했다고 진술하거나, 어떤 사실을 실제 알고 있는데 알지 못한다고 진술하거나 또는 그 반대인 경우 등이 허위 진술에 해당한다.

7.3.2. 사례 분석

아래에서는 앞서 제시한 발화 유형별로 해당 사례들을 의미론적 관점에서 분석하기로 한다.

■ 사례 1

먼저 유형 1의 발화와 관련하는 판례를 보자.[11]

> 원심은 그 채택 증거에 의하여, 피고인은 전주시 (이하 생략) 소재 ○○ 가정의학과 병원 원장인데, 2006. 7. 13. 16:00경 전주지방법원 2006노81호 피고인 공소외 1에 대한 '폭력행위 등 처벌에 관한 법률위반(공동강요)' 등 사건의 증인으로 출석하여 선서한 후 증언함에 있어, 사실은 2004. 11. 1.경 위 병원의 피부관리사로 공소외 2를 채용한 이후 공소외 2와 근무시간 외에 하루 1회 내지 10회 이상 매일 전화통화를 하면서 길게는 17분 20초 동안 통화를 하고, 또한 수회 자정이 넘은 시간에 서로 만나는 등 다른 직원들과 달리 서로 긴밀한 관계를 유지해 왔고, 이로 인해 피고인과 공소외 2의 관계를 의심한 피고인의 처인 공소외 1이 공소외 2에게 다시는 피고인을 만나지 않겠다는 내용의 각서를 작성하도록 강요한 사실로 재판을 받고 있음에도 불구하고, 재판장의 '증인은 공소외 2와 무슨 관계에 있나요. 아파트를 얻어 준 것을 보면 일반인으로는 생각하기 어려운 정도로 과도하게 잘해 준 것이 아닌가요'라는 신문에 대해 '단순히 원장과 직원과의 관계입니다. 모든 직원들한테 했듯이 똑같이 대하였습니다'라는 취지로 증언한 사실을 인정한 다음, 피고인의 위 진술은 피고인과 공소외 2의 관계에 대한 법률적 평가나 단순한 의견이 아니고, 특히 '모든 직원들한테 했듯이 똑

같이 대했다'는 부분은, 피고인이 직접 경험한 사실에 관한 것으로서 허위이므로 위 증언은 위증에 해당한다고 판단하였다. […]

위 법리와 기록에 비추어 살펴보면, 피고인이 공소외 2와의 사이를 원장과 직원 관계라고 한 것이나 다른 직원과 똑같이 대했다고 한 것은 사실 그대로이거나 주관적 평가 내지 의견을 말한 것에 지나지 않는다고 봄이 상당하고, 이를 위증죄의 대상이 되는 과거에 경험한 사실을 허위로 진술한 경우에 해당한다고 보기는 어렵다고 할 것이다.

원심에서는 사실관계에 근거하여 문제의 발화 ("단순히 원장과 직원과의 관계입니다. 모든 직원들한테 했듯이 똑같이 대하였습니다")를 거짓으로 판단하였지만, 대법원에서는 해당 발화를 피고인의 주관적 의견으로 보고 위증죄에 해당하지 않는다고 보았다.

언어학적으로 보면, 해당 발화는 단순한 사실을 표현한 유형 1에 해당하고, 해당 명제가 기억에 또는 사실에 부합하는가를 따져보아야 한다. 주관설을 취한 언어학적 분석에 따르면, 해당 명제는 기억과 모순되지 않는다고 봄으로써 위증에 해당되지 않는다고 판단할 수 있다. 그러나 객관설에 따를 경우 해당 명제는 피고인의 경험 사실과 맞지 않으므로 위증에 해당한다고 볼 수 있다.

■ 사례 2

다음 유형 2의 발화와 관련하는 판례를 살펴보자.[12]

피고인 곽××은 1990.6.7. 14:00경 이 법원 제424호 법정에서 피해자 서××에 대한 이 법원 90고단688호 무고 피고사건의 증인으로 출석하여 선서한 후 증언함에 있어, 실은 피고인은 위 서×× 일행이 상피고인 김××을 구타하는 것을 목격한 바 없고, 피고인이 위 김×× 일행에게 납치당하여 폭행당하였으며, […] 진술하였고,

위 서××에 대한 이 법원 88고단4024호 폭력행위등처벌에 관한 법률위반 피고 사건에 관하여 1988.8.23. 증인으로 나와 […], "피고인 일행이 김××을 구타하는 것을 목격하였다. 나는 피고인 일행으로부터 납치당하여 구타당하였다. […]"라고 기억에 반하는 허위의 공술을 하여 위증하고,…

법원은 형법 제1521조 제1항에 의거하여 관련 발화가 위증죄를 구성한다고 보아 피고인 곽××을 징역 1년에 처한다는 판결을 내렸다. 의미론 차원에서 보면, 피고인의 관련 발화는 사실에 비추어 허위 진술로 판단된다. 문제의 증언에서 "피고인 일행이 김××을 구타하는 것을 목격하였다."는 유형 2에, 그리고 "나는 피고인 일행으로부터 납치당하여 구타당하였다"는 유형 1에 해당한다. 유형 1은 여러 증거에 의해 사실에 반하는 것으로 드러나서 허위 진술이다. 그리고 유형 2의 경우, '목격하다'의 지각행위가 일어나지 않은 것으로 드러나 허위 진술에 해당한다. 즉, 유형 1과 유형 2에 해당하는 문제의 발화는 여러 증거에 의해 '비사실'이 입증되어 의미론적으로도 거짓말에 해당한다.

■ 사례 3

다음은 유형 3의 발화와 관련한 판례를 살펴본다.[13]

원심은 공소사실과 같이 피고인이 증인으로 나서서 "본건 부동산은 종중소유인데 원고의 선대인 소외 망 오완석 앞으로 명의신탁된 사실을 압니다." 라고 한 진술은 피고인이 스스로 경험한 사실에 관한 진술일 수는 없고 다만 동 부동산의 권리귀속에 관한 피고인 나름대로의 의견 내지는 평가에 관한 진술에 지나지 아니한 것이므로 […] 이 사건 공소사실은 죄가 되지 아니하고, …

기록을 살펴보면 제1심이 이 사건에 있어서와 같이 다른 사람으로부터 전해 들어 알게 된 것을 증언함에 있어서 그 증언이 위증죄로 되기 위하여서는 그 증언내용이 다른 사람이 전해 알려준 내용과 다른 내용의 증언임이 입증되어야 할 것이라고 전제하고, 이 사건에 있어서 피고인이 위와 같이 증언한 내용이 피고인의 선친등 선대들이 피고인에게 이건 부동산의 소유관계에 대하여 전해 알려준 내용과 다르다는 점에 대하여 아무런 입증이 없다고 한 조처는 수긍이 가고, 소론이 들고 있는 증거들을 비롯한 이 사건의 모든 증거들에 의하여도 피고인이 알게 된 경위와 달리 기억에 반한 진술을 한 것이라고 인정하기에 미흡하다 할 것이므로 결국 이 사건 공소사실에 대하여 범죄의 증명이 없다고 하여 피고인에게 무죄를 선고한 제1심 판결은 정당하고, …

위 판례에서 문제의 법정 발언은 "본건 부동산은 종중소유인데 원고의 선대인 소외 망 오완석 앞으로 명의신탁된 사실을 압니다."라는 발화이다. 보문 "본건 부동산은 종중소유인데 원고의 선대인 소외 망 오완석 앞으로 명의신탁 었다"의 의미가 거짓으로 판명난 상황 하에서 위 발화가 위증죄를 구성하는가의 문제이다. 원심에서는 피고인의 평가/의견으로 판단하여 무죄로, 대법원에서는 기억에 어긋난다는 증거가 없다는 점에서 무죄로 판단하였다.

언어학적 분석에 의하면, 증인의 발화는 인지 술어 "알다"를 포함하고 있는 유형 3에 해당한다. 앞선 논의에 따라 위 발화는 보문 내용을 전제한다. 즉, 발화는 보문 "본건 부동산은 종중소유인데 원고의 선대인 소외 망 오완석 앞으로 명의신탁되었다"의 의미가 참이어야 한다. 그러나 여러 증거들에 의해 보문 내용이 거짓으로 드러났고, 이런 상황 하에서 해당 발화 자체는 전제를 충족시키지 못하여 참/거짓을 논할 수 없는, 즉 의미없는 발화에 해당한다. 따라서 증인의 발화는 의미론적 관점에서 보면 '허위의 진술'에 해당하지는 않으므로 위증죄 법조항을 위반하지 않는다. 오히려 형사소송법 제157조에 규정된 "양심에 따라 숨김과 보탬이 없이 사실 그대로 말하고…"의 선서를 따르지 않았다고 볼 수 있다.

■ 사례 4

다음은 유형 4의 발화와 관련된 국회 청문회의 예를 보자.[14]

> 위원: 지금도 블랙리스트가 없다고 생각합니까?
> …
> 증인: 예술인들의 지원을 배제하는 명단은 있었던 것으로 판단이 되고 있다.

마지막 증인의 답변에서 인지술어 "판단한다"가 사용되어 앞서 제시된 유형 4에 속한다. 앞서 살펴본 바와 같이 주관적 인지과정을 서술하는 술어는 관련 보문을 전제하지 않는다. 위 예에서 문제의 발화는 보문 "예술인의 지원을 배제하는 명단이 있었다"의 내용이 참임을 보장하지 않는다. 따라서 문제의 발화는 보문의 내용이 참임을 말하지 않는다. 그러므로 이전에 보문 내용

과 반대되는 진술이 있었다고 할지라도 그 진술은 위 발화와 모순되지 않아
서 위증죄를 구성하지 않는다.

제Ⅲ부 언어범죄

법적인 다툼에서는 증거가 핵심적 자료로 사용된다. 법적 증거로서 사용되는 언어 자료인 언어증거(linguistic evidence)는 범죄에 관련하는 경우가 많다. III부에서는 언어증거에 이해서 유발되는 범죄, 즉 언어범죄(language crime)를 다룬다. 언어범죄에 대한 언어학적 분석은 화행이론 틀에서 이루어질 수 있다. 화행이론은 사용에서 나타나는 문장이 갖는 다양한 행위들을 분석한다. 따라서 발화와 직접 관련되는 언어범죄는 화행이론 틀에서 설명이 가능하다.

　III부의 구성은 다음과 같다. 먼저 8장에서는 언어범죄 전반을 살펴본 뒤, 언어범죄의 분석 틀을 제공하는 화행이론을 개관해 본다. 이 틀에 의거하여 9장에서는 계약을, 10장에서는 협박죄를, 11장에서는 교사범을, 12장에서는 명예훼손죄·모욕죄를 다룬다.

제8장

언어범죄와 화행이론

8.1. 언어범죄

8.1.1. 언어증거

'언어범죄(language crime)'란 언어에 의한 범죄, 즉 언어에 의해 유발되는 범죄를 의미한다. 여기서 언어는 범죄를 입증하는 증거로서, 즉 '언어증거(linguistic evidence)'로서 역할을 한다.

언어증거는 법적 증거의 하나로서 언어자료와 관련한다. 이에 대한 분석은 법률 시스템 내에서 나타나는 발화 또는 텍스트로 구성된 언어 자료를 대상으로 한 언어학적 분석을 의미한다. 언어증거는 크게 다음 세 가지 종류로 구분된다.[1] 첫째, 범죄나 법적 논쟁에 관련되는 문자 메시지, 편지, 상품 경고문, 상표 등이다. 이들은 발자국이나 혈흔처럼 법적 논쟁에서 해석되거나, 이후에 증거로 제시된다. 둘째, 언어 자료에 대한 언어학자의 비공식적 해석이다. 이런 언어학적 분석은 보고서 또는 법정 진술의 형태를 띨 수 있으며, 소송의 결과에 직접적인 영향을 미칠 수 있다. 셋째, 언어가 어떻게 작동하는가에 관련한 언어학적 연구를 통해 수집되고 출판된 지식이다. 이러한 지식을 통해 법적 제도나 절차들을 개선하는 데 기여할 수 있다. 일반적으로 언어 증거라고 하면 첫 번째의 경우로서 범죄나 법적 논쟁에 직접적으로 관련된 자료들을 말한다.

다음은 첫 번째 유형의 언어증거들이 구체적으로 어떤 분야에서 사건 해결에 기여하는 지 알아보자.

첫째, 검찰이나 경찰이 어떤 사건을 조사할 때 언어 자료가 구체적인 도움을 줄 수 있다. 예를 들면, 어떤 음성 파일의 분석을 통해서 목소리의 주인공이 어떤 사람인지 대략적으로 식별해 낼 수 있다. 이와 같이 음성분석을 통한 화자 식별은 법언어학에서 맨 처음 적용되어온 분야이다. 이외에도 협박편지에 대한 필체 분석을 통한 범인의 식별 등도 있다.

둘째, 발화에 대한 언어학적 분석을 통해 그 발화가 특정 범죄를 구성하는지의 판단에 중요한 역할을 할 수 있다. 예를 들어, 협박죄, 교사죄, 명예훼손죄, 모욕죄 등은 발화와 직접 관련되는 범죄이다. 여기서 관련 발화에 대한 언어학적 분석은 특정 범죄와의 관련성을 보다 객관적으로 설명해줄 수 있다. 관련 발화에 대한 언어학적 분석없이 판단을 내리는 것은 판단자의 주관에 영향을 받을 수 있는 반면에, 이에 대한 언어학적인 분석에 기초한 판단은 보다 객관적이고 설득적인 설명을 제시해 줄 수 있다.

셋째, 텍스트에 대한 언어학적 분석은 텍스트와 관련된 여러 사건들을 해결하는 데 도움이 된다. 예를 들어, 계약 위반과 같은 소송에서는 계약서 상의 문구에 대한 해석이 문제가 될 수 있고, 이에 대한 언어학적 분석은 관련 문구에 대한 정확한 해석을 제공하여 도움을 줄 수 있다. 또는 상표와 관련된 특허소송의 경우, 상표에 대한 언어학적 분석은 상표의 표절 내지 유사 여부를 판단하는 데 도움이 된다.

이상에서 살펴본 바와 같이, 언어증거는 주로 세 분야에서 법적 문제를 해결하는 데 활용된다. 첫 번째 분야에서의 언어증거는 사람의 목소리나 글, 저작물이 해당한다. 두 번째 분야에서의 언어증거는 범죄에 관련되는 피고인이 행한 발화가 해당한다. 세 번째 분야에서의 언어증거는 분쟁이 되고 있는 문건이나 상표 등 언어 텍스트가 해당한다. 본 장을 포함한 III부에서는 주로 언어 범죄와 관련된 발화의 언어학적 분석을 다루는 두 번째 분야를 살펴본다.

8.1.2. 언어범죄

인간이 지니는 자유는 일정한 조건 하에서 보장받는다. 그러한 조건을 위반하는 경우에 자유는 제한을 받거나 심지어 법적 제재를 받는다. 표현의 자유도 마찬가지다. 유럽인권협약(the European Convention on Human Rights: ECHR)을 보면 다음과 같이 표현의 자유를 제시하고 있다.

> 10 조 표현의 자유
> 1. 모든 사람은 표현의 자유에 대한 권리를 가진다. 이 권리에는 공공 당국의 간섭없이 그리고 국경에 관계없이 의견을 가질 자유와 정보 및 아이디어를 주고 받을 자유가 포함된다.
> 2. 이러한 자유의 행사는 의무와 책임을 수반하기 때문에 법률로 규정되어 있는 형식성, 조건, 제한 또는 처벌을 받을 수 있다. 또는 민주주의 사회에서, 국가 안보 차원에서, 영토 보전이나 공공 안전

상에서, 무질서나 범죄의 예방을 위해서, 건강 또는 도덕을 보호하기 위해서, 타인의 명성이나 권리를 보호하기 위해서, 정보의 공개를 막기 위해서, 사법부의 권위와 공평성을 유지하기 위해서도 제한되거나 처벌받을 수 있다.

이러한 자유는 의무와 책임이 따르기 때문에 제약을 받는다. 위의 2항에서는 표현의 자유가 무조건 보장되지 않는다는 것을 보여준다. 어느 나라든 헌법으로 표현의 자유를 보장하고 있다. 우리나라도 다음과 같이 헌법에 '언론·출판의 자유'를 명시하고 있다.

> 제21조 ① 모든 국민은 언론·출판의 자유와 집회·결사의 자유를 가진다.
> ② 언론·출판에 대한 허가나 검열과 집회·결사에 대한 허가는 인정되지 아니한다.
> ④ 언론·출판은 타인의 명예나 권리 또는 공중도덕이나 사회윤리를 침해하여서는 아니된다. 언론·출판이 타인의 명예나 권리를 침해한 때에는 피해자는 이에 대한 피해의 배상을 청구할 수 있다. (헌법)

즉, 표현의 자유는 보장하되(1항과 2항), 동시에 그에 대한 제약을 제시하고 있다(4항). 표현의 자유가 그 조건을 무시할 경우 제재를 받으며, 어떤 경우에는 일종의 범죄로 규정되기도 한다.

Shuy(1993)에서는 이와 같이 언어와 직접적으로 관련되는 불법적 행위에 대해 처음으로 "언어범죄(Language Crime)"라는 용어를 사용한다.

"범죄라는 것은 일반적으로 언어를 사용해서도 할 수가 있다. 예를 들어, 위협하는 것, 뇌물을 주겠다고 하는 것, 갈취하는 것, 살인 또는 불법적 섹스 따위의 행위를 교사하는 것 등이 있고, 이것들은 범죄를 형성한다. 이것들은 모두 물리적인 행위는 아니지만 언어를 통해서 이루어진다. 이런 이유로 언어 형태의 법적 증거들을 평가하기 위해서 법 영역은 언어의 작동 방식에 대한 지식에 의존해야 한다." (Shuy 1993: 1)

즉, 누구를 협박하거나 누구에게 살인을 교사하는 일 등이 언어를 통한 범죄임을 명시했다. 이와 관련하여 국내에서는 '표현범죄', '언론범죄', '언어범' 등의 개념이 제안되었다.[2] 다음은 언어범에 대한 설명이다.

"언어가 변질되어 역기능을 할 경우에는 그 사회에 혼란과 저주를 불러일으켜 파괴작용을 하게 된다. 언어범은 바로 언어의 변질에 기인한 여러 가지 형태의 반사회적 기능을 종합적으로 체계화시킨 것이므로 언어학과 범죄이론이 결합하여 이끌어내는 이론전개이다." (정행철 1998: 60)

본 서에서는 언어범죄 개념을 사용하기로 한다. 다음은 언어범죄에 속하는 구체적인 범죄들을 살펴보자. Greenawalt(1989)에서는 다음과 같이 20여 가지 언어 범죄의 예들을 제시하고 있다.

- 범죄를 공모하는 것.
- 타인이 범죄를 저지르도록 명령하거나 요구하는 것.
- 타인이 범죄를 저지르지 않으면 해를 끼치겠다고 위협하기.

- 신체적으로 상해를 입히겠다고 위협하기.
- 언어로 범죄 관련 정보를 제공함으로써 범죄에 가담하는 것.
- 경찰로부터 피하는 방법을 범죄자에게 경고하여 알려주는 것.
- 성적 행위에 순응하지 않으면 해를 끼치겠다고 협박하기.
- 어떤 유인책 없이 수행되어야만 하는 행위의 수행에 대해서 뇌물을 주거나 뇌물을 받도록 제안하기.
- 자살하도록 타인을 성공적으로 설득하기.
- 어린아이 유괴하기.
- 선동적 발화 또는 모욕적 발화를 통해 화난 청자가 범죄를 일으키도록 야기하는 것.
 - 그 메시지에 의해서 설득된 사람이 범죄를 저지르게 할 수 있는 발화에 관여하기.
- 거짓 경보하기.
- 속임에 의해 재산이나 다른 물적 이득을 획득하는 것.
- 기타 다른 사람을 가짜 권위에 굴복시킬 목적으로 공직에 있는 것처럼 하는 것.
- 모욕적이거나 공격적인 발화를 하는 것.
- 명예훼손적인 발언을 출판하는 것.
- 상업상의 경쟁자에 대해 거짓되고 폄하하는 내용을 포함하는 광고를 출판하거나 방송하는 것.
- 동일한 부류의 상품이나 서비스에 현재 사용되고 있는 기 등록된 표시와 유사하거나 동일한 상표를 사용하여 상업적 행위를 하는 것.
- 유명인사의 의견이나 태도를 희화화하는 패러디를 온라인상에 올리는

데, 정밀하게 고안되고 표현되어 유명인 자신에 의해 직접 올려진 것으로 보이게 하는 것.

이러한 예들은 형사상 또는 민사상 범죄와 관련될 수 있다. 그러나 이런 예들이 실제 범죄로 규정되는 가의 여부는 국가마다 다르다. 국내의 경우, 범죄로 규정되는 언어 범죄들을 언어의 기능에 따라 분류하면 다음과 같다.[3]

- 폭로성: 업무상 비밀누설죄, 공무상 기밀누설죄, …
- 허위성: 위증죄, 사기죄, …
- 유발성: 명예훼손죄·모욕죄, 내란 선전선동죄, 찬양고무죄, …
- 손상성: 협박죄, 강요죄, …
- 밀약성: 뇌물죄, 배임수증재죄, …

위에서 제시된 언어 범죄들중 형사상 범죄와 관련된 것들은 대부분 '언어 폭력(verbal aggression)'에 의한 것이다. 언어 폭력은 다음과 같이 정의된다.

> "언어 폭력의 행위는 일종의 언어 행위인데, 상대방에게 적대감을 가지고 행하는 언어 행위이다." (Bonacchi 2012: 4)

즉, 발화 자체가 폭력성을 띠어야 하고, 대부분의 이러한 폭력적 발화에는 화자가 청자에게 적대적인 마음이 있다고 보는 것이다. 이러한 언어폭력에는 비방(slander), 저주(curse), 욕설(oath), 위협(threat), 기타 다양한 공격적인 명령(aggressive command) 등이 포함되며, 협박죄, 강요죄, 명예훼손죄, 모욕죄 등의 범죄가 이에 해당된다.

종합하면, 표현의 자유가 허용되고 있지만 언어를 통해서 어떤 것을 발설하거나 글로 표현했을 때 형사상 혹은 민사상 다양한 범죄 혹은 불법적인 행위에 연루될 수 있다.

8.1.3. 범죄론

대부분의 언어범죄는 형법의 적용을 받는다. 본 절에서는 형법 교재들에 근거하여 범죄론을 살펴보기로 한다.[4] 범죄는 실질적 의미와 형식적 의미에서 정의된다. 실질적 의미의 범죄는 형벌을 부과함이 마땅한 행위이어야 하고 또한 형벌을 부과할 필요가 있는 행위를 말한다. 즉, 사회적 유해성 내지 법익침해를 보이는 반사회적 행위를 의미한다. 실질적 의미의 범죄는 권리에 대한 침해로 보는 권리 침해설, 범죄를 의무위반으로 보는 의무 위반설, 범죄를 법익의 침해에 있다고 보는 법익 침해설 등으로 설명될 수 있다. 그러나 현대사회에서는 이들을 종합하여 범죄는 권리침해이자 법익침해이고 동시에 의무위반으로 간주된다. 이와 반면에, 형식적 의미의 범죄는 법규에 의하여 형벌이 부과되는 행위로 정의된다. 이는 범죄의 범위를 확정하고 죄형법정주의의 보장적 기능을 구현할 수 있는 범죄개념이다.

범죄는 기준에 따라 다양하게 구분된다. 보호법익에 따라 구분하면, 개인적 법익의 죄, 사회적 법익의 죄, 국가적 법익의 죄 등이 있다. 범죄의 경중에 따라 구분하면, 중죄, 경죄 등이 있다. 또한 구성요건의 유형에 따라 구분할 수 있다. 이를 살펴보자.

첫째, 결과의 존재 필요여부에 따라 거동범과 결과범으로 구분된다. 거동범(Tätigkeitsdelikte)이란 결과의 발생을 필요로 하지 않고 법에 규정된 행위를 함으로써 충족되는 범죄를 말한다. 주거침입죄, 무고죄, 위증죄 등이 해당한다. 결과범(Erfolgsdelikte)이란 행위뿐만 아니라 결과의 발생도 구성요건에 속하는 범죄를 말한다. 살인죄, 상해죄, 강도죄, 손괴죄 등 대부분의 범죄가 해당한다. 언어범죄의 경우, 강요죄, 협박죄 등 대부분은 결과범으로 간주된다. 위증죄, 명예훼손죄의 경우 거동범으로 간주되기도 하고, 일정한 의사나 관념을 표현하는 것이 요건으로 되어 있는 범죄는 그 행위 자체가 아니고 그로 인해서 야기되는 무형의 결과가 유해한 것으로 보여지므로 넓은 의미의 결과범에 해당한다고 보기도 한다.

둘째, 보호법익의 침해 정도에 따라 범죄를 침해범과 위험범으로 구분할 수 있다. 법익의 현실적 침해를 필요로 하는 범죄를 침해범(Verletzungsdelikte)이라 하며, 살인죄, 상해죄 등이 해당한다. 보호법익에 대한 위험의 야기만으로 구성요건을 충족하는 범죄를 위험범(Gefährdungsdelikte)이라 하며, 공용건조물방화죄, 일반물건방화죄 등이 이에 해당한다.

다음은 범죄 성립조건을 알아보자. 형식적 의미의 범죄 개념이 성립하기 위해서는 구성요건해당성(Tatbestandsmäßigkeit), 위법성(Rechtswidrigkeit), 책임(Schuld)이 있어야 한다. 구성요건해당성이란 구체적인 사실이 범죄의 구성요건에 해당하는 성질을 말한다. 위법성이란 구성요건에 해당하는 행위가 법률상 허용되지 않는 성질을 말한다. 그리고 책임이란 당 행위를 한 행위자에 대한 비난가능성을 말한다. 아래에서는 이들을 보다 자세히 살펴보도록 한다.

첫째, 구성요건은 "형벌부과의 대상이 되는, 추상적으로 기술된 행위유형"이다(이재상 외. 2017a). 예를 들어, 살인죄의 법조항 "사람을 살해한 자는 ~에 처한다"에서 "사람을 살해한 자"가 구성요건에 해당한다. 구성요건 해당성은 법적 구성요건에 범죄구성 사실이 일치 또는 포섭되는 성질을 말한다.

구성요건의 요소는 형법에 제시되어 있다. 형법 제2편 각칙은 42개의 범죄군을 설정하고, 각 범죄에 하나의 장을 할당한다. 각 장은 기본범죄와 이의 변형인 파생범죄들의 체계로 짜여있다. 다음은 이에 대한 예를 보여준다.

제2편 각칙

제1장 내란의 죄

　제87조 (내란)

　제88조 (내란목적의 살인)

　제89조 (미수범)

　제90조 (예비, 음모, 선동, 선전)

　제91조 (국헌문란의 정의)

제2장 외환의 죄

　제92조 (외환유치)

　제93조 (여적)

　제94조 (모병이적)

　제95조 (시설제공이적)

　제96조 (시절파괴이적)

　제97조 (물건제공이적)

　제98조 (간첩)

　제99조 (일반이적)

　제100조 (미수범)

　제101조 (예비, 음모, 선동, 선전)

　제102조 (준적국)

　제103조 (전시군수계약불이행)

　제104조 (동맹국)

즉, 제1장은 기본 범죄인 '내란의 죄'와, 파생범죄인 '내란목적의 살인', '미수범' 등을 규정하고 있다. 각 조항은 해당 범죄의 구성요건들을 제시하고 있다. 구성요건은 행위주체, 행위객체, 실행행위, 결과 등의 요소로 구성된다. 다음 예들을 보자.

> 제250조 (살인, 존속살해)
> ① 사람을 살해한 자는 사형, 무기 또는 5년 이상의 징역에 처한다.

> 제347조 (사기)
> 사람을 기망하여 재물의 교부를 받거나 재산상의 이익을 취득한 자는
> 10년 이하의 징역 또는 2천만원 이하의 벌금에 처한다.

250조에는 행위주체("자"), 행위객체("사람을"), 결과("살해한") 등이 나타난다. 그리고 347조에는 행위주체("자"), 실행행위("기망하여"), 결과("재물의 교부를 받거나") 등이 나타난다.

　모든 구성요건은 객관적 구성요건요소(objektive Tatbestandsmerkmale)와 주관적 구성요건요소(subjektive Tatbestandsmerkmale)의 조합으로 이루어져 있다. 객관적 구성요건요소는 행위의 외적 발생형태를 이루는 상황을 의미한다. 행위의 주체, 행위의 객체, 행위의 결과 등이 속한다. 주관적 구성요건요소는 행위자의 내면에 속하는 심리적, 정신적 실재를 말한다.

　둘째, 위법성 단계에서는 구성요건에 해당하는 행위가 궁극적으로 위법한가의 여부를 검토한다. 구성요건해당성은 위법성을 추정하게 한다. 그러므로 위법성의 판단은 구성요건해당성에 의하여 추정된 위법성이 위법성조각사유에 의하여 정당화되는가를 검토하는 방식으로 이루어진다.

형행법상 위법성조각사유는 다음에서 보는 바와 같이 정당행위, 정당방위, 긴급피난, 자구행위, 피해자승낙 등 다섯 가지가 있다. 아래는 이와 관련된 법조문이다.

제20조 (정당행위)
법령에 의한 행위 또는 업무로 인한 행위 기타 사회상규에 위배되지 아니하는 행위는 벌하지 아니한다.

제21조 (정당방위)
① 자기 또는 타인의 법익에 대한 현재의 부당한 침해를 방위하기 위한 행위는 상당한 이유가 있는 때에는 벌하지 아니한다.

제22조 (긴급피난)
① 자기 또는 타인의 법익에 대한 현재의 위난을 피하기 위한 행위는 상당한 이유가 있는 때에는 벌하지 아니한다.

제23조 (자구행위)
① 법정절차에 의하여 청구권을 보전하기 불능한 경우에 그 청구권의 실행불능 또는 현저한 실행곤란을 피하기 위한 행위는 상당한 이유가 있는 때에는 벌하지 아니한다.

제24조 (피해자의 승낙)
처분할 수 있는 자의 승낙에 의하여 그 법익을 훼손한 행위는 법률에 특별한 규정이 없는 한 벌하지 아니한다.

셋째, 책임은 불법을 실현하는 행위를 그 행위자에게 귀속시킬 수 있는 것을 말한다. 이러한 책임귀속은 불법을 행한 행위자를 비난할 수 있는가의 질문으로 이어진다. 이는 책임능력, 책임고의·과실, 불법의식, 적법행위의 기대가능성 등의 유무와 정도에 따라 결정된다. 즉, 행위자를 비난할 수 있는 경우란, 행위자가 책임능력자이고, 행위자가 적법의 방향으로 행위할 수 있었음에도 불구하고 위법의 방향으로 행위함으로써 불법을 실현한 때이다. 예를 들어, 책임능력(Schuldfähigkeit)이란 사물을 변별하고 의사를 결정할 수 있는 능력을 말한다. 따라서 책임능력이 없는 형사상 미성년자나 심신장애인 또는 농아자가 불법을 실현하는 행위에 대해서는 비난을 가할 수 없다. 이는 다음과 같이 법조문에 반영된다.

제9조 (형사미성년자)
14세되지 아니한 자의 행위는 벌하지 아니한다.

제10조 (심신장애인)
① 심신장애로 인하여 사물을 변별할 능력이 없거나 의사를 결정할 능력이 없는 자의 행위는 벌하지 아니한다.

제11조 (농아자)
농아자의 행위는 형을 감경한다.

8.2. 화행 이론

8.2.1. 발화수반 행위

화행 이론(speech act theory)은 영국의 언어 철학자 오스틴(Austin)과 써얼(Searle)에 의해 1950~60년대에 그 이론적 기초가 성립되었고, 언어의 정적인 의미보다는 실제 사용에 있어서 나타나는 의미에 관심을 갖는다. 초기 이론에서는 문장을 수행문과 진술문으로 구분한다. 수행문은 화자가 상대방한테 혹은 청자들에게 어떤 행위를 하려고 발화하는 문장이다. 다음은 전형적인 수행문의 예이다.[5]

> (1) a. I christen this ship the Princess Elizabeth.
>
> b. I now pronounce you man and wife.
>
> c. I sentence you to 10 years in prison.
>
> d. I promise to come to your talk tomorrow afternoon.
>
> e. I command you to surrender immediately.
>
> f. I apologize for being late.

예문 (1a)의 경우, 문장을 발화하는 순간 그 배의 이름은 "Princess Elizebeth"가 된다. 이것은 그 배에 대해서 이름을 지어주는 어떤 행위를 한 셈이다. 결혼식에서 주례가 문장 (1b)를 발화하면, 이 문장을 통해 둘은 부부가 되는 것이다. 혹은 법정에서 판사가 피고인에게 문장 (1c)를 발화하면, 그것으로 피고인은 10년형에 처해지는 것이다. 문장 (1d)는 상대방에게 '약속'이라는 행위를 하는 것이고, 문장 (1e)는 상대방에게 항복하기를 '명령'하는 것이다. 그리고 문장 (1f)는 늦어서 미안하다는 '감정'을 표현하는 것이다. 즉, 수행문은 상대방에게 무언가의 행위를 한다.

이와 반면에, 진술문은 이 세상에 일어난 사건이나 상태를 상대방에게 전달하기 위해 사용하는 문장이다. 화행이론을 제외한 대부분의 언어학 연구는 이 진술문을 대상으로 하고 있다. 화행이론의 후기 이론에서는 진술문도 일종의 행위를 하는 것으로 보고 수행문으로 간주한다. 예를 들어, "하늘이 파랗다"라는 진술문은 하늘이 파랗다는 주장을 하는 것이라고 본다. 그 결과, 모든 문장은 수행문에 해당하게 된다.

수행문이 갖는 행위, 즉 화행은 세 가지로 구분된다.[6] 다음 예를 가지고 설명하자.

(2) 오늘 밤에 너의 집을 방문하마.

첫째, 발화행위(locutionary act)는 어떤 문장이 화자에 의해 말로 표현되는 행위이다. 발화 (2)을 완성하고자 할때, 음성적 측면, 단어와 문장 측면, 그리고 의미 측면에서 단어들을 적절히 배열하는 행위가 이에 해당한다. 둘째, 발화수반 행위(illocutionary act)란 그 문장을 통해 화자가 청자에게 의도하는 행위이다. 예문 (2)의 경우, 발화를 통해서 상대방에게 행하려고 하는 행위는 일종의 약속이다. 즉, 발화수반 행위는 발화행위에 동반되는 행위이다. 셋째, 발화효과 행위(perlocutionary act)는 그 발화를 통해서 청자에게 어떤 효과를 미치고자 하는 행위이다. 발화수반 행위는 그 문장을 통해 청자에게 직접적으로 야기하는 행위인 반면, 발화효과는 간접적으로 나타나는 효과 또는 결과이다. 위 예문의 발화효과 행위는 문맥에 따라 달라지는데 상대방을 놀라케 한다든지 또는 기쁘게 할 수도 있다. 발화효과 행위는 일정하지 않으며 발화자나 환경에 따라 달라질 수 있다.

이러한 세 가지 행위들 중 발화수반 행위가 좁은 의미의 화행에 해당한다. 그리고 발화수반 행위는 관점에 따라 다양하게 구분될 수 있다. 써얼은 발화수반 포인트, 언어와 세계 간의 관계, 화자의 심리상태, 명제내용 등을 고려하여 다음 다섯 가지 유형의 발화수반 행위를 구분한다.[7]

- 단언행위(Assertives/Representatives): 화자가 어떤 명제의 참을 제시하고, 이에 대해 자신의 믿음을 표명한다. 이는 말을 세계에 부합시킨다고 볼 수 있다. 예로는 '주장하다, 불평하다, 결론 내리다, 보고하다, 진술하다' 등이 있다.
- 지시행위(Directives): 화자가 청자에게 어떤 일을 하게끔 하려는 시도로서 세계를 말에 부합시키는 것이다. 명제내용은 청자의 어떤 미래행위이고, 심리적 태도는 미래행위에 대한 화자의 소망을 표현한다. 이에 대한 예로서는 '충고하다, 명령하다, 지시하다, 질문하다, 요구하다' 등이다.
- 언약행위(Commissives): 화자가 어떤 미래의 행위를 할 것을 자신에게 부과하는 행위로서 세계를 말에 부합시키는 것이다. 미래행위에 대한 화자의 의도를 표현한다. 이에 대한 예로서는 '약속하다, 보증하다, 맹세하다, 위협하다' 등을 들 수 있다.
- 표현행위(Expressives): 화자가 명제 내용에 명시된 어떤 사태에 대해 자신의 심리적 상태를 표현하는 발화이다. 이에 대한 예로서 '축하하다, 감사하다, 사죄하다, 비난하다, 칭찬하다' 등이 있다.

- 선언행위(Declarations): 발화를 통해 사태를 야기한다. 말이 세계로, 세계가 말로 부합되어 일치되는 경우이다. 예로서, '판결하기, 전쟁 선포 하기, 후보 추대하기' 등이 있다.

이러한 좁은 의미의 화행이 적정하게 수행되기 위해서 필요한 적정조건들이 있다. 써얼은 적정조건들을 화행의 구성규칙, 즉 화행을 만들어내는 규칙들로 간주하고, 이를 네 가지 조건들로 제시한다.[8] 첫째, 명제내용 조건(propositional content condition)은 발화에 의해 의도되는 행위에 대한 명제적 내용을 명시하는 조건이다. 둘째, 준비 조건(preparatory condition)은 행위와 관련된 실세계의 필요조건들을 기술한다. 셋째, 성실성 조건(sincerity condition)은 화자의 심리적 상태에 관한 조건으로서 믿음, 소망 등이 있다. 그리고 마지막으로 본질 조건(essential condition)은 행위의 기본 목적이나 의도를 명시한다.

예를 들어, 약속하기 화행에 대한 적정조건들은 다음과 같이 제시된다.

(3) a. 명제내용조건: 화자 S의 미래 행위 A
   b. 준비조건:
     (i) 청자 H는 S가 A를 하지 않는 것보다도 하는 것을 선호할 것이며, S는 이를 믿는다.
     (ii) 사건의 일반적 진행과정에서 S가 A할 것인지는 S와 H 둘에게 모두 분명하지 않다.
   c. 성실성조건: S는 A하기를 의도한다.
   d. 본질조건: 언어표현 e를 발화하는 것은 A를 해야 하는 책임으로 간주된다.

즉, 약속하기 화행이 제대로 수행되기 위해서 그 명제내용으로는 화자가 행하게 될 미래의 어떤 행위이어야 한다. 그 준비 조건으로서 청자는 약속된 행위가 수행되기를 선호해야 하고, 발화로 표현되지 않을 경우 약속되는 내용이 일어나지 않을 것이다. 그리고 화자는 진정으로 그 행위를 하려고 의도한다는 성실성 조건이 충족되어야 한다. 끝으로 발화를 통해 화자가 수행해야 할 의무를 만들어 낸다는 점이 본질 조건에 해당한다.

8.2.2. 발화효과 행위

다음은 발화수반 행위에 연결되는 발화효과 행위를 살펴보자. Austin(1962)에 따르면, 화자의 발화에 의해 화자 자신, 청자, 또는 다른 사람의 감정이나 사고 또는 행동에 영향을 미치면 그 발화는 발화효과 행위를 갖는다. 이러한 발화효과 행위는 일반적으로 발화수반 행위에 비해 언어학적으로 파악하기가 어려운 개념으로 알려져 왔다. 본서에서는 발화효과 행위에 대해 다음의 정의를 받아들이기로 한다.

> "발화효과 행위는 소통에 참여한 X가 소통의 효과로서 소통 상대자 Y의 입장에 변화가 생길 것을 의도하여 그 목적에 합당한 발화연쇄 Z를 만들어 낼 때, Y에게서 입장변화 P가 나타날 때, 발화연쇄 Z에 연관 지을 수 있는 개념이다." (이소영 2008)

이에 따르면 청자에게 입장변화를 일으킬 경우, 해당 발화는 발화효과 행위를 갖는다. 본고에서는 심리학에 기반하여 지식, 감정, 행동의 세 가지 측면을 설정하기로 한다. 지식 측면에서는 발화가 미치는 인간의 축적된 정보 양에서의 변화를 의미한다. 감정 측면에서는 발화로 인해 인간이 겪게 되는 다양한 감정들의 변화를 말한다. 그리고 행동 측면에서는 발화에 의해서 유발되는 인간의 행동 변화를 말한다. 이러한 세 측면의 관찰은 오스틴이 제시했던 정의와도 부합한다.

다음은 발화와 발화효과 간의 관계를 살펴보자. 일반적으로 발화효과는 화자의 의도에 따라 나타나지 않고, 화자의 통제 밖에 놓인다. 또한 발화 자체와 관련성이 약하다. 그럼에도 발화효과를 발화와 관련되는 부분에만 초점을 두어 보자면, 발화의 다양한 측면이 발화효과와 연결될 수 있다. 발화의 음성적 측면, 발화의 문장, 발화의 명제, 발화의 발화수반 행위 등에 의해 발화효과가 나타날 수 있다. 이 중에서 발화효과가 나타나는 대다수는 발화수반 행위에 의해서 유발되는 경우라고 본다.[9] 이 경우, 발화효과는 화자의 의도에 의해 발생한 것으로 볼 수 있다. 즉, 발화효과는 발화효과 행위에 의해 발생하고, 이 발화효과 행위는 발화수반 행위에 연결되며, 발화수반 행위는 앞서 살펴본 바와 같이 화자의 의도를 포함하기 때문이다. 이러한 과정을 다음과 같이 제시할 수 있다.

(4) 발화 ⇨ 발화수반 행위 ⇨ 발화효과 행위 ⇨ 발화효과

즉, 발화가 갖는 발화수반 행위에 의해서 발화효과 행위가 발생하고, 발화효과 행위에 의해서 발화효과가 나타난다. 그리고 각 행위의 성공은 청자의 협조에 의해 이루어진다. 구체적으로는 발화수반 행위는 청자의 이해(uptake)에 의해서 그리고 발화효과 행위는 청자의 수용(acceptance)에 의해서 성공적으로 수행된다.[10]

다음은 구체적인 발화효과 행위들을 보자. Searle(1969: 25)에서는 발화수반 행위와 연관지어 발화효과 행위의 예들을 다음과 같이 제시하고 있다.

> "발화수반 행위 개념과 연관된 것은 그 행위가 청자의 행동, 사고, 믿음 등에 미치는 결과나 효과 개념이다. 예를 들어, 주장하기를 통해 다른 사람을 <u>설득시키거나 확신시킬</u> 수 있고, 경고하기를 통해 그를 <u>놀라게 하거나 경악심을 줄</u> 수 있고, 요구하기를 통해 <u>무언가를 하도록 시킬</u> 수 있고, 알려주기를 통해 (<u>깨우치거나, 교화시키거나, 영감을 주거나, 깨닫도록 하거나</u>) 그를 확신시킬 수 있다. 위에서 밑줄친 부분은 발화효과행위를 가리킨다."

한편, Gaines(1979)에서는 발화효과 행위를 입장변화의 측면에 따라 다음과 같이 크게 세 부류로 구분한다.

(5) a. 감정: startle, surprise, shock, astonish, amuse
intimidate, insult, anger, humiliate, placate, soothe, frighten, entertain
b. 생각: confuse, enlighten, deceive, edify, teach, convince, persuade
convince, persuade, inspire, deter, incite, dispose
c. 행동: get H to do A (to start/continue/finish/stop doing A)

감정의 경우, 비자발적인 경우와 자발적인 경우로 구분한다. 예를 들어, '놀라게 하기'는 비자발적인 감정변화를 그리고 '모욕하기'는 자발적인 감정의 변화를 유발한다. 생각의 경우, 지식의 변화를 유발하는 경우와 그에 대한 동기부여 하는 경우로 구분한다. 예를 들어, '알려주기'는 전자에 그리고 '설득시키기'는 후자에 해당한다. 행동의 경우, 특정 행위에 대한 시키기가 대표적이다.

8.3. 법과 화행

법과 언어는 밀접한 관계를 맺고 있으므로, 화행이론의 시각에서도 설명될 수 있는 법관련 현상들이 존재할 것으로 예측할 수 있다. 먼저 우리는 개별 화행들에 대응되는 법적 행위들을 쉽게 찾아볼 수 있다.[11] 아래에서는 화행별로 이들을 살펴보자.

진술행위는 법정에서 증인이나 피고인의 증언 또는 진술을 들 수 있다. 진술행위는 화자가 발화의 내용이 참임을 상대방에게 주장하는 것이므로 거짓이거나 증거가 부족한 발화는 선서서의 내용 "양심에 따라 숨김과 보탬이 없이 사실 그대로 말하고 만일 거짓말이 있으면 위증의 벌을 받기로 맹세합니다."(형사소송법 제157조)에 위배되어 위증죄에 해당한다. 위증죄에 대해서는 앞서 7장에서 살펴보았다.

언약행위의 대표직인 경우는 계약이다. 계약은 회자 A가 청자 B에게 약속을 하고, B는 이를 수락한다. 경우에 따라서 A에 대한 B의 반대급부가 있을 수 있다. 즉, 약속이 중요한 요소이다. 이에 대해서는 다음 9장에서 자세히 살펴보기로 한다. 〈부록 1〉은 이에 대한 예시로서 사용자와 근로자 간의 쌍방간 약속인 근로계약서이다.

지시행위는 청자에게 미래의 어떤 행위를 요구하는 것으로서, 예를 들어 법정에서 법조인의 증인에 대한 신문, 또는 소환장 등을 들 수 있다. 〈부록 2〉는 소환장의 예를 보여준다.

선언행위에는 발화와 동시에 행위가 성립하므로 형식적 요건이 중요하다. 결혼식에서의 성혼선언 혹은 지명·임명 등이 해당한다. 이러한 법적 행위는 법률에 그 형식적 요건들이 명시되어 있다. 그 요건들을 충족시키지 않으면 해당 법적 행위가 무효가 된다. 예를 들어, 유언의 경우 다음에서 보는 바와 같이 민법에서 그 형식적 요건들을 정하고 있다.

제1060조 (유언의 요식성) 유언은 본법의 정한 방식에 의하지 아니하면 효력이 생하지 아니한다.

제1061조 (유언적령) 만17세에 달하지 못한 자는 유언을 하지 못한다.

제1065조 (유언의 보통방식) 유언의 방식은 자필증서, 녹음, 공정증서, 비밀증서와 구수증서의 5 종으로 한다.

제1066조 (자필증서에 의한 유언)
① 자필증서에 의한 유언은 유언자가 그 전문과 연월일, 주소, 성명을 자서하고 날인하여야 한다.
② 전항의 증서에 문자의 삽입, 삭제 또는 변경을 함에는 유언자가 이를 자서하고 날인하여야 한다.

〈부록 3〉은 자필증서에 의한 유언장의 예이다.

표현행위의 경우, 화자의 내적인 마음 상태가 발화에 드러나는 것으로서, 법정에서 행하는 피고인의 최후 변론을 들 수 있다. 다음은 최후변론의 예이다.[12]

> 존경하는 재판장님.
>
> 저는 이제 피고인으로서 치러야 할 마지막 절차를 밟고 있습니다. 그러나 지금 이 순간 까지도 제가 왜 피고인으로서 이 법정에 서 있어야 하는지를 이해하지 못하고 있습니다. "내가 그렇게 살아오지 않았다"고 하는 말에 보내는 그들의 날선 적대감과 증오를, 그저 놀라운 눈으로 지켜볼 뿐입니다.[…]
>
> 존경하는 재판장님, 제게 주어진 시련을 견뎌내는 동안 몸도 마음도 매우 고통스러웠습니다. 특히 영문도 모르고 모진 일을 겪게 된 주위 분들과 가족들의 고통을 바라보는 일은 무엇보다 힘들었습니다. 학생의 신분으로 조용히 공부하며 지내는 아이가, 마치 깨끗하지 않은 돈으로 유학 생활을 하는 듯 얘기되어지고, 홈페이지까지 뒤져 집요한 모욕주기에 상처받았을 마음을 생각하면, 엄마로서 한없이 미안하고 제가 받은 모욕감보다 더 큰 고통을 느낍니다.[…]
>
> 마지막으로 저는, 저를 믿고 변함없이 격려해주신 수많은 시민들에게 깊은 감사를 드립니다. 또한 저의 결백을 밝히기 위해 혼신의 힘을 다한 변호인단의 노고에 감사드립니다.
>
> 존경하는 재판장님, 아무쪼록 저의 결백을 밝혀 주셔서 정의와 진실이 반드시 이긴다는 믿음을 확인할 수 있게 해 주십시오.

위 예에서 우리는 개인의 감정 표현들을 다수 발견할 수 있다: "매우 고통스러웠습니다", "한없이 미안하고", "감사드립니다" 등. 일반적으로 최후변론은 표현행위를 나타내는 문장들이 많이 사용된다.

다음으로 우리는 언어범죄와 관련하여 화행을 살펴보자. 앞서 살펴본 바와 같이, 언어범죄란 언어증거에 의해서 유발된 범죄를 의미한다. 여기서 언어증거는 보통 발화를 의미하고, 이에 대한 분석은 주로 화행이론과 밀접히 관련한다. 언어범죄에서 사용된 발화는 특정 화행을 갖는다고 볼 수 있다. 이러한 화행은 화행 분류에서 발화수반 행위에 해당한다. 다른 한편, 언어범죄는 앞서 살펴본 바와 같이 대부분 결과범에 해당하기 때문에 관련 발화는 발화효과를 갖는다고 볼 수 있다. 예를 들어, 협박죄에서는 청자 측에서 공포심 같은 효과를, 모욕죄에서는 청자 측에서 모욕감의 효과를 일으킨다. 그리고 발화효과는 발화효과 행위에 의해서 나타난다. 따라서 언어범죄와 관련된 발화는 발화수반 행위와 발화효과 행위를 함께 갖는 것으로 볼 수 있다. 이는 언어범죄의 정의와도 부합한다. 즉, 발화가 갖는 발화수반 행위를 통해서 화자는 발화에 부착된 어떤 행위를 의도하고, 발화효과 행위를 통해서 특정 효과가 나타나기를 바란다. 그 결과, 특정 언어범죄가 발화에 의해 유발된다고 말할 수 있다.

III부에서 다루게 될 다양한 언어범죄에 대한 분석은 화행이론의 틀에서 이루어진다. 구체적으로는 각 언어범죄에 대해 관련 발화수반 행위와 발화효과 행위를 탐색하게 된다. 발화수반 행위의 경우, 그 적정조건들에 의해, 즉 명제내용조건, 준비조건, 성실성조건, 본질조건 등에 의해 관련 발화수반 행위가 적정한지 검토가 이루어진다. 그리고 발화효과 행위의 경우, 각 언어범죄에 따라 이를 확인할 수 있는 방법들이 강구된다.

【부록 1】근로계약서

표준근로계약서

_____(이하 "사업주"라 함)과(와) _____(이하 "근로자"라 함)
은 다음과 같이 근로계약을 체결한다.

1. 근로계약기간 : 년 월 일부터 년 월 일까지
 ※ 근로계약기간을 정하지 않는 경우에는 "근로개시일"만 기재
2. 근무장소 :
3. 업무의 내용 :
4. 소정근로시간 : ___시___분부터 ___시___분까지 (휴게시간 : 시 분
 ~ 시 분)
5. 근무일/휴일 : 매주 ___일(또는 매일단위)근무, 주휴일 매주 ___요
 일
6. 임 금
 - 월(일, 시간)급 : _____원
 - 상여금 : 있음( ) _____원, 없음( )
 - 기타급여(제수당 등) : 있음( ), 없음( )
 - _____원, _____원
 - _____원, _____원
 - 임금지급일 : 매월(매주 또는 매일) ____일(휴일의 경우는 전일
 - 지급방법 : 근로자에게 직접지급( ), 근로자 명의 예금통장에 입금
 ( )

7. 연차유급휴가

  - 연차유급휴가는 근로기준법에서 정하는 바에 따라 부여함

8. 사회보험 적용여부(해당란에 체크)

  ☐ 고용보험 ☐ 산재보험 ☐ 국민연금 ☐ 건강보험

9. 근로계약서 교부

  - 사업주는 근로계약을 체결함과 동시에 본 계약서를 사본하여 근로
  자의 교부요구와 관계없이 근로자에게 교부함(근로기준법 제17조
  이행)

10. 기타

  - 이 계약에 정함이 없는 사항은 근로기준법령에 의함

                                        년   월   일

(사업주)   사업체명 :   (전화 :   )

    주 소 :

    대표자 :   (서명)

(근로자)   주 소 :

    연락처 :

    대표자 :   (서명)

【부록 2】소환장

수 원 지 방 법 원

조사기일소환장

사건   2017느단○○○○ 친양자 입양신청

원고   오**

위 사건에 관하여 조사할 사항이 있으니 20○○.○○.○○에 이 법원 동수원등기소 가정별관 *층 *호로 출석하시기 바랍니다.

○○○○.○○.○○.

가사조사관 * * *

◇ 유의사항 ◇

1. 출석할 때에는 신분증을 가져오시고, 이 사건에 관하여 제출하는 서면에는 사건번호 를 기재하시기 바랍니다.
2. 소송대리인이 선임되어 있더라도 당사자 본인은 반드시 출석하여야 합니다.
3. 법원 홈페이지(www.scourt.go.kr)를 이용하시면 재판기일 등 각종 정보를 열람할 수 있습니다. [www.scourt.go.kr - 나의 사건검색]

※ 문의사항 연락처 : 수원지방법원 가사조사관

  직통전화 :

  팩 스 :   email :

유 언 장

유언자 성 명 : 홍길동
주 소 : 서울시 ○○구 ○○동 ○○-○번지
생년월일 : 1950년 ○○월 ○○일

증인① 관 계 : 동생
성 명 : 홍길순
주 소 : 서울시 ○○구 ○○동 ○○-○번지

증인② 관 계 : 친구
성 명 : 김철수
주 소 : 서울시 ○○구 ○○동 ○○-○번지

유언자 홍길동은 사망의 위험이 있으므로 201○년 ○○월 ○○일 유언자 자택에서 위 증인 2인 참여하에 다음과 같이 유언을 구수함.

- 다 음 -

유언자인 홍길동은 그의 소유인 아래와 같은 부동산 및 유체동산을 다음의 사람에게 증여함.

1. 장남 ○○○에게 유언자 소유 서울 ○○구 ○○동 ○○-○ 소재 대지 ○평 및 위 지상가옥 ○동 건평 ○평을 상속

2. 차남 ○○○에게 유언자 명의의 ○○은행 예금(계좌번호○○), ○○주식회사 주식 ○주를 상속한다.

3. 유언집행자로서 동생 홍길순을 지정한다.

위의 유언자 및 증인들은 본문의 정확성을 승인하고 각자 서명 날인함.

201○년 ○○월 ○○일

유언자 : 홍길동 (인)

증인① : 홍길순 (인)

증인② : 김철수 (인)

제9장

계약

현대 사회는 원시 사회와는 달리 자급자족이 불가능하기 때문에, 대부분의 사람들은 거의 모든 부분에서 서로 의존하여 살아간다. 이러한 의존 관계는 부분적으로 계약이라는 형식적 장치에 의해 유지된다. 그 결과 우리의 일상은 여러 종류의 계약들이 이행되는 상태에 있다고 말할 수 있다.

본 장에서는 언어학적 관점에서 법적 개념인 계약을 살펴보기로 한다. 9.1절에서는 종교와 정치철학 관점에서 계약의 의미를 살펴봄으로써 그 배경을 이해하고자 한다. 다음 9.2절에서는 법학의 관점에서 계약을 살펴본다. 법철학에서 논의되는 계약이론들과 계약 관련 법률적 규정 등에 초점을 둔다. 9.3절에서는 언어학적 관점에서, 특히 화행이론 틀에서 계약을 설명하고, 이를 토대로 9.4절에서는 관련 사례들을 분석하기로 한다.

9.1. 배경

사람들이 사회를 이루면서 살아온 이래로 계약은 여러 형태로 존재해 왔다. 신과 인간 간의 관계, 군주와 시민 간의 관계, 국가와 국민 간의 관계, 개개인들간의 관계 등도 일종의 계약에 의해서 형성되었다고 볼 수 있다.

종교에서의 계약 모습을 살펴보면, 유대교나 기독교, 이슬람교 등에서 우리는 신과 인간 간의 계약을 쉽게 찾아볼 수 있다. 예를 들어, 다음에 제시되는 성경에서는 신과 백성들 간의 계약을 보여준다.

> "모세가 하나님 앞에 올라가니 여호와께서 산에서 그를 불러 말씀하시되 너는 이같이 야곱의 집에 말하고 이스라엘 자손들에게 말하라. 내가 애굽 사람에게 어떻게 행하였음과 내가 어떻게 독수리 날개로 너희를 업어 내게로 인도하였음을 너희가 보았느니라. 세계가 다 내게 속하였나니 너희가 내 말을 잘 듣고 내 언약을 지키면 너희는 모든 민족 중에서 내 소유가 되겠고 너희가 내게 대하여 제사장 나라가 되며 거룩한 백성이 되리라 너는 이 말을 이스라엘 자손에게 전할지니라. 모세가 내려와서 백성의 장로들을 불러 여호께서 자기에게 명령하신 그 모든 말씀을 그들 앞에 진술하니 백성이 일제히 응답하여 이르되 여호와께서 명령하신 대로 우리가 다 행하리이다. 모세가 백성의 말을 여호화께 전하매" (출애굽기 19:3-8)

정치철학의 측면에서 계약을 살펴보자. 고대, 중세를 거쳐 근대에 이르러 시민사회가 형성되었다. 시민들의 권리를 절대적인 국가권력으로부터 보호하려는 취지를 갖는 계약이론이 시민사회 형성의 이론적 토대를 제공하였다. 대표적인 계약이론가로는 홉스(Hobbes), 로크(Locke), 루소(Rousseau)

등을 들 수 있다.

홉스는 『절대군주론(Leviathan)』에서 자신의 이론을 전개한다. 그에 따르면, 사회가 없을 때 우리는 자연상태에 살면서 무제한적인 자유를 누릴 수 있다. 그러나 이러한 자유는 부정적인 면을 지니고 있다. 즉, 인간은 자기 욕구충족 및 보호를 위해 서로가 서로를 빼앗고 죽이는 '만인의 만인에 대한 투쟁'이 필연적으로 발생하게 된다. 이것을 피하기 위해 우리는 암묵적으로 사회 계약에 동의하게 된다. 다른 사람들의 권리가 가지는 명예를 존중하는 것을 받아들이는 대가로 우리는 각각 시민권을 얻게 되고, 몇 가지 자유는 버리게 되는 것이다. 즉, 국가는 신에 의해 주어진 것이 아니라, 인민의 사회 계약에 의해 만들어진 인공적 산물로 간주된다. 그외 로크는 『통치론(Second Treatise of Government)』에서 홉스와는 여러 면에서 다른 사회계약이론을 제시한다. 그리고 루소는 『사회 계약설, 정치적 권리의 원칙(Du Contrat Social ou Principes du droit politique)』에서 불가분하고 양도될 수 없는 주권의 개념을 토대로 새로운 계약설을 제시한다. 이러한 계약이론은 그후 공리주의자들과 마르크스주의자들에 의해 비판을 받았지만, 미국에서는 70년대 이후 롤스(Rawls), 노직(Nozick) 등에 의해서 다시 주목을 받았다.

9.2. 법학에서의 논의

9.2.1. 법철학

우리말의 계약(契約)은 일본에서 들여온 한자어로서 중국어의 合同, 영어의 contract, 프랑스어의 contrat, 독일어의 Vertrag 등에 대응된다. 라틴어의 경우, pactum(합의)과 contactus(개별적인 합의)가 존재한다. pactum은 쌍방 간의 합의를 말하며, 일방적인 약속은 promissium이라 한다.

계약에 대한 정의는 나라마다 다르다. 독일, 일본, 우리나라 등의 대륙법에 따르면, 계약이란 일정한 법률효과인 권리의 발생·변경·소멸을 목적으로 둘 이상의 의사표시가 내용상 합치(Konsens)함으로써 이루어지는 법률행위이다. 즉, 당사자들의 대립하는 의사표시의 합치가 이루어지면 계약이 성립된다.

이와 반면, 영미법에서 계약은 "법적으로 강제되는 당사자 간의 약속이나 합의(legally enforceable agreement or promise)"를 말한다. 여기서 약속이나 합의는 두 당사자가 필요하며, 약속에 포함되는 보증 등이 필요하다. 즉, 계약은 원칙적으로 계약 당사자의 청약(offer)과 승낙(acceptance)의 일치에 의하여 성립한다. 예를 들어, A가 토지를 팔겠다고 의사표시를 하고, B가 그것을 사겠다고 의사표시를 하여 두 개의 의사표시가 일치하는 경우 계약이 성립한다. 이때 A의 의사표시를 청약, B의 의사표시를 승낙이라고 한다.

이와 같이 계약의 정의가 나라마다 다른 것은 각 나라의 철학적 배경이 다르기 때문이다. 다음은 몇 가지 경우를 살펴보자.[1] 먼저 독일의 경우를 보자. 독일에서는 당사자가 행위능력을 가지며, 계약의 목적이나 내용이 존재하고, 당사자간의 합의가 있으면 계약이 성립한다. 이러한 계약 성립에 관한 정의는 칸트, 헤겔 등의 관념철학에 기반을 두고 있다. 즉, 사람은 이성적인 존재이고 합리적인 사고를 할 수 있는 인격자로 이해되기 때문에, 이성적인 인격자의 의사결정을 신뢰하여 계약을 당사자들 간의 합의로만 간주한다.

프랑스와 이탈리아에서는 계약 성립의 조건에 '당사자의 행위능력, 당사자의 의사 합치, 계약의 목적' 이외에 '계약의 원인(Kausa)'을 추가한다. 계약의 원인은 양자 간에 이루어지는 계약 나름의 이유를 말한다. 이는 계약을 성립시키고자 하는 의사의 진정성 판단의 기준이라고 본다. 예를 들면, 주택 매매에서 매도인의 이사와 매수인의 주거가 매매계약의 원인이 된다. 프랑스와 이탈리아는 독일보다도 계약을 더 구체화해서 개인에게 전적으로 계약의 성립을 맡기는 것이 아니라, 제3자가 합의의 타당성을 확인하게 한다. 즉, 다른 사람도 이해할 수 있는 합의의 원인이 있는가를 본다.

이와 반면에 영미법에서의 계약은 조금 다르다. 계약 당사자간에 계약성립을 위한 합의가 있다 하더라도 서로간에 급부를 주고 받는 관계가 있어야 계약이 성립된다고 본다. 즉, 약속하는 사람이 무언가를 약속하면 그에 대한 대가로써 상대방이 무언가를 해주는 반대급부(consideration)가 있어야 한다. 이것은 철저히 자본주의 철학에 기반한다고 볼 수 있다. 즉, 계약 당사자 상호간에 급부와 반대급부가 있어야 자원배분의 합리성을 유지한다는 자본주의 경제이론에 기반한다.

이상에서 살펴본 바와 같이, 독일에서는 인간의 이성에 대한 신뢰와 존중을 바탕으로 하여 두 당사자 간의 합의를 계약의 중요한 요소로 본다. 그러나 다른 나라들에서는 계약의 진정성을 확보하는 다른 요소들을 요구한다. 프랑스와 이탈리아에서는 계약의 원인을 요구하고, 영미법에서는 반대급부를 요구한다. 우리나라의 경우, 독일의 입법주의를 채택하여 특별한 요건을 요구하지 않는다.

다음은 계약에 관한 이론을 살펴보자. 법철학에서는 보통 약속이론과 신뢰이론에 의해 계약을 설명한다. 어느 쪽에 비중을 두느냐는 나라마다 차이가 있다. 아래에서는 두 이론을 기존 연구들에 의거하여 살펴보기로 한다.[2]

약속이론에 따르면, A가 B에 대해 행위 X를 약속하는 경우, A는 행위 X를 수행해야 할 의무를 스스로의 의사에 의해 자율적으로 만들어낸다. 예를 들어, 상대방이 내게 무언가를 해주면 내가 그 상대방에게 100만원을 주겠다고 할 때, "100만원을 주겠다"는 발화 자체가 나에게 의무를 부과하는 것으로 본다. 즉, 약속이란 나 자신에게 의무를 지우는 것이고, 상대방의 행위와는 무관하게 이 약속을 통해 계약이 성립된다.

이러한 약속이론에 대한 배경에는 자연법 사상이 있다. 이에 따르면, 사람은 자기의 계약을 스스로 체결할 불가침의 권리를 갖는다. 즉, 신이 지배하고 인간이 보이지 않던 중세에서 근대로 넘어오면서, 인간을 강조해 신이 없이 인간 스스로 할 수 있다고 본 것이다. 의무를 지우고 권리를 만들어내는 주체는 신이 아닌 나 자신이고, 인간이 자기 자신에 관해 의무도 지우고 권리도 만들어낼 수 있는 주체라고 본 것이다. 이런 맥락 하에서 국가는 최소한의 개입을 하고 개인에게 전적으로 맡긴다. 즉, 법은 시민의 활동에 적극적으로 간섭하지 말고 분쟁이 생긴 때에 비로소 등장하여야 한다는 것이다. 약속이론에서 파생되어 한 단계 더 나아간 것이 '의사이론(will theory)'이다. 의사이론에 따르면, 계약법의 주 목적은 가능한 한 당사자의 의사를 탐구하고 그것에 법적 효과를 부여하는 데 있다. 즉, 먼저 개인의 의지를 살펴본다. 과연 그 사람이 스스로에게 의무를 부과할 의지를 가지고 한 말인지를 따져보는 것이다.

프리드(Fried)는 약속으로서의 계약이론을 체계적으로 발전시켰다.[3] 그는 소위 '약속원리'를 주장한다. 약속원리란 사람들이 이전에 존재하지 않았던 의무를 약속에 의해 스스로 부과할 수 있는 원리이다. 자유로운 인간은 자신이 추구하는 목적을 이루기 위해 타인과의 협력을 필요로 한다. 다른 사람들과 협력을 하려 할 때 가장 근간이 되는 것이 서로 간의 믿음이며 이 믿음을 더 구체화시킨 것이 약속이라고 본 것이다. 즉, 약속이라는 것은 그 사회에서 무리 없이 다른 사람들과 접촉하며 살아가기 위해 필요한 믿음을 기초로 해 나오는 것이다.

　그러나 이러한 약속이론을 다음과 같은 점에서 비판을 받는다. 첫째, 약속은 스스로 계약이행의 의무를 지는 자연적 행위로 파악되는데, 어떠한 자연적 행위로부터 법적 구속력이 생긴다는 것은 논리적으로 불가능하다고 본다. 둘째, 당사자가 합의한 약속은 약속자의 주관적 의도보다는 외적으로 파악되는 객관적 의도를 의미하는 것으로 이해되지만, 약속이론에서는 대부분 주관적인 것을 강조한다. 셋째, 판례의 축적으로 계약에 관한 법원리가 복잡하게 되어 있어 합의의 효과는 당사자의 의사에 의하기 보다는 판례법의 원칙에 의해 결정되는 경우가 많다.

　다음은 신뢰이론을 살펴보자. 아티야(Atiyah)에 의하면,[4] 사회가 발전되어 약속이론과 같이 도덕이 지배하는 순수한 사회에서 적용할 수 있는 이론을 이제는 더 이상 적용할 수 없다. 그는 이에 대한 대안으로서 신뢰이론을 제시한다. 이에 따르면, A가 B에 대하여 행위 X를 약속한 경우, A의 법적의무는 X의 불이행시 B에게 지불하여야 할 손해배상 의무가 되고, 그 손해배상의 범위는 신뢰의 정도에 의해 결정된다. 즉, A가 B에게 X를 약속했을 때, X를 하지 않았을 시 B에게 손해가 가게 된다. A의 법적의무는 이때 나온다. 즉, 상대방에게 손해를 입히지 말아야 한다는 측면에서 의무가 생겨난다. 이것은 다시 말해 계약의 구속력 근거를 약속자의 의사가 아니라, 약속자의 약속행위로 인해 수약자에게 생기는 신뢰에 둔다고 할 수 있다. 여기서 신뢰란 단순한 수동적인 기대 이상의 것으로서, 수약자 측의 적극적인 비용 부담을 수반하는 행위를 말한다.

　신뢰이론의 철학적인 배경으로는 공리주의를 들 수 있다. 계약에 구속력이 생기는 것은 약속행위에 의해서 상대방에게 신뢰가 생기고, 그 신뢰를 기초로 해서 상대방이 일정한 지출을 한 경우이다. 상대방에게 신뢰가 생기지 않는 한 계약을 위배해도 공리적으로 나쁜 결과가 생기지 않으면, 이 경우 계약은 약속자를 구속하지 않는다. 공리주의의 대표적인 철학가인 흄(Hume)에 의하면, 약속의무는 공리적인 인간의 합리적 계산에서 생긴다. 약속의 준수는 약속을 지키지 않음으로 인해 가해지게 될 불이익을 피하는 편이 상책이라는 공리적 판단에 기인한다고 본다. 즉, 약속행위에 의하여 상대방에게 신뢰감이 생기고, 그 신뢰를 기초로 상대방이 일정의 출원을 한 경우에는 약속위반이 상대방에게 손해를 입히기 때문에 계약에 구속력이 부여된다고 본다.

이 이론에 대한 비판을 보면 다음과 같다. 신뢰이론은 공리주의 배경 하에서 계약으로 타인에게 이유없이 손해를 끼쳐서는 안되고, 그런 손해는 배상해야 한다고 본다. 이 이론의 논리에 따르면, 계약은 신뢰침해라는 점에서 고의나 과실, 거짓 등으로 유발된 불법행위와 구분되지 않는다. 이 점에서 길모어(Gilmore)는 소위 '계약의 사망'을 선언하고, 계약법을 불법행위법 하에 귀속시킨다.[5]

9.2.2. 법률 규정

계약은 계약자유의 원칙에 의해 법에 지촉되지 않는 한 완전히 각자의 자유에 맡겨진다. 계약자유의 원칙이란 당사자가 자유롭게 선택한 상대방과 그 법률관계의 내용을 자유롭게 합의하고, 법이 그 합의를 법적 구속력있는 것으로 승인하는 원칙을 말한다.[6] 구체적으로 보면, 계약자유의 내용으로는 '체결의 자유', '상대방 선택의 자유', '내용결정의 자유', '방식의 자유'가 있다. 이 원칙은 무제한의 자유는 아니고 각 경우에 제한을 받을 수 있다. 즉, 계약의 체결 및 상대방의 선택에 있어서 강제되는 경우가 있고, 계약자유라 하더라도 강행법규에 반하는 계약은 무효가 된다. 또한 법률의 규정에 의하여 일정한 방식이 요구되는 경우도 있다.

보통 우리나라에서 계약은 채권의 발생을 목적으로 하는 채권계약을 의미한다.[7] 구체적으로 보면, 계약은 "일정한 채권(채권관계)의 발생을 목적으로 하는 복수의 당사자의 서로 대립하는 의사 표시의 합치로 성립하는 법률행위"로 정의된다. 이는 저당권 설정 계약과 같은 물권계약, 그리고 혼인이나 입양과 같은 신분계약 등과 구분된다.

법적으로는 청약과 승낙이 있으면 계약이 성립된다. 민법 제2장 계약의 총칙에서는 계약의 성립을 다음과 같이 청약과 승낙 두 가지 요소로 규정한다.

> 제527조 (계약의 청약의 구속력)
> 계약의 청약은 이를 철회하지 못한다.

> 제528조 (승낙기간을 정한 계약의 청약)
> ① 승낙의 기간을 정한 계약의 청약은 청약자가 그 기간 내에 승낙의
>   통지를 받지 못한 때에는 그 효력을 잃는다.

이에 따라 계약이 성립하려고 하면, 제527조에 의해 제공자의 청약이 있어야 하고 제528조에 의해 상대방의 승낙이 있어야 한다.

청약은 계약의 내용을 결정할 수 있을 정도의 사항을 포함해야 한다. 예를 들어, 매매계약의 체결을 위한 청약은 최소한 매매의 객체와 대금에 관한 사항이 확정되어 있어야 한다. 그렇지 않은 경우는 청약에 해당하지 않는다. 승낙방법은 원칙적으로 제한을 두지 않는다. 그리고 승낙의 의미는 청약

과 일치해야 한다. 승낙이 없는 경우에도 계약이 성립되는 두 가지 경우들이 있다. 첫째는 의사실현에 의한 경우로서, "청약자의 의사표시나 관습에 의하여 승낙의 통지가 필요하지 아니한 경우에는 계약은 승낙의 의사표시로 인정되는 사실이 있는 때에 성립한다."(제532조). 즉, 청약자의 의사표시에 의하여 승낙의 통지가 필요하지 않는 경우의 예로는, 매도할 목적으로 청약과 함께 상품을 부치는 때이다. 그리고 관습에 의해 승낙의 통지가 필요하지 않는 경우의 예로는 긴급의료계약에서와 같이 긴급을 요하는 때이다. 둘째는 교차청약의 경우로서, "당사자간에 동일한 내용의 청약이 상호교차된 경우에는 양청약이 상대방에게 도달한 때에 계약이 성립한다."(제533조). 즉, 교차청약은 당사자들이 우연히 같은 내용을 청약하는 경우이다. 각자의 의사표시는 청약과 승낙 관계가 아니지만, 그 내용에 있어서는 일치하기 때문이다.

계약을 체결할 때 계약내용이 실현 불가능한 것이라면 계약은 무효이다. 계약에 있어서 한 당사자가 자신에게 책임있는 사유로 상대방에게 손해를 준 것을 '계약체결상의 과실'이라고 한다. 이때 과실이 인정되면, 과실있는 당사자는 상대방에 대하여 손해를 배상하여야 한다.

> 제535조 (계약체결상의 과실)
> 목적이 불능한 계약을 체결할 때에 그 불능을 알았거나 알 수 있었을 자는 상대방이 그 계약의 유효를 믿었음으로 인하여 받은 손해를 배상하여야 한다. 그러나 그 배상액은 계약이 유효함으로 인하여 생길 이익액을 넘지 못한다.

예를 들어, 별장의 매매계약을 체결하였는데, 전날 밤 그 별장이 화재로 이미 전소한 경우 그 매매를 유효한 것으로 믿어서 발생한 손해의 배상을 청구할 수 있다.

민법 제3편의 채권에서는 계약의 다양한 종류들을 제시하고 있다. 즉, 증여, 매매, 교환, 소비대차, 사용대차, 임대차, 고용, 도급, 여행계약, 현상광고, 위임, 임치, 조합, 종신정기급, 화해 등 15가지가 있다. 이들중 매매, 교환, 고용 등의 정의를 보면 다음과 같다.

제563조 (매매의 의의)
매매는 당사자 일방이 재산권을 상대방에게 이전할 것을 약정하고 상대방이 그 대금을 지급할 것을 약정함으로써 그 효력이 생긴다.

제596조 (교환의 의의)
교환은 당사자 쌍방이 금전 이외의 재산권을 상호이전할 것을 약정함으로써 그 효력이 생긴다.

제655조 (고용의 의의)
고용은 당사자 일방이 상대방에 대하여 노무를 제공할 것을 약정하고 상대방이 이에 대하여 보수를 지급할 것을 약정함으로써 그 효력이 생긴다.

이러한 여러 종류의 계약들은 기준들에 따라 달리 구분될 수 있다. 첫째, 전형계약과 비전형계약으로 구분될 수 있다. 전형계약이라는 것은 민법 제3편 제2장에 제시된 계약들이다. 그외는 비전형계약이며, 그 예로는 은행계약, 리스계약, 연예인 출연전속계약 등이 있다.

둘째, 쌍무계약과 편무계약으로 구분될 수 있다. 쌍무계약이란 내가 무언가를 제공하면 상대방도 내게 무언가를 제공해야 한다는 계약이다. 서로 주고받는 것이 있는 계약이 쌍무계약이다. 보통의 일반적인 계약들이 이 쌍무계약에 속한다. 즉, 매매계약과 같이, 매도인이 목적물의 인도의무를 매수인에게 부담하고, 매수인이 대금지급의무를 매도인에게 부담하는 상호관계가 있는 계약을 말한다. 이와 반면에, 편무계약은 상대방의 반응이 없이 무언가를 제공한다는 계약이다. 예를 들어, 자식으로부터 무언가를 받지 않고 일방적으로 재산을 넘겨주겠다는 증여가 이에 해당한다.

셋째, 낙성계약과 요물계약으로 구분될 수 있다. 낙성계약은 당사자 사이의 의사표시가 합치하기만 하면 계약이 성립한다. 민법에서 제시하는 14가지의 전형계약이 낙성계약에 해당한다. 반면에 요물계약은 당사자의 합의 외에 물건의 인도 등 기타 급부가 있어야만 성립하는 계약이다. 현상광고가 이에 해당한다.

9.3. 언어학적 분석

9.3.1. 계약과 약속

앞서 살펴본 바와 같이, 계약은 (영미법의 경우) 두 당사자간의 합의 또는 약속으로 간주된다. 이는 다음에 제시되는 리스테이트먼트에서 확인할 수 있다.

> "계약이란 약속이나 일련의 약속으로서, 이를 위반한 경우에 대해 법은 해결책을 제시하거나, 이를 이행한 경우에 대해 법은 어떤 식으로든 의무로 인정한다."(Restatements of the Law Second, Contracts §1)

이러한 계약은 청약과 승낙으로 구성된다. 이에 대한 언어학적 실현모습을 보자.[8]

먼저 청약을 보면, 보통 "~하면 ~해주겠다"는 조건의 형태로 약속을 포함하는 조건부 약속(conditional promise)으로서 상대방의 반응을 필요로 한다. 이와 반면에 일반적인 약속은 상대방의 반응과는 상관없이 독자적으로 성립한다. 다음에서 예 (1a)는 일반적인 약속에 그리고 예 (1bc)는 조건부 약속에 해당한다.

(1) a. I promise to take you shopping later today.

b. I will take you shopping, if you tidy up my office.

c. I will take you shopping, if you promise that you will tidy up my office.

조건부 약속에는 다시 두 종류로 구분된다. 청약자 입장에서 약속이 한 번 일어나는 경우가 '일방적 합의(unilateral agreement)'이고(1b), 청약자 외에 상대방도 약속하는 경우로서 약속이 두 번 이루어지는 경우는 '쌍방향 합의(bilateral agreement)'이다(1c).

다음은 승낙을 보자. 다음의 예를 보자.

(2) A: I will sell you my car for $2,500.

B: i) Okay

ii) No, thanks.

iii) I'll give you $2,350 for the car

iv) I'll think about it

A의 청약에 대해, B는 위와 같이 네 가지 방식으로 반응할 수 있다. 이중에서 (Bi)은 승낙으로서 계약이 성립된다. (Bii)는 거절로서 계약이 성립되지 못한다. (Biii)은 상대방이 다시 제안을 하는 역청약을 할 수도 있다. 이럴 경우 다시 새로운 계약이 성립된다. (Biv)는 승낙에 대해 중립적 표현이다.

9.3.2. 약속하기 화행

다음으로 본절에서는 일방적 합의에 해당하는 편무계약에 제한하여 화행이론의 관점에서 계약을 살펴보기로 한다. 두 당사자간의 약속으로 간주되는 계약은 화행들 중 언약행위에 해당하고, 보다 구체적으로는 '약속하기' 화행이 관여한다[9]. 다음은 약속하기 화행의 적정 조건이다.[10]

A. 명제내용조건: 화자 S의 미래 행위 A

B. 준비조건:

  (i) 청자 H는 S가 A를 하지 않는 것보다도 하는 것을 선호할 것이며, S는 이를 믿는다.

  (ii) 사건의 일반적 진행과정에서 S가 A할 것인지는 S와 H 둘에게 모두 분명하지 않다.

C. 성실성조건: S는 A하기를 의도한다.

D. 본질조건: 언어표현 e를 발화하는 것은 A를 해야 하는 책임으로 간주된다.

즉, 명제내용조건은 화자가 행할 미래의 행위이어야 한다. 미래의 행위가 아니면 그것은 약속이 아니다. 준비조건은 두 개의 하위조건들로 이루어진다. 첫째는 미래의 행위가 청자에게 이로운 것이길 요구한다. 둘째는 당연히 하는 일을 제외하라는 것이다. 약속 내용이 당연히 해야 할 일이라면 그것은 약속이 아니다. 다음, 성실성조건으로 화자는 언급한 행위하기를 의도해야 한다. 예를 들어 돈을 갚을 의사가 전혀 없음에도 불구하고 돈을 갚겠다는 말은 약속이 아니다. 그리고 본질조건은 화자에게 책임을 부과하는 것이다. 따라서 무엇을 하겠다고 말을 하면서 의무로 여기지 않으면 본질조건을 어기는 것이다. 이 네 가지 조건이 충족되는 경우에 한해서 약속하기 행위가 제대로 수행된다고 본다.

한편, Schane(2006, 2012)에서는 계약의 불성립을 약속하기 화행의 적정조건 위반으로 설명한다. 다음 예문들을 가지고 이를 살펴보자.

(3) a. I will pay you $500 because you took care of my sick son.

   b. In consideration of one cent received, I promise to pay $600 in three yearly installments of $200 each.

   c. If you go and take your physics exam, I'll buy you a convertible sports car.

   d. I will take you out to dinner, if you swim to France.

첫째, 명제내용조건에 따라 계약은 미래의 행위를 대상으로 해야 한다. 예문 (3a)의 경우에 이미 지나간 일에 대해 무언가를 해주겠다고 약속한다. 만약 아들을 돌보기 전에 이 약속을 했다면 계약이 성립한다. 하지만 과거의 일에 대해 급부를 주는 것이기 때문에 구속력이 없다.

둘째, 준비조건의 두 하위조건들에 상응하여 두 개의 조건들이 제시된다.

첫 번째 하위조건에 의하면 청약자는 수약자로부터 어떤 이득을 얻어야 한다. 예문 (3b)에서, 상대방으로부터 받은 1센트에 대해, 앞으로 3년간 600달러를 투자하겠다고 화자가 약속하지만 이는 계약으로 성립되지 않는다. 급부는 상대방에게 이익을 주어야 하지만, 1센트는 급부로써 의미가 없기 때문이다. 그리고 두 번째 하위조건에 의하면 법적으로 꼭 해야만 하는 일을 대상으로 약속하면 안된다. 예문 (3c)에서 학생인 딸이 학교에서 물리시험을 치는 것은 당연히 해야 하는 일이기 때문에, 이를 대상으로 하여 약속을 할 수 없다.

셋째, 성실성조건에 대해 두 개의 하위조건들이 설정된다. 첫 번째 하위조건에 의하면 어떤 행위를 약속할 때 화자가 그것을 행할 능력이 있어야 한다고 본다. 예문 (3d)는 약속에 해당하지 않는다. 약속 내용이 당사자의 능력을 벗어나기 때문이다. 두 번째 하위조건에 의하면 약속자가 그 약속을 수행할 의도를 가지고 있어야 한다는 것이다. 그렇지 않을 경우, 사기에 해당한다고 본다.

이상은 다음과 같이 정리된다.

적정조건	법적 위반 경우
명제내용조건: 당사자들은 미래의 행위를 수행해야 한다.	수약자가 요구된 행위를 이미 수행했다.
준비조건: 1. 당사자들은 행위가 상대방에 의해 수행되기를 바란다. 2. 한 당사자가 일반적인 사건 과정에서 그 행위 할 것이 분명하지 않다.	1. 청약자가 그 행위에 대해 '진정으로' 합의하지 않는다. 2. 한 당사자가 그 행위를 행할 법적 의무를 이미 갖고 있다.

성실성조건: 1. 청약자는 약속한 행위를 행할 능력이 있다. 2. 청약자는 약속한 행위를 행할 의도가 있어야 한다.	1. 청약자는 요구된 행위를 행할 수 없거나 적합하지 않은 것으로 간주된다. 2. 청약자가 정직하지 못하게 그리고 속일 의도로 행위를 했다.
본질조건: 청약자와 수약자 간에 일종의 책무가 발생한다.	수약자가 청약자의 약속을 알지 못한다.

9.4. 사례 분석

본 절에서는 앞서 살펴본 쉐인의 방법에 따라 계약 관련된 판례들에 대해 약속하기 적정조건들을 적용하여 분석하기로 한다.

■ 판례 1

다음의 판례를 보자.[11]

> 원고는 2010. 10. 1. 코오롱글로텍 주식회사로부터 '2010년형 BMW 520d 1대'를 매매대금 6,240만 원에 매수하고, 2010. 10. 10. 코오롱글로텍으로부터 별지 자동차 표시 기재 자동차를 인도받았다. 이 사건 자동차는 피고 비엠더블유코리아 주식회사가 자동차제조업체인 독일 비엠더블유 본사로부터 수입하여 코오롱글로텍에게 위탁 판매를 한 것인바, 위 매매계약 당시 피고 비엠더블유는 원고에게 이 사건 자동차에 대한 품질보증서를 교부하였다. 원고는 이 사건 자동차를 인도

받아 운행하던 중 인도받은 지 5일 만인 2010. 10. 15. 이 사건 자동차
계기판의 속도계가 전혀 작동하지 않는 것을 발견하고 긴급출동서비
스센터로 연락하였으며, 긴급출동서비스센터의 직원이 출동하여 차량
에 대한 확인을 하였으나 속도계가 작동하지는 아니하였다. […] 코오
롱글로텍은 원고에게 이 사건 결함에 대한 해결책으로 '계기판을 교체
하는 보증수리'를 제의하였으나, 원고는 이를 거절하고 2010. 10. 19.
코오롱글로텍 주식회사에게 이 사건 자동차를 새로운 자동차로 교환
하여 줄 것을 요구하였다. […]

　　갑이, 독일에 본사를 둔 자동차제조업체의 한국지사인 을 주식회
사가 본사로부터 수입하여 병 주식회사에 위탁판매한 자동차를 매수
하여 인도받은 지 5일 만에 계기판의 속도계가 전혀 작동하지 않는 것
을 발견하고 매도인인 병 회사 및 병 회사를 통해 갑에게 자동차 품질
보증서를 교부한 을 회사를 상대로 새로운 자동차로 교환해 줄 것을
요구한 사안에서, […] 완전물 급부청구권을 행사할 수 있는데, 완전물
급부의무의 이행으로 병 회사가 입게 될 불이익의 정도 등 제반 사정
에 비추어 볼 때 갑의 완전물 급부청구권 행사가 신의칙에 반하거나
권리남용에 해당한다고 볼 수는 없으므로 매도인 병 회사는 갑에게 하
자 없는 자동차를 인도할 의무가 있고, 제조자인 을 회사는 갑에게 자
동차 품질보증서를 교부함으로써 적어도 묵시적으로는 매도인인 병
회사가 위 자농차의 하자에 대하여 무남하는 하자남보책임 및 채무불
이행책임의 이행을 보증하는 계약을 체결하였다고 보아야 하므로, 을
회사도 병 회사와 연대하여 갑에게 하자 없는 자동차를 인도할 의무가
있다고 한 사례.

　　위 판결은 다음과 같은 매도인의 하자담보책임에 대한 법조항에 의거하
고 있다. 민법 제580조에서는 매매의 목적이 된 재산권에 하자가 있거나 매

매의 목적물에 하자가 있는 경우에 매도인에게 담보책임을 지우고 있다.

> 제580조 (매도인의 하자담보책임)
> ① 매매의 목적물에 하자가 있는 때에는 제575조제1항의 규정을 준용한다. 그러나 매수인이 하자있는 것을 알았거나 과실로 인하여 이를 알지 못한 때에는 그러하지 아니하다.

> 제575조 (제한물권있는 경우와 매도인의 담보책임)
> 매매의 목적물이 지상권, 지역권, 전세권, 질권 또는 유치권의 목적이 된 경우에 매수인이 이를 알지 못한 때에는 이로 인하여 계약의 목적을 달성할 수 없는 경우에 한하여 매수인은 계약을 해제할 수 있다. 기타의 경우에는 손해배상만을 청구할 수 있다.

판례에서는 보다 구체적으로 '매매의 목적물이 거래 통념상 기대되는 객관적 성질, 성능을 결여하거나, 당사자가 예정 또는 보증한 성질을 결여한 경우'에 매도인이 하자담보책임을 지는 것으로 본다.

화행이론의 입장에서 보면, 하자있는 물건의 매매는 매수자에게 이익보다는 손해를 준다. 따라서 위 사건은 약속하기 화행의 적정조건들중 준비조건을 위반한 경우로서 계약이 성립될 수 없다고 볼 수 있다. 이는 법원의 판결과 같이한다.

■ 판례 2

다음의 판례를 보자.[12]

원고들과 피고는 2008. 5. 20. 원고들 소유의 4필지 토지와 피고 소유의 순천시 (주소 생략) 전 2,502㎡[이하 '(주소 생략) 토지'라 한다] 중 원심판시 별지 도면 (나) 부분 117㎡에 해당하는 이 사건 토지를 교환하기로 약정하였다. 그런데 (주소 생략) 토지는 자연녹지지역이고, 원고들 소유인 주택 건물의 일부가 이 사건 토지 위에 있다. 이러한 사실관계를 위에서 본 법령과 법리에 비추어 보면, 이 사건 토지 위에 건축물이 있어 자연녹지지역인 (주소 생략) 토지로부터 117㎡에 해당하는 이 사건 토지를 분할하는 데 건축법 제57조 제1항, 건축법 시행령 제80조가 적용되어 교환계약 당시에 이미 그 분할이 제한되고, 원심 변론종결 시까지 분할이 가능하게 되었다고 볼 만한 사정도 없다. 따라서 분할을 전제로 한 이 사건 토지에 관한 피고의 소유권이전등기의무는 이행이 불가능하다고 할 것이다. […]

계약 체결 후에 채무의 이행이 불가능하게 된 경우에는 채권자가 이행을 청구하지 못하고 채무불이행을 이유로 손해배상을 청구하거나 계약을 해제할 수 있다. 그러나 계약 당시에 이미 채무의 이행이 불가능했다면 특별한 사정이 없는 한 채권자가 이행을 구하는 것은 허용되지 않고, 민법 제535조에서 정한 계약체결상의 과실책임을 추궁하는 등으로 권리를 구제받을 수밖에 없다.

청약자가 약속 내용을 실현할 능력이 없는 경우, 수약자는 손해 배상을 청구할 수 있다(제535조). 위의 경우, 매매의 대상이 되는 토지는 건축법상 문제가 있어 계약의 내용인 소유권이전이 불가능한 상황이다. 즉, 약속자가 매매 대상에 대해 매매할 능력이 없는 경우에 해당한다고 볼 수 있다.

화행이론의 입장에서 보면, 청약자가 약속 내용을 실행할 능력이 없는 경우에 해당한다. 이는 약속하기 화행의 적정조건들중 성실성조건을 위반한 경우로 볼 수 있다. 그 결과, 법원의 판결과 같이 계약이 성립되지 못한다.

■ 판례 3

다음의 판례를 보자.[13]

> 피고인은 2008년경 이전부터 2009. 8.경까지 호주에서 체류하는 한국인들을 상대로 체류 자격이 미비하더라도 피고인이 호주에 아는 사람들이 많이 있어 비자 연장 내지 영주권 취득 문제를 해결해 줄 수 있다면서 돈을 건네받는 등 위 성명 불상자들과 공모하여 소위 이민 브로커 일을 하였던 사람이다. 피고인은 2008. 4.경 피해자 공소 외 1과 피해자의 남편 공소외 3에게 "호주 이민성에 아는 사람이 많이 있기 때문에 경비 명목으로 호주달러 10만 불만 주면 3개월 안에 4인 가족 모두 호주 시민권을 받을 수 있도록 해 주겠다"라고 거짓말을 하였다. 그러나 사실은 피고인은 피해자로부터 돈을 받더라도 약속한 3개월 안에 피해자의 가족들에게 정상적으로 호주 시민권을 발급받아 줄 수 있는 의사나 능력이 없었다. 피고인은 이와 같이 피해자를 기망하여 이에 속은 피해자로부터 호주달러 25,000불을 현금으로 교부받은 것을 비롯하여 피해자로부터 총 23회에 걸쳐 같은 명목으로 102,647,315원 상당을 현금으로 교부받거나 피고인 명의 계좌로 송금받아 이를 편취하였다. […]
>
> 살피건대, 위에서 거시한 증거들에 의하여 인정되는 다음과 같은 사정을 종합하여 보면, 피해자는 비자 연장 목적만이 아니라 영주권을 받을 목적으로 피고인에게 금원을 지급하였고, 피고인은 피해자에게 영주권을 받아준다고 기망하여 금원을 편취하였다고 인정함이 상당하다.

법적으로 보면, 의도에 초점을 두고서 상대방을 속여 재산상의 이득을 취한 것으로 보아 다음과 같은 형법의 사기죄를 적용한다.

형법 제347조 (사기)
① 사람을 기망하여 재물의 교부를 받거나 재산상의 이익을 취득한 자는 10년 이하의 징역 또는 2천만원 이하의 벌금에 처한다.
② 전항의 방법으로 제삼자로 하여금 재물의 교부를 받게 하거나 재산상의 이익을 취득하게 한 때에도 전항의 형과 같다.

사기죄의 요건으로서의 기망은 널리 재산상의 거래관계에 있어서 서로 지켜야할 신의와 성실의 의무를 저버리는 행위로 간주된다. 즉, 사기죄는 타인을 기망하여 착오에 빠뜨리고 그 처분행위를 유발하여 재물을 교부받거나 재산상의 이익을 얻음으로써 성립된다.

위 사건은 약속자가 약속 행위를 실행할 능력과 의도가 없는 경우로서, 언어학적으로 보면 약속하기 화행의 성실성 조건을 위반한다고 볼 수 있다. 즉, 피고인은 계약의 내용인 시민권 발급에 대한 능력이 없었으므로 조건에 충족되지 않는다. 또한 계약의 의무에 대해서 성실하게 이행하려고 노력하지 않아 이행 의도가 없는 것으로 판단되어 성실성 조건을 충족시키지 못하였다. 따라서 계약이 성립되지 못하고, 특히 이 경우에는 약속자가 재산상의 이득을 얻었으므로 사기에 해당한다고 볼 수 있다. 이는 법원의 판결과 일치한다.

제10장
협박죄

사전에 의하면, 협박이란 "겁을 주며 압력을 가하여 남에게 억지로 어떤 일을 하도록 하다"(표준국어대사전)로 정의되어 있다. 우리는 사회 속에서 살아가면서 상대방에게 다양한 이유로 협박을 행하거나 협박을 받을 수 있다. 그렇다고 모든 협박이 위법인 것은 아니다. 예를 들어, "개조심"과 같은 소위 경고성 협박은 위법이 아니다. 반면에 정보를 공개하겠다고 협박하면서 대가를 요구하거나(뇌물수수죄), 돈을 주지 않으면 해를 끼치겠다고 협박하거나(갈취죄), 물건을 주지 않으면 물리적 해를 끼치겠다고 협박하면서 물건 등을 요구하거나(강도죄), 무조건적으로 물리적 해를 끼치겠다고 협박하는(폭행죄) 등 다양한 범죄들에 연결될 수 있는 협박은 위법이다.[1]

Gales(2010)에서는 협박을 세 가지로 분류한다. 다음 예를 보자.

(1) a. I'm going to beat you up tomorrow at noon!

b. If you don't give me $1 million, you're going to be sorry!

c. You'd better watch your back!

첫째는 '노골적인 협박(direct threat)'으로서 행위, 시간, 장소, 대상 등이 적어도 둘 이상 명료하게 제시된 경우이다(1a). 둘째는 '조건부 협박(conditional threat)'으로서 협박은 특정 행위를 행하는 상대방에게 달려있다(1b). 셋째는 '은근한 협박(veiled threat)'으로서 행위, 시간, 장소, 대상 등이 명시적으로 제시되지 않는다(1c).

협박이 언어적으로 어떻게 실현되는가는 언어마다 상이하다. 특히 위 분류에서 노골적인 협박이나 조건부 협박에 있어서 협박에 사용되는 어휘나 구문 등은 언어에 따라 달라질 수 있다. 이와 반면에 은근한 협박은 상대적으로 파악하기가 쉽지 않다. 따라서 이와 같이 다양한 모습의 협박에 대해 체계적인 분석과 설명이 필요하다.

본 장에서는 협박을 화행 이론의 관점에서 살펴보기로 한다. 다음 10.1절에서는 협박죄에 대한 법학적 논점들을 살펴본다. 그리고 10.2절에서는 협박 행위에 대한 화행이론적 논의를 제시한다. 이러한 논의들에 의거하여 다음 10.3절에서는 구체적으로 사례들을 분석해 본다.

10.1. 법학에서의 논의

협박죄는 범죄의 분류상 '자유에 관한 죄'에 속한다. 자유에 대한 죄는 자유 자체를 보호하기 위한 범죄를 말한다. 여기에는 여러 범죄들이 포함되어 있는데, 협박과 강요의 죄는 일반적인 의사결정과 의사활동의 자유를 보호하기 위한 것이고, 체포와 감금의 죄 그리고 약취/유인 및 인신매매의 죄는 사람의 장소 선택의 자유를 보호하기 위한 것이고, 강간과 추행의 죄는 개인의 애정의 자유를 보호하기 위한 것이다.[2]

협박죄는 사람을 협박함으로써 성립하는 범죄이다. 이에 대해 형법은 다음과 같이 규정하고 있다.

> 사람을 협박한 자는 3년 이하의 징역, 500만원 이하의 벌금, 구류 또는 과료에 처한다. (형법 제283조 1항)

협박죄의 보호법익은 개인의 자유로운 의사결정이다. 이는 의사결정의 자유 뿐만 아니라 그 활동의 자유도 보호법익으로 하는 강요죄(형법 제324조)와 구별된다. 그리고 협박의 결과가 재산상 이득을 가져오는 공갈죄(형법 제350조)와도 구별된다.

협박죄는 추상적 위험범으로서 상대방이 공포심을 일으켰는지 여부는 따져보지 않는다. 그리고 협박죄의 미수범도 처벌되며, 피해자의 의사에 반하여 공소를 제기할 수 없는 반의사불벌죄이다.

협박죄에 가중되는 범죄로는 신분관계에 의한 존속협박죄, 상습성으로 인한 상습협박죄, 행위실행의 방법으로 인한 특수협박죄 등이 있다.

> 존속협박죄:
> 자기 또는 배우자의 직계존속에 대하여 제1항의 죄를 범한 때에는 5년 이하의 징역 또는 700만원 이하의 벌금에 처한다. (형법 제283조 2항)

특수협박죄:

단체 또는 다중의 위력을 보이거나 위험한 물건을 휴대하여 전조제1
항, 제2항의 죄를 범한 때에는 7년 이하의 징역 또는 1천만원 이하의
벌금에 처한다. (형법 제284조)

상습협박죄:

상습으로 제283조 제1항, 제2항 또는 전조의 죄를 범한 때에는 그 죄
에 정한 형의 2분의 1까지 가중한다. (형법 제285조)

    다음은 협박죄의 구성요건을 살펴보자. 객관적 구성요건을 보면, 협박죄
는 사람을 협박함으로써 성립한다. 구체적으로 보면, 그 대상은 공포심을 느
낄 수 있는 사람이어야 하고, 그 행위는 협박이어야 한다. 협박에 대한 정의
는 의견이 다를 수 있지만, 우리나라에서는 사람으로 하여금 공포심을 일으
킬 수 있을 정도의 해악을 고지하는 것으로 보는 소위 위해범설이 다수의견
이다. 이와 반면에, 상대방이 공포심을 느꼈을 때 협박죄에 해당된다고 보는
소위 침해범설은 소수의견에 해당한다. 다음은 판례에 나타난 두 견해이다.

[다수의견]
협박죄가 싱립하려면 고지된 해악의 내용이 행위지와 상대방의 성향,
고지 당시의 주변 상황, 행위자와 상대방 사이의 친숙의 정도 및 지위
등의 상호관계, 제3자에 의한 해악을 고지한 경우에는 그에 포함되거
나 암시된 제3자와 행위자 사이의 관계 등 행위 전후의 여러 사정을 종
합하여 볼 때에 일반적으로 사람으로 하여금 공포심을 일으키게 하기
에 충분한 것이어야 하지만, 상대방이 그에 의하여 현실적으로 공포심
을 일으킬 것까지 요구하는 것은 아니며, 그와 같은 정도의 해악을 고

지함으로써 상대방이 그 의미를 인식한 이상, 상대방이 현실적으로 공포심을 일으켰는지 여부와 관계없이 그로써 구성요건은 충족되어 협박죄의 기수에 이르는 것으로 해석하여야 한다.

[반대의견]

해악의 고지에 의해 현실적으로 공포심을 일으켰는지 여부나 그 정도는 사람마다 다를 수 있다고 하더라도 이를 판단할 수 없다거나 판단을 위한 객관적인 척도나 기준이 존재하지 않는다고 단정할 것은 아니며, 사람이 현실적으로 공포심을 일으켰는지 여부를 판단할 만한 객관적인 기준 및 개별 사건에서 쌍방의 입증과 그에 의하여 인정되는 구체적인 사정 등을 모두 종합하여, 당해 협박행위로 상대방이 현실적으로 공포심을 일으켰다는 점이 증명된다면 협박죄의 기수에 이르렀다고 인정하고, 이에 대한 증명이 부족하거나 오히려 상대방이 현실적으로 공포심을 일으키지 않았다는 점이 증명된다면 협박죄의 미수에 그친 것으로 인정하면 될 것이다. 기수에 이르렀는지에 대한 의문을 해결하기 어렵다고 하여 모든 경우에 기수범으로 처벌하는 것은 오히려 "의심스러울 때는 피고인의 이익으로"라는 법원칙 등 형사법의 일반원칙과도 부합하지 아니하며 형벌과잉의 우려를 낳을 뿐이다.

(대법원 2007.9.28. 선고 2007도606 전원합의체 판결)

위험범설에 따르면, 상대방에게 공포심을 일으킬 정도로 충분한 것이면 상대방이 현실적으로 공포심을 일으켰는지의 여부와 관계없이 협박죄의 기수가 성립한다는 것이다. 이에 대한 근거로서는 공포심을 객관적으로 파악할 수 없다는 점이 주 이유로 제시된다. 이에 대한 비판은 주로 미수범 처벌규정과의 관계에서 제기된다. 미수범 처벌규정에 의하면, 미수범을 처벌하고 있는 범죄에서는 일반적으로 법익침해의 존재나 결과발생의 야기가 있어야 형법상 기수범으로 인정된다. 개인 의사의 자유를 보호법익으로 하는 협박죄의 경우 이러한 보호법익에 대한 침해가능성이 있는 것만으로 협박죄의 미수범으로 처벌되어야 하기 때문에 위해범설보다는 침해범설이 타당하다고 본다.[3]

해악의 내용에는 원칙적으로 제한이 없다. 생명, 신체, 자유, 명예, 재산, 업무, 신용 등에 대한 해악을 포함한다. 그리고 그 정도는 상대방에게 공포심을 일으킬 수 있을 정도이어야 하므로 상당히 구체적인 내용을 담고 있어야 한다. 단순한 욕설이나 폭언은 해악에 해당하지 않는다. 해악을 표현하는 방법도 제한이 없다. 언어를 사용하거나, 몸짓을 사용하거나, 다른 사람을 통한 간접적으로 표현하거나, 암시적으로 표현해도 된다.

그리고 주관적 구성요건으로 고의를 필요로 한다. 즉, 상대방에게 해악을 고지하여 공포심을 일으킨다는 인식과 의사를 내용으로 한다. 그러나 해악을 실제로 가할 의사가 있는지 여부는 협박죄 성립에 아무런 영향을 미치지 않는다.

10.2. 언어학적 논의

화행이론에서 '협박하기'가 발화수반 행위인가 아니면 발화효과 행위인가에 대해서 논란이 되어 왔다. 대부분의 연구는 협박하기는 발화수반 행위에 해당한다고 본다.[4] 즉, 협박하기 화행에서는 화자가 청자에게 해로운 어떤 일을 행하겠다는 의도를 표현하고, 청자가 화자의 이런 의도를 인지하면 성공적으로 이루어진다고 본다. 이와 반면에 몇몇 연구들에서는 협박하기를 발화효과 행위로 간주한다.[5] 그러나 후자의 견해에는 문제가 있는데, 이를 살펴보면 다음과 같다.

협박하기는 일반적으로 청자에게 두려움을 유발하는 효과를 갖는다. 협박행위가 갖는 청자에 대한 효과를 강조하여 이를 발화효과 행위로 간주할 수도 있다. 그러나 언약행위나 지시행위 등도 많든 적든 청자에게 어떤 영향을 끼친다. 즉, 효과는 대부분의 발화수반 행위에 나타난다고 볼 수 있다. 예를 들어, 약속하기의 경우, 청자가 행복감을 느끼는 효과를 갖는다고 볼 수 있다. 또한 8장에서 살펴본 바와 같이, 발화효과는 암암리에 발화수반 행위와 연결되어 있다. 즉, 발화수반 행위는 어떤 발화효과를 내포한다. 따라서 협박하기에서 나타나는 효과는 발화수반 행위 전반에서 나타나는 효과에 다름 아니라고 볼 수 있다.[6] 본 장에서는 협박하기를 발화수반 행위로 간주하며, 이는 법조계에서 제시하는 협박죄에 대한 위해범설을 지지해준다고 볼 수 있다. 즉, 발화수반 행위는 청자에게 미치는 효과는 고려하지 않고서 화자가 의도한 행위에 초점을 두기 때문에 협박죄에 대한 위해범설과 연결된다.

다음은 발화수반 행위로서의 협박하기를 살펴보기로 한다. 먼저 협박하기를 약속하기와 더불어 언약행위의 하나로 분류하고, 단순히 약속하기의 반대 화행으로 간주할 수도 있다. 약속은 상대방에게 이로운 일을 한다는 것이지만, 협박은 상대방에게 해로운 일을 한다는 것이기 때문이다.[7] 또는 협박하기 화행을 경고하기 화행의 확장으로 간주하는 연구가 있다.[8] 또한 어떤 연구들에서는 보다 구체적인 기준들에 의해서 협박하기를 경고하기와 약속하기에 비교함으로써, 협박하기의 속성을 파악하려고 한다.[9] Fraser(1998)에서는 다음과 같이 관련 화행들을 비교한다.

	Threatening	Warning	Promising
To S's benefit	no	no	no
To H's benefit	no	yes	yes
To S's benefit	no	no	no
To H's benefit	yes	no	no
S controls outcome	yes	?	yes
S committed to act	no	no	yes

〈표 1〉 협박하기, 경고하기, 약속하기의 비교

위 표에 따르면, 협박하기, 경고하기, 약속하기 화행은 화자의 이익/해로움과는 관련없다는 점에서 공통적이다. 그리고 협박하기는 언급한 행위의 의무가 없다는 점에서 경고하기와 유사하고, 화자가 그 결말을 통제가능하다는 점에서 약속하기와 유사하다. 그러나 협박하기가 화자에 유리한가에 대해서는 논란이 있다. 어떤 연구들에서는 협박하기가 화자에게 이로움을 가져다주는 것으로 본다. 하지만 협박하기 화행의 수행 결과가 반드시 화자에게 이롭다고 말할 수는 없다. 여하튼 Fraser(1998)은 위와 같이 협박하기를 경고하기나 약속하기 화행들과 구분하며, 이를 토대로 협박하기 화행의 성공을 위해서 다음과 같은 필수 조건들을 설정한다.

(2) a. 화자는 어떤 행위를 하고자 의도하거나, 그 행위를 의뢰하는 책임을 지고 있다.
   b. 이 행위가 청자 측에 호의적이지 않은 사태를 가져올 것으로 화자는 믿는다.
   c. 청자가 그 의도를 알게 함으로써, 화자는 청자를 위협하고자 의

도한다.

본 장에서는 위 (2)를 포함하여 기존 연구들에서[10] 제시된 조건들을 토대로 다음과 같이 협박하기의 적정조건들을 제시한다.

A. 명제내용 조건: 화자의 미래행위
B. 준비조건:
  (i) 그 행위는 화자의 개입없이는 일어나지 않을 것이라는 점이 화자, 청자 모두에게 가정된다.
  (ii) 그 행위가 청자에게 나쁠 것이라고 화자는 믿는다.
C. 성실성조건: 화자는 자기가 행위를 이행하고자 한다는 점을 청자가 믿어주길 바란다.
D. 본질조건: 화자의 발언이 청자를 위협한다는 취지로 이해된다.

먼저 명제내용 조건은 화자의 미래행위로 볼 수 있다. 다음, 준비 조건으로서 미래행위가 화자의 개입에 의해서 발생하는 것으로 본다. 이는 기존 연구들에서 언급한 화자의 통제 가능성을 반영한 조건으로서 이 조건 때문에 경고하기 화행과 구분된다. 또 다른 준비 조건으로서 화자의 미래행위가 청자에게 해로운 것이어야 한다. 이는 협박하기를 약속하기와 구분시켜 준다. 다음, 성실성 조건으로서는 다른 언약행위들처럼 화자의 의도가 표현되어야 한다. 협박하기에서는 화자 자신이 그 행위를 행할 의도를 지니고 있음을 청자에게 믿게 하려는 의도가 있어야 한다고 볼 수 있다. 이러한 화자의 의도 유무에 따라 진정한 협박과 거짓 협박이 구분된다. 끝으로 본질 조건은 협박하기의 본질적 특성을 반영해야 한다. 즉, 대부분의 기존 연구들이 공통적으로 언급하고 있는 바와 같이, 화자가 자신의 발화를 통해서 청자를 위협하고자 한다는 점을 들 수 있다. 그리고 이 조건으로 인해 협박이 농담, 약속, 경고 등과 구분된다.

10.3. 사례 분석

본 절에서는 앞서 제시한 협박하기 적정조건들에 의하여 협박죄와 관련한 판결문들을 분석해보도록 한다.

■ 판례 1
다음의 판례를 보자.[11]

> 피해자 공소외 1이 대학설립 추진을 빙자하여 대학부지 내 택지 및 상가지역 분양 명목으로 공소외 2로부터 받은 돈을 변제하지 못하여 독촉을 받고 있는 상황에서, ×× 경찰서 정보보안과 소속 경찰공무원인 피고인이 2003. 5. 30. 12:30경 피해자에게 전화를 걸어 "나는 ×× 경찰서 정보과에 근무하는 ××× 형사다. 공소외 2가 집안 동생인데 돈을 언제까지 해 줄 것이냐. 빨리 안 해주면 상부에 보고하여 문제를 삼겠다."라고 말하였다.

위 대법원 판결에서는 피고인의 발화가 사람으로 하여금 공포심을 일으키게 하기에 충분한 정도의 해악의 고지에 해당한다고 볼 수 있어서 원심과 마찬가지로 협박죄가 성립한다고 보았다.

이에 대해 화행이론적 분석을 시도해보자. 먼저 명제내용조건을 보면, 관련 발화 "상부에 보고하여 문제를 삼겠다"는 미래행위에 해당하므로 이를 충족시킨다. 그리고 준비조건과 관련하여, 피고인이 경찰공무원임으로 관련 발화의 내용을 행할 위치에 있어 실행할 수 있고, 이 내용이 발생할 경우 이는 피해자에게 불이익을 가져올 수 있다. 따라서 준비조건 (i), (ii)를 모두 충족시킨다고 볼 수 있다. 또한 피고인은 자신의 협박행위 의도를 피해자에게 믿게끔 문맥을 조성하여 성실성 조건을 만족시킨다. 그리고 피고인은 협박내용을 통해 궁극적으로는 피해자에게 두려움을 일으켜 원래의 목적을 달성하고자 의도한 것으로 볼 수 있어서 본질 조건을 만족시킨다. 결과적으로 위 사건은 제시된 적정조건들을 모두 충족시켜 협박죄를 구성한다고 볼 수 있다.

명제내용조건	√
준비조건 (i)	√
준비조건 (ii)	√
성실성 조건	√
본질조건	√

〈표 2〉 판례 1의 '협박하기' 적정조건

■ 판례 2

다음의 판례를 보자.[12]

피고인이 2004년 7월 중순 일자불상 20:00경 피고인의 자취방으로 피해자 공소외인을 데리고 가, 피해자가 차를 함께 마시자는 피고인의 제의를 거절하고 만나주지 않으려고 하였다는 이유로, 선풍기 리모컨 등을 집어던지고 피고인의 왼손을 도마 위에 올려놓고 흉기인 부엌칼을 오른손에 든 채 손가락을 자를 듯한 모습을 보이고, 다시 "배를 가르고 창자를 꺼내어 보여준다."라고 말하면서 부엌칼을 피고인의 배에 대고 긋는 시늉을 하는 등 여성인 피해자가 보는 앞에서 잔인한 행위를 해서 피해자에게 엄청난 정신적 위해를 가할 것 같은 태도를 보여 피해자를 협박하였다.

이에 대한 판결은 원심과 항소심이 다르다. 원심은 피고인이 공소사실과 같이 피해자가 보는 앞에서 자해할 듯한 태도를 보인 것만으로는, 그로 인하여 피해자가 공포심을 느꼈다 하더라도, 피해자 등의 법익에 대한 침해를 고지하였다고 보기 어렵다는 이유로 무죄를 선고하였다. 그러나 항소심에서는 피고인의 행동은 피해자에게 공포심을 일으켜 의사결정이나 행동의 자유를 침해할 수 있는 행위라고 보고서 협박죄의 '협박'에 해당한다고 판결하였다.

이에 대하여 화행이론적 분석을 보자. 협박 발화 "배를 가르고 창자를 꺼내어 보여준다"는 미래행위임으로 명제내용조건을, 피고인이 관여하는 행위라는 점에서 준비조건 (i)을, 그리고 피고인이 실제 행위를 연출함으로써 피해자에게 믿게 의도하였다는 점에서 성실성 조건을 충족한다. 또한 발화를 통해 궁극적으로는 피해자에게 겁을 주어 원래 목적을 달성하려고 했다는 점에서 본질 조건을 충족한다. 그러나 준비조건 (ii)의 경우 발화의 내용이 피해자에게 반드시 나쁜 것이라고 말할 수 없어서 이를 충족하지 못한 것으로 볼 수 있다. 따라서 화행이론의 측면에서 보면 문제의 발화는 협박하기 화행을 실행하지 못한다고 말할 수 있다.

명제내용조건	√
준비조건 (i)	√
준비조건 (ii)	×
성실성 조건	√
본질조건	√

〈표 3〉 판례 2의 '협박하기' 적정조건

■ 판례 3

다음의 판례를 보자.[13]

　　피고인은 1992.7.7. 20:00경 전남 ××× 소재 피고인의 집 옆 수박밭에서, 그 이전부터 수박이 없어지는 것을 수상하게 여기고 수박밭에 숨은 채 지키고 있던 중 마침 은행나무 잎을 따기 위하여 위 수박밭 부근을 서성대는 피해자(13세, 여)을 발견하게 되자 피해자가 그 동안 수박을 들고 간 것으로 경신한 나머지, 위 피해자를 불러세운 다음 피해자에게 "도둑 잡았다", "어제도 그제도 네가 수박을 따갔지", "학교에 전화를 하겠다"는 등으로 말하면서 자신의 소행이 아님을 극구 변명하는 피해자를 윽박지르고, 이어 "가자"라고 말하면서 피해자를 앞세우고 [⋯] 공소외의 집까지 간 다음 피해자의 손목을 잡고 위 공소외인의 집안으로 끌고 들어가 위 공소외인에게 "이것이 수박밭에 들어왔더라"라고 말하고 계속하여 위 공소외인의 만류로 피해자를 돌려보내면서도 피해자에게 "앞으로 수박이 없어지면 네 책임으로 한다"는 등으로 말하면서 마치 피해자에게 어떠한 위해를 가할 듯한 태도를 보여 피해자를 협박하였다는 것이다.

원심은 "학교에 전화를 하겠다"라는 부분과 "앞으로 수박이 없어지면 네 책임으로 한다"라는 부분이 피해자를 협박하였다고 보았으나, 항소심에서는 "앞으로 수박이 없어지면 네 책임으로 한다"고 말한 것은 해악의 고지라고 보기 어렵다는 이유에서 원심판결을 파기하였다.

이에 대하여 화행이론적 분석을 보자. 협박 발화 "앞으로 수박이 없어지면 네 책임으로 한다"에 대해 적정조건들을 검토해 보면, 먼저 미래행위에 해당함으로 명제내용조건을 충족시킨다. 준비조건의 경우 피고인이 피해자에게 그 책임을 지울 위치에 있고, 그럴 경우 피해자에게 나쁜 영향을 끼친다. 따라서 준비조건들을 충족시킨다. 그리고 피고인이 발화 내용을 실제로 행할 의도가 있다고 나이어린 피해자는 믿을 수 있기 때문에 성실성조건을 만족시킨다. 본질조건의 경우, 문맥상 관련 발화는 피해자에게 훈계하려는 것이 주된 목적으로 보이고, 반드시 피해자에게 두려움을 일으킨다고 볼 수 없다. 따라서 본질 조건을 충족시키지 못한다고 볼 수 있다. 결과적으로 문제의 발화는 협박하기 화행을 갖지 못하는 것으로 볼 수 있다. 이러한 화행이론적 분석은 항소심의 판결과 동일한 결론에 도달한다.

명제내용조건	√
준비조건 (i)	√
준비조건 (ii)	√
성실성 조건	√
본질조건	×

〈표 4〉 판례 3의 '협박하기' 적정조건

■ 판례 4

다음의 판례를 보자.[14]

> 피고인은 2010. 12. 10. 21:39경 서울 마포구 서교동 (지번 생략) 에 있는 ×× 예식장 앞 공중전화로 수원중부경찰서 지령실로 전화하여 그 곳에서 근무하는 피해자 경위 공소외 2에게 "수원시 공소외 1 정당 경기도당에 폭발물을 설치하였다"라고 말하고 이어 같은 날 21:55 경 같은 동 357호에 있는 지하철 2호선 합정역 1번 출구 앞 공중전화로 같은 곳에 전화하여 위 피해자에게 같은 말을 하여 협박하였다. 피고인은 2010. 12. 11. 23:14경 서울 중구에 있는 공중전화로 같은 곳에 전화하여 그곳에서 근무하는 피해자인 경찰관 경위 공소외 3에게 "나는 공소외 4대표 아들인데, <u>오늘밤 12시안으로 수원시 공소외 1 정당 당사를 폭파하겠다.</u> 빨리 잡으러 와 ××××"라고 말하고, 이어 같은 날 23:35경 서울 중구에 있는 ×× 빌딩 앞 공중전화로 같은 곳에 전화하여 위 피해자에게 같은 말을 하여 협박하였다.

원심은 피고인이 공소외 정당 경기도당 당사를 폭파하겠다고 말한 행위는 고지한 해악의 내용과 고지의 방법, 태도 등에 비추어 공공의 안녕과 질서 유지의 임무를 수행하는 경찰관의 입장에서 명백한 장난을 넘어서 실현가능성이 있다고 생각 할 수 있을 정도에 이르렀다고 하여 협박죄를 인정하였다. 그러나 대법원에서는 피고인은 갑 정당에 관한 해악을 고지한 것이므로 각 경찰관 개인에 관한 해악을 고지하였다고 할 수 없다고 보고 원심판결을 파기했다.

이에 대한 화행이론적 분석은 다음과 같다. 먼저 피고인의 발화 "…정당 당사를 폭파하겠다"는 미래행위에 해당되어 명제내용조건을 만족시킨다. 그리고 폭발물의 설치는 피고인이 관련함으로 준비조건 (i)을 충족시킨다. 그러나 준비조건 (ii)의 경우 이러한 발화 내용의 실현이 피해자인 경찰관 개인에게 해로울지는 의문이다. 정당건물의 경호를 책임짓는 경찰관인 경우, 협박내용이 실현될 경우 임무소홀로 문책당하여 간접적으로 불리해질 수 있지만, 정당건물의 경호와 관련없는 일반 경찰관의 경우는 유불리를 말할 수 없다. 따라서 준비조건 (ii)가 충족된다고 말할 수 없다. 한편 피고인이 여러 차례 전화를 한 것으로 보아 협박내용을 실행할 의도가 있음을 피해자에게 믿게끔 의도하였다고 판단할 수 있어서 성실성 조건을 충족한다. 그리고 경찰관인 피해자가 해당 정당과 직접적인 관련이 없으면 정당 건물의 폭발 위협은 피해자 개인에 대한 위협으로 간주되지 않는다. 따라서 본질조건을 충족시키지 못한다. 결론적으로 문제의 발화는 협박하기 화행을 갖지 못하는 것으로 볼 수 있다.

명제내용조건	√
준비조건 (i)	√
준비조건 (ii)	×
성실성 조건	√
본질조건	×

〈표 5〉 판례 4의 '협박하기' 적정조건

제11장
교사범

범죄에 관여하는 형태에 따라 정범(Täterschaft)과 공범(Teilnahme)으로 구분된다. 정범은 범죄의 각 개별구성요건을 실현한 자로서, 예를 들어 '사람을 살해한 자'나 '사람의 신체를 상해한 자'와 같이 범죄를 스스로 실행하여 구성요건을 충족한 자이다. 이와 반면에 공범은 타인의 범죄를 교사 또는 방조하여 타인이 정범으로 범하는 범죄에 가담하게 되며, 여기에는 교사범과 종범으로 구분된다.[1]

교사범(Anstiftung)의 개념 성립을 살펴보자.[2] 교사는 중세말까지 원칙적으로 처벌하지 않았다. 개인은 원칙상 자신의 범죄에 대해 스스로 책임을 지고, 배후자는 그 범죄에 대해 책임을 지지 않는 것으로 보았다. 18세기 말에 이르러 자연법 영향을 받아 인과법칙에 따라 범죄주체는 주모자(Urheber)와 방조자(Gehilfe)로 구분되었다. 그후 주모자를 육체적 주모자(physischer Urheber)와 지적 주모자(intellektueller Urheber)로 구분하고 동일하게 처벌하였다. 여기서 지적 주모자는 위법한 범행을 유발하도록 타인의 의지를 지

배하는 자를 의미하며, 오늘날의 교사범에 해당한다. 그리고 육체적 주모자
는 정범에 해당한다.

본 장에서는 언어표현을 사용하여 특정 범죄를 교사한 교사범에 대하여
화행이론의 관점에서 분석하도록 한다. 먼저 11.1절에서는 교사범에 대한
법률적 요건들을 살펴본다. 다음 11.2절에서는 화행이론적 분석방법을 제시
한다. 그리고 이를 토대로 11.3절에서는 관련된 사례들을 분석하도록 한다.

11.1. 법률적 요건

교사범이란 타인을 부추겨 범죄를 범하도록 한 자를 가리킨다. 이를 형법
제31조 1항은 "타인을 교사하여 죄를 범하게 한 자는 죄를 실행한 자와 동일
한 형으로 처벌한다"고 규정한다. 실행행위에 따라 교사는 구체적으로 다음
과 같이 세분화된다: 살인교사, 중상해교사, 범인도피교사, 낙태교사, 증거인
멸교사, 증거위조교사, 위증교사, 공갈교사, 공무집행방해교사 등. 교사범은
범죄를 직접 실행하지 않는다는 점에서 (공동)정범과 구별된다. 하지만 교사
자는 피교사자가 실행한 범죄의 불법을 그에게 귀속시킬 정도로 범죄실현에
대해 규정적 역할을 하기 때문에 방조범과 구별된다. 여기서 방조범이란 "타
인의 범죄를 방조한 자"이다(형법 제32조 1항).

교사범이 성립되기 위한 요건으로는 ㄱ) 교사자의 교사 행위, ㄴ) 피교사
자의 실행 행위, 그리고 ㄷ) 교사와 범죄 사이의 귀속연관성을 든다. 교사가
성공하지 못한 경우('교사의 미수')로는 다음의 경우들을 들 수 있다. 첫째, 교
사자가 교사 자체에 실패한 경우로서 처벌유무는 학설에 따라 다르다. 둘째,

교사에 성공하였으나, 피교사자가 실행에 착수하지 않았거나 미수에 그친 경우이다. 이는 엄밀한 의미로 교사범에 해당되지는 않지만, 국내에서는 예비, 음모에 준하여 처벌하고 있다(형법 제31조 2항, 3항).

따라서 교사범의 성립요건들 중에서는 교사 행위가 중요함을 알 수 있다. 교사 행위를 자세히 살펴보자. 교사 행위는 타인에게 범죄의 결의를 갖게 의사소통적 행위로 정의된다. 그리고 그 수단으로는 제한이 없지만, 보통 명령, 지시, 설득, 애원, 요청, 유혹, 감언, 이익제공 등의 형태로 나타날 수 있다. 교사 행위는 의사소통적 행위일 뿐이므로 범죄의 실행에 이르지 않아야 한다. 범죄실행의 의미를 갖게 되면 교사범이 아니라 정범이 된다.

교사 행위가 성립하기 위해서는 교사자의 고의를 필요로 한다. 교사자의 고의는 피교사자에게 특정한 범죄를 범하도록 부추길 의사와, 피교사자에 의해 범죄를 실행할 의사를 구비해야 한다.[3] 이러한 이중의 고의가 없는 경우는 교사범으로 처벌이 불가하다. 예를 들어, 함정수사와 같이 교사자가 피교사자로 하여금 범죄를 착수하게 하되 범죄의 완성을 원하지 않는 경우는 미수의 교사로서 처벌이 불가하다. 또한 미수의 교사에서 피교사자가 교사자의 의도와는 달리 기수에 이른 경우인 과실 교사에도 교사범으로 처벌이 불가하다. 예를 들어, 의사 A가 독약을 약품으로 오인하여 간호사 B에게 교부하고, 그 간호사가 그 독약을 환자 C에게 복용하게 한 경우에 A는 교사범이 아니라 B와 함께 업무상 과실치사죄의 공동정범에 해당한다.

한편, 교사자의 교사내용과 피교사자의 실행행위가 일치하지 않는 실행행위의 착오를 보자. 교사행위와 실행행위가 전혀 다른 불법유형일 경우, 교사된 범죄의 예비/음모죄만 성립한다. 예를 들어, 갑이 을에게 병의 자동차를 훔치라고 교사했는데 을은 수락하고서 병을 살해했다면, 갑에게는 절도의 예비/음모죄만 성립한다. 다른 한편, 교사행위와 실행행위가 비본질적인 부분에서만 불일치하는 경우를 보자. 첫째, 피교사자가 교사받은 것보다 적게 실행한 때에는 교사자는 피교사자가 실행한 범위에서 책임을 져야 한다. 예를 들어, 특수강도를 교사받은 피교사자가 강도죄를 범한 경우는 강도죄의 교사범이 된다. 둘째, 이와는 달리 피교사자가 교사받은 이상으로 실행한 경우, 교사자는 실행행위가 교사자의 공의에 부합하는 범위만 책임을 지고 초과부분은 원칙적으로 책임을 지지 않는다. 예를 들어, 상해를 교사하였는데 살인을 한 경우에는 상해죄의 교사범이 된다.

11.2. 언어학적 분석

본절에서는 8장에서 살펴본 언어범죄에 대한 화행이론적 접근법에 따라 교사죄에 대한 설명을 시도한다. 먼저 교사죄는 협박죄 등과 같이 행위 뿐만 아니라 그 결과를 요구하는 결과범에 속한다. 예를 들어, 살인교사는 교사 행위와 살인이 존재해야 한다. 살인이 일어나지 않는 경우 실패한 교사에 해당한다. 따라서 교사죄에 관련된 발화는 발화수반 행위와 발화효과 행위 외에도 발화의 결과물인 발화효과가 존재해야 한다.

화행이론에 따르면, 모든 발화는 수행 발화이기 때문에 어떤 발화수반 행위를 갖는다. 그리고 행위의 결과는 발화효과 행위에 의해서 이루어진다. 따라서 행위와 결과를 요하는 언어범죄에서 관련하는 발화는 발화수반 행위와 발화효과 행위를 갖는다.

먼저 교사죄와 관련되는 발화수반 행위로는 교사행위의 속성상 '요구하

기'를 들 수 있다. '요구하기' 발화수반 행위의 적정조건을 제시하면 다음과
같다.

> (2) '요구하기' 적정조건
>> (a) 명제내용조건: 청자 H의 미래 행위 A
>> (b) 준비조건: (i) 화자 S는 H가 A를 할 수 있다고 믿는다. (ii) H가
>> 요구받지 않고서도 A를 할 것인지가 분명하지 않다.
>> (c) 성실성조건: S는 H가 A하기를 원한다.
>> (d) 본질조건: 언어표현 e를 발화하는 것은 H로 하여금 A를 하도록
>> 하는 시도로 간주된다.

위의 적정조건들 중 하나라도 위배되면, 그 경우는 '요구하기' 발화수반 행위
를 구성하지 못하여 교사 행위의 실패에 도달한다. 우리는 법률상 실패한 교
사 행위를 이러한 적정조건의 위반으로 설명할 수 있다.

첫째, 특정되지 않은 다수인에 대해 막연히 죄를 범하라고 하는 것은 청
자와 행위에 대해 명시적으로 제시하기를 요구하는 명제내용조건을 위반하
는 것으로 볼 수 있다. 둘째, 책임능력이 없는 소년이나 미친 사람에게 교사
하는 것은 준비조건 (i)을 위반하는 경우로서, 이는 간접정범에 해당한다. 또
한 피교사자가 이미 범죄를 결의하고 있을 때 교사하는 것은 준비조건 (ii)을
위반하는 것으로 볼 수 있다. 셋째, 앞서 언급한 과실에 의한 교사나 농담, 과
장, 정치적 발언 등은 화자의 의도와 관련된 성실성 조건을 위반하는 경우로
볼 수 있다. 예를 들어, 갑이 을에게 "저 나쁜 병을 혼좀 내줘라"라고 말했고,
평소 갑의 말을 존중하고 잘 따르던 을은 갑의 말을 병에게 상해를 가하라는
뜻으로 오해하고 병을 상해하였다. 이 경우, 법적으로는 과실에 의해 교사가

성립한다고 본다. 그러나 언어학적으로 보면, 갑은 을이 병에게 상해입히기를 원하지는 않았다. 즉, 성실성 조건을 위반하여 요구하기 발화수반 행위를 구성하지 못한다.

다음은 교사죄에 관련된 발화효과 행위를 살펴보자. 써얼은 발화수반 행위와 발화효과 행위가 어느 정도 연결되어 있음을 지적하면서, 예를 들어 "요구하기를 통해 무언가를 하도록 시킬 수 있다"고 본다.[4] 이에 따라 우리는 교사죄와 관련된 발화효과 행위로서 '시키기'를 설정하기로 한다. 그리고 다음에서 언급한 바와 같이, 이러한 발화효과 행위의 행사를 통해 상대방의 설득이라는 발화효과를 목표로 한다고 볼 수 있다.

> "교사죄의 가장 중요한 부분은 사용된 특정 화행이라기 보다는 그 화
> 행의 목표이다. 관련된 모든 화행은 상이한 방식으로 그 밖의 누군가
> 를 범죄에 관여하도록 유도하거나 설득하려는 목표를 가질 수 있다."
> (Solan and Tiersma, 2005: 181f.)

우리는 지금까지의 논의를 토대로 하여 교사죄 관련 발화가 갖는 행위를 다음과 같이 도식으로 제시할 수 있다.

"화자는 청자 H에게 행위 A를 요구함으로써,　H가 A하도록 유도한다."
발화수반 행위　　　　　　+　　　　발화효과 행위
('요구하기')　　　　　　　　　　　('시키기')

즉, 교사 행위는 발화수반 행위 '요구하기'와 발화효과 행위 '시키기'로 구성

된다. 그리고 발화효과로서 특정행위 수행으로의 유도하기 내지 설득하기를 갖는다. 이러한 도식은 교사범에 대한 법률적 개념들을 반영하고 있다. 교사자의 '이중고의' 개념의 경우, 발화수반 행위가 첫 번째 고의에, 그리고 발화효과 행위가 두 번째 고의에 해당한다고 볼 수 있다. 두 번째 고의가 충족되지 않는 미수의 교사나 과실 교사는 발화효과 행위가 없는 경우이다. 그리고 교사죄의 구성요건으로 들고 있는 교사 행위와 실행 행위 간의 귀속 연관성은 위 도식에서 나타나는 행위 A가 실행 행위와 동일한지 점검함으로써 파악할 수 있다. 실행 행위가 교사 행위와 일치하지만 부수적인 면들이 일치하지 않는 경우는 교사죄가 성립한다. 이와는 달리 두 행위가 전혀 다른 경우는 교사된 범죄의 예비/음모죄만 성립한다.

한편, 의도된 발화효과의 성공적 실현을 위해서는 이를 야기하는 발화수반 행위와 발화효과 행위가 성공적으로 수행되어야 한다. 발화수반 행위 '요구하기'의 수행여부는 고전적 화행이론의 적정조건 (2)에 의해 파악되지만, 발화효과 행위 '시키기'의 경우 다른 개념이 필요하다. 아래에서는 이를 살펴보기로 한다.

발화효과 행위는 청자에게 수용되어 관련 효과나 반응을 야기한다. 그러나 발화효과는 그 속성상 화자에 의해 항상 의도되는 것이 아니고, 화제의 통제를 벗어난다.[5] 그러므로 '의도된' 발화효과가 '실제적' 발화효과가 되기 위해서는 발화효과 행위가 청자에게 수용될 수 있는 물리적 환경이 조성되어야 한다.[6] 이를 위해서는 그러한 물리적 환경으로서 우리는 하버마스의 '권력주장(Machtanspruch)' 개념을 가져오기로 한다.

6장에서 살펴본 하버마스의 행위유형론에 의하면, 상호이해를 지향하는 '의사소통적 행위'는 성공을 지향하는 '전략적 행위'와 구분된다. 즉, 의사소통

행위는 행위자가 상호이해, 동의를 목표로 하는 행위이고, 전략적 행위는 행위자가 자신의 행위 계획을 실현하기 위해 타인에 대해 영향력을 행사하려고 하는 행위이다.

교사죄와 관련된 발화는 그 성격상 전략적 행위에 속한다고 볼 수 있다. 특히 관련 발화가 갖는 발화효과 행위 '시키기'로 인해 전략적 행위의 속성이 강하게 나타난다고 볼 수 있다. 하버마스가 제안하는 행위들은 그 성공적 수행을 위해 나름의 요구조건을 충족시켜야 하는데, 전략적 행위의 경우 소위 '권력주장(Machtanspruch)'을 제기한다. 권력주장이란 규범적으로든 사회적으로든 어떤 정당한 근거를 갖지 않은 일방적인 강제력의 행사를 말한다. 즉, 화자의 발언이 어떠한 제도적, 규범적 근거에 기반하지 않고 지위나 물리적 힘에 의한 협박이나 재산 유혹 등과 같은 외적인 제재조건과 결합되어 이루어진다. 이때 청자는 그러한 제재조건에 동의하게 되고, 그 결과 화자는 자신의 전략적 행위를 성공적으로 이행하게 된다. 그러므로 우리는 교사죄를 구성하는 발화가 갖는 발화효과 행위는 권력주장의 충족여부에 따라 성공여부가 결정된다고 볼 수 있다.

다음 절에서 교사죄 관련 발화들이 지금까지 논의한 화행이론에 의해 어떻게 분석될 수 있는지 구체적인 판례를 통해 살펴보기로 한다.

11.3. 사례 분석

다음은 교사죄와 관련되는 판례들에서 교사행위에 해당하는 발화에 대하여 화행이론의 시각에서 분석하도록 한다.

■ 판례 1

다음의 판례를 보자.[7]

> 피고인은 2009. 3.경부터 공소외 1(대법원판결의 공소외인)과 사귀어 오던 중, 2010. 5. 21.경 공소외 1이 피고인의 아이를 임신한 사실을 알게 되었다. 피고인은 2010. 5. 29.경 서울 광진구 광장동에 있는 'W호텔' 객실에서 위 공소외 1에게 "아이에 대해서 다시 생각해 봐라, 결혼한 후에 아이는 다시 천천히 가지자"라고 말하고, 이에 위 공소외 1이 "무슨 소리냐! 말도 안되는 소리 하지 마라!"라고 화를 내며 거부하자, 다음 날인 2010. 5. 30.경 서울 강남구 언주로 712에 있는 강남세브란스병원 주차장에서 다시 위 공소외 1에게 "나는 전문의 과정을 더 밟아야 되고 아빠가 될 준비가 안되어 있다, 결혼을 하고 아이를 낳는 것이 순리다."라고 말하고, 2010. 6. 2.경 서울 광화문에 있는 ×××× 한정식 식당에서 아이를 낳겠다며 낙태를 거부하는 위 공소외 1에게 "아이를 지우는 것이 좋겠다, 임신 주수가 얼마 되지 않는 태아의 경우에는 수술이 아니라 기구를 이용해서 흡입을 하기 때문에 산모의 건강에는 아무런 이상이 없다."라고 재차 말하여, 위 공소외 1에게 낙태할 것을 마음먹게 하고, 위 공소외 1로 하여금 2010. 6. 8. 18:00경 서울 강남구 압구정동에 있는 '○○산부인과'에서 임신일수가 6주인 태아에 대한 낙태시술을 받게 함으로써 낙태를 교사하였다.

대법원 판결에서는 피고인이 상대방에게 직접 낙태를 권유할 당시뿐만 아니라 출산 여부는 알아서 하라고 통보한 이후에도 계속 낙태를 교사하였고, 상대방은 이로 인하여 낙태를 결의·실행하게 되었다고 보고, 피고인에게 낙태교사죄를 인정한 원심판단을 정당하다고 판결하였다.

화행이론의 시각에서 보면, 먼저 발화수반 행위를 점검해보자. 피고인의 발화 "아이를 지우는 것이 …"에 대해 낙태에 대한 '요구하기' 적정조건들을 다음과 같이 점검해볼 수 있다.

명제내용조건	√
준비조건 (i)	√
준비조건 (ii)	√
성실성조건	√
본질조건	√

〈표 1〉 판례 1의 '요구하기' 적정조건

명제내용은 '청자의 낙태 행위'이고, 청자가 낙태 시술받을 수 있다고 화자가 믿는다고 보아 준비조건 (i)을 만족시킨다. 또한 지시받지 않으면 청자가 낙태 시술을 받을 건지가 불분명하므로 준비조건 (ii)를 충족시킨다. 그리고 청자가 낙태시술받기를 화자는 원하므로 성실성 조건도 만족시킨다. 끝으로 관련 발화는 청자에 대한 낙태 지시의 시도로 간주되어 본질 조건도 충족시킨다. 즉, 판결요지에 나타나는 상황에 비추어 보면, 피고인의 발화는 요구하기의 네 가지 적정조건들을 만족시킨다. 따라서 위 발화는 '요구하기' 발화수반 행위를 충족시킨다고 볼 수 있다.

다음 발화효과 행위를 점검해보자. 피고인의 발화 "나는 전문의 과정을 …"는 남편의 역할을 포기할 수 있다는 강압적 표현으로서 일종의 협박에 해당한다고 볼 수 있고, 이는 즉 상대방에게 권력주장을 제기한 것이다. 따라서 '시키기'의 발화효과 행위가 존재하는 것으로 볼 수 있다.

종합하면, 피고인의 발화는 교사행위에 관련된 발화수반 행위와 발화효과 행위를 갖고, 청자에게 낙태수술을 받도록 설득하는 발화효과를 갖는 것으로 볼 수 있다. 이러한 화행이론 기반의 분석은 법적 판단과 일치한다.

■ **판례 2**

다음의 판례를 보자.[8]

> 피고인이 위 이××, 최××, 박×× 등이 절취하여 온 장물을 판시와 같이 상습으로 19회에 걸쳐 시가의 3분의1 내지 4분의 1의 가격으로 매수하여 취득하여 오다가, 위 이××, 최××에게 일제 드라이버 1개를 사주면서 "박××가 구속되어 도망 다닐려면 돈도 필요할텐데 열심히 일을 하라(도둑질을 하라)"고 말하였다면, 그 취지는 종전에 위 박×와 같이 하던 범위의 절도를 다시 계속하여 하라, 그러면 그 장물은 매수하여 주겠다는 것으로서 절도의 교사가 있었다고 보아야 할 것이고, 구체적으로 언제, 누구의 집에서, 무엇을 어떠한 방법으로 절도 하라고 특정하여 말하지 아니 하였다고 하여 이와 같은 피고인의 말이 너무 막연해서 교사 행위가 아니라거나 절도교사죄가 성립하지 않는다고 할 수는 없다. 또한 교사범의 교사가 정범이 죄를 범한 유일한 조건일 필요는 없으므로, 교사행위에 의하여 정범이 실행을 결의하게 된 이상 비록 정범에게 범죄의 습벽이 있어 그 습벽과 함께 교사행위가 원인이 되어 정범이 범죄를 실행한 경우에도 교사범의 성립에 영향이 없다 할 것이다.

먼저, 피고인의 발화에 대해 '요구하기' 발화수반 행위의 적정조건들을 점검해 보면 다음과 같다.

명제내용조건	√
준비조건 (i)	√
준비조건 (ii)	×
성실성조건	√
본질조건	√

〈표 2〉 판례 2의 '요구하기' 적정조건

명제 내용은 이×와 최×가 미래에 행할 도둑질이 해당한다. 피고인은 이×와 최×가 도둑질을 할 수 있다고 믿으므로 준비조건 (i)을 충족시킨다. 그러나 관련 발화는 준비조건 (ii)를 충족시키지 못한다고 볼 수 있다. 청자들은 도둑질을 습관적으로 해오던 사람들이어서 피고인의 해당 발화 없이도 도둑질을 할 가능성이 크기 때문이다. 그외 피고인은 이×와 최×가 도둑질을 계속 하길 원하므로 성실성 조건을 충족시키고, 이러한 피고인의 발화는 이×와 최×에게 도둑질을 시키는 것으로 간주되므로 본질 조건도 충족시킨다. 이상으로 보건데, 관련 발화는 '요구하기' 발화수반 행위의 두 번째 준비조건을 충족시키지 못하여, 절도의 '요구하기' 발화수반 행위가 일어나지 않는다.

다음 발화효과 행위와 관련하여, 피고인은 상대방에게 갖는 금전적 우위 등을 통해 권력주장을 제기하여 '시키기' 발화효과 행위를 갖는다고 볼 수 있다. 그럼에도 관련 발화수반 행위가 일어나지 않아 교사행위가 성립하지 못하는 것으로 본다. 이러한 화행이론 기반의 분석은 절도 교사죄에 해당한다고 결론짓는 법적 판결과는 다르다.

■ 판례 3

다음의 판례를 보자.[9]

> 기록을 검토하여 보니 피고인이 연소한 제 1심 상피고인 박××에
> 게 밥 값을 구하여 오라고 말한 점이 절도범행을 교사한 것이라고 볼
> 수 없다고 단정한 조치에 수긍이 가며 거기에 상고이유에서 주장하는
> 바와 같은 교사범에 관한 법리오해가 있다고 할 수 없다. 그러므로 상
> 고는 이유 없어 기각하기로 관여법관의 의견이 일치되어 주문과 같이
> 판결한다.

판결에 의하면, 나이 어린 사람에게 밥값을 구하여 오라고 말한 것이 절
도범행을 교사한 것이라고 볼 수 없다고 한다.

먼저 이에 대해 '요구하기' 발화수반 행위의 적정조건에 따라 검토해보면
다음과 같다.

명제내용조건	×
준비조건 (i)	?
준비조건 (ii)	√
성실성조건	√
본질조건	√

〈표 3〉 판례 3의 '요구하기' 적정조건

명제내용조건의 충족에는 문제가 있다. 청자가 행할 미래의 구체적인 내용
이 담겨있어야 하지만, 밥값을 구하는 행위는 도둑질을 통해 또는 동냥질을

통해 또는 다른 사람을 협박하여 수행할 수 있어서 매우 추상적이다. 또한 명제내용을 청자가 할 수 있는 능력이 있는지도 의문이다. 즉, 준비조건 (i)의 충족여부는 불확실하다고 볼 수 있다. 이와 반면에, 다른 조건들은 충족된다. 화자의 지시를 받지 않으면 청자가 명제내용을 행할지 불분명하여 준비조건 (ii)를 충족시키고, 청자가 밥값을 구해오기를 화자가 원하므로 성실성 조건도 충족시킨다. 그리고 관련 발화는 청자에 대한 지시의 시도로 이해될 수 있으므로 본질 조건도 충족시킨다. 결과적으로 명제내용조건과 준비조건 (i)의 미충족으로 인해 발화수반 행위 요구하기가 제대로 수행될 수 없다.

한편, 발화효과 행위와 관련하여 피고인은 문맥상 상대방에게 나이나 물리적 위협을 통한 권력주장을 제기할 수 있으므로 '시키기' 발화효과 행위를 갖는다고 볼 수 있다. 그럼에도 관련 발화수반 행위가 일어나지 않아 교사행위가 성립하지 못하는 것으로 본다. 이러한 화행이론적 분석은 대법원의 판단과 일치한다.

제12장

명예훼손죄·모욕죄

본 장에서는 최근 관련 소송이 세계적으로 증가 추세에 있는 명예훼손죄
(defamation)·모욕죄(insult)에 관한 언어학적 분석을 다룬다. 국내의 경우
한국형사정책연구원에 의하면 검찰에 접수된 명예훼손죄의 건수는 14,016
건(2003)에서 41,980건(2013)으로 10년새 세 배가량 증가되었다고 한다.

역사적으로 보면, 사회생활에 있어서 사람들의 명예는 중요시되어 왔다.
명예에 관련된 다툼이 있는 경우, 과거에는 살인, 싸움, 결투 등의 물리적 행
위에 의해 해결되어 왔지만, 근현대에 들어와서는 법에 의해 조정된다. 그리
고 과거에 보여준 물리적 행위의 해결방식은 현대 명예훼손죄·모욕죄 등의
법령 해석 및 집행과정에 반영되어 있다. 즉, 문제의 발화가 존재하고, 이에
대한 해명 또는 협박이 상호간에 교환되고, 결국에는 타협이나 사과, 조정 등
으로 정리된다.[1]

본 장에서는 화행이론의 관점에서 명예훼손과 모욕의 개념을 살펴보고,
이에 의거하여 관련 판례들을 분석해본다. 다음 12.1절에서는 명예훼손죄·

모욕죄에 대한 법학 내에서의 논의들을 살펴본다. 12.2절에서는 화행이론의 관점에서 명예훼손·모욕의 개념을 살펴본다. 그리고 이에 의거하여 12.3절에서는 구체적으로 사례들을 분석한다.

12.1. 법학에서의 논의

명예훼손 행위에 대해서 범죄로 규정하는가의 여부는 나라마다 다르다. 독일법은 모욕(Beleidigung), 험담(Üble Nachrede), 명예훼손(Verleumdung) 등 세 가지로 구분한다. 어떤 사실을 가지고 상대방의 명예를 훼손하는 것을 명예훼손이라고 한다. 사실에 근거하지 않고서 하는 행위는 모욕이라고 한다. 즉, 관련 발화의 내용이 사실이면 명예훼손이고, 사실에 근거하지 않은 비유적인 표현이나 욕설에 해당하면 모욕이다. 독일의 경우는 험담도 하나의 범죄로 규정한다. 험담은 당사자 앞에서 하는 것이 아닌, 제 3자에게 피해자에 관한 말을 하는 경우이다. 우리나라의 법은 일본, 독일 법에 따라서 명예훼손과 모욕을 범죄행위로 규정하지만, 험담은 받아들이지 않는다. 미국은 명예훼손에 관해서만 규정을 두고 있다.

보호법익은 무엇을 위해서 그 법 규정을 두고 있는가에 대한 것이다. 명예훼손죄와 모욕죄의 보호법익에 대해서는 법학자들 사이에 논란이 된다. 다수 의견은 그 사람의 사회적 명예를 보호하기 위해서 필요하다는 것이고, 소수 의견은 그 사람의 감정을 해치는 것으로부터 보호하기 위해서 필요하다고 주장한다. 우리나라는 다수 의견에 따라 명예훼손죄의 보호법익을 사람의 명예, 즉 "사람의 가치에 대한 사회적 평가인 이른바 외부적 명예"의 보호에 두고 있다(대법원 85도1629 판결).

명예에 관한 죄는 형법의 명예훼손죄(제307조)와 모욕죄(제311조)를 기본
으로 하고, 여기에 변형된 사자명예훼손죄(제308조)가 있다. 이와 관련된 가
중죄는 출판물 등에 의한 명예훼손죄(제309조)와 정보통신법상 명예훼손죄
(제70조)가 있다.

제307조 (명예훼손)
① 공연히 사실을 적시하여 사람의 명예를 훼손한 자는 2년 이하의 징
　　역이나 금고 또는 500만원 이하의 벌금에 처한다.
② 공연히 허위의 사실을 적시하여 사람의 명예를 훼손한 자는 5년 이
　　하의 징역, 10년 이하의 자격정지 또는 1천만원 이하의 벌금에 처
　　한다.

제311조 (모욕)
공연히 사람을 모욕한 자는 1년 이하의 징역이나 금고 또는 200만원
이하의 벌금에 처한다.

제308조 (사자의 명예훼손)
공연히 허위의 사실을 적시하여 사자의 명예를 훼손한 자는 2년 이하
의 징역이나 금고 또는 500만원 이하의 벌금에 처한다.

제309조 (출판물 등에 의한 명예훼손)
① 사람을 비방할 목적으로 신문, 잡지 또는 라디오 기타 출판물에 의
　　하여 제307조 제1항의 죄를 범한 자는 3년 이하의 징역이나 금고
　　또는 700만원 이하의 벌금에 처한다.

② 제1항의 방법으로 제307조 제2항의 죄를 범한 자는 7년 이하의 징역, 10년 이하의 자격정지 또는 1천500만원 이하의 벌금에 처한다.

정보통신망 이용촉진 및 정보보호 등에 관한 법률 제70조 (벌칙)
① 사람을 비방할 목적으로 정보통신망을 통하여 공공연하게 사실을 드러내어 다른 사람의 명예를 훼손한 자는 3년 이하의 징역 또는 3천만원 이하의 벌금에 처한다.
② 사람을 비방할 목적으로 정보통신망을 통하여 공공연하게 거짓의 사실을 드러내어 다른 사람의 명예를 훼손한 자는 7년 이하의 징역, 10년 이하의 자격정지 또는 5천만원 이하의 벌금에 처한다.
③ 제1항과 제2항의 죄는 피해자가 구체적으로 밝힌 의사에 반하여 공소를 제기할 수 없다.

명예훼손죄의 구성요건을 보자. 먼저 명예의 주체는 사람이나 법인이다. 모든 자연인을 대상으로 하여 어린이나 정신병자도 포함된다. 그리고 법인을 비롯한 집단도 명예의 주체가 된다고 본다. 즉, 법에 의하여 인정된 사회적 기능을 담당하고 통일된 의사를 형성할 수 있는 단체의 경우는 명예의 주체가 될 수 있다고 본다. 이에 따라 정당, 노동조합, 주식회사, 적십자사, 병원, 종교단체 등은 해당되지만, 개인적 취미생활을 위한 단체인 테니스클럽, 등산클럽 등은 해당되지 않는다.

다음으로 공연성이 있다. 공연성이란 "불특정 또는 다수인이 인식할 수 있는 상태"를 말한다(대법원 83도3124 판결). 그리고 "비록 개별적으로 한 사람에 대하여 사실을 유포하더라도 이로부터 불특정 또는 다수인에게 전파될 가능성이 있다면 공연성의 요건을 충족한다"고 본다(대법원 99도4579 판결). 따라서 SNS 대화방에서 일대일로 대화한 경우, 대화 상대방이 대화내용을 다수에게 전파할 가능성이 있으면 공연성이 인정된다.

다음으로 명예를 훼손하는 방법으로 사실의 적시가 있다. 사실의 적시란 사람의 사회적 가치 내지 평가를 저하시키는 데 충분한 사실을 지적하는 것을 말한다. 이때 사실은 입증이 가능한 구체적인 과거 또는 현재의 사태(state of affairs)를 말하며, 이는 가치판단과 구별된다. 가치판단은 주관적인 의견이나 감정의 표현을 말한다. 예를 들어, "자식도 못낳는 창녀같은 년", "늙은 화냥년의 간나", "아무 것도 아닌 똥꼬다리 같은 놈" 등은 가치판단에 속한다. 이러한 가치판단의 발화는 모욕죄의 대상이 된다. 즉, 모욕이란 사람의 "사회적 평가를 저하시킬 만한 추상적 판단이나 그에 대한 경멸적 감정을 표현한 것"으로 본다(대법원 2008도8917 판결). 그리고 적시되는 사실은 사람에 대한 사회적 평가와 관련있는 사항이어야 한다. 예를 들어, 인격, 기술, 지능, 학력, 경력, 신분, 가문 등 사회생활에서 존중되어야 할 모든 가치가 해당된다. 또한 사실의 적시는 특정인의 가치가 침해될 수 있을 정도로 구체적일 것을 요구한다. 따라서 구체적인 사실을 적시하지 않고 단순히 모욕적인 추상적 의견을 표현한 것은 명예훼손죄나 모욕죄에 해당하지 않는다. 끝으로 위법성의 조각사유로서 적시한 사실이 "진실한 사실로서 공공의 이익에 관한 때에는 처벌하지 아니한다"고 본다(제310조).

12.2. 언어학적 논의

법률적 요건을 고려하면, 명예훼손죄에서 중요한 것은 문제의 발화가 상대방의 사회적 평판을 떨어뜨렸는가의 여부이다. 화행이론의 관점에서 본다면, 이는 발화효과의 존재 여부와 관련한다. 일반적으로 발화효과는 발화효과 행위에 의해 유발되지만, 발화수반 행위와도 밀접한 관련을 갖는다. 8장에서 살펴본 바와 같이, 결과범에 해당하는 언어범죄에 대한 분석은 발화수반 행위와 발화효과 행위의 점검을 통해서 이루어질 수 있다. 즉, 발화효과의 일반적인 전개과정에 따라 명예훼손의 결과가 나타나는 과정을 제시하면 다음과 같다.

발화(행위) ⇨ 발화수반 행위 ⇨ 발화효과 행위 ⇨ 발화효과

'명예'　　　 '비난하기'　　　 '모욕하기'　　　 명예 훼손

명예훼손을 이와 같이 발화수반 행위와 발화효과의 결합으로 정의할 경우, 여러 가지 조합 가능성들이 나타난다.[2] 즉, 두 가지가 모두 존재할 경우에만 명예훼손에 해당한다. 그 외 발화효과가 없는 경우 또는 발화효과가 존재하지만 청자가 이를 느끼지 못할 경우에는 명예훼손에 해당되지 않는다. 그리고 발화수반 행위가 없지만 발화효과가 존재하는 경우는 화자가 부주의한 것으로 본다. 우리는 아래에서 각 단계를 살펴보기로 한다.

12.2.1. 화행

분석의 첫 단계인 발화 행위와 관련하여 우리는 문제의 발화가 명예의 의미와 관련되는가를 살펴본다. 명예에 대한 체계적인 접근은 '체면(face)' 개념에서 출발할 수 있다. 체면은 "모든 사람들이 보호받고자 하는 공적인 자기 이

미지"(Brown and Levinson 1987)로 이해된다. 그리고 Kim and Yang(2011)에 의하면, 체면은 사회적 체면과 개인적 체면으로 구분되고, 전자는 다음과 같이 사회적 역량(social performance), 사회적 인품(social personality), 사회적 품위(social pride)로 세분화된다.

- 사회적 역량: 남에게 보여지는 능력으로서, 직장·학벌·집안·재산 등과 관련한다.
- 사회적 인품: 남에게 보여지는 인품으로서, 남들이 나의 인격을 어떻게 평가하는가와 관련한다.
- 사회적 품위: 개인의 사회적 위치와 관련되며, 사회적 지위에 걸맞는 대우를 받고 싶거나 이에 요구되는 사회적 규범에 따라 행동하고자 하는 욕구 등을 포함한다.

본서에서는 이러한 사회적 체면의 개념을 명예의 개념으로 이해하기로 한다.

다음은 발화수반 행위 단계를 살펴보자. 기존 연구들에서는 명예훼손과 관련하여 여러 가지의 발화수반 행위들을 제안하였다. 먼저 '욕설하기' 또는 '악담하기' 등이 있다(Schulze 2012, 이혜용 2010). '욕설하기'는 일종의 표현 행위로서 화자가 자신의 유쾌하지 않은 감정을 표현한다. 그리고 욕설의 목적은 언어를 사용하여 상대방이 의식하는 결점을 찌르고 상대방을 깎아 내리거나 또는 모욕하는데 있다.[3] 즉, 개인적인 면들을 주로 공격하여 상대방의 기분을 상하게 하는 것이 주목적이다. 따라서 '욕설하기' 화행은 사회적 체면인 명예의 훼손과는 관련성이 적다고 볼 수 있다. 다음으로 '모욕하기(insulting)'의 발화수반 행위를 보자(Meibauer 2016). 이 화행은 '모욕 감정'을 토대로 하는데, 이 모욕 감정은 개인적인 고통이나 감정에 치중하여 정의된다.[4] 따라서 이를 기초로 한 모욕하기 화행은 사회적 면에만 한정되는 명예훼손에는 적합하지 않다. 또한 실제 기존 화행 분류에서는 '모욕하기'를 발화효과 행위로 분류하고 있다(Gaines 1979, Eyer 1987).

본서에서는 명예훼손죄와 관련된 발화수반 행위로서 Tiersma(1987)에서 제시된 '비난하기(accusing)'를 수용하기로 한다.

> "대부분의 명예훼손은 피해자의 평판에 대한 효과와 관련될 뿐만 아니라, 이 효과가 비난하기라는 발화수반 행위로부터 나올 것을 요구한다." (Tiersma 1987: 306)

그는 비난하기를 명예훼손에 관련되는 발화수반 행위로 간주하고, 이를 비난받을 만한 행위나 사태에 대해 특정인에게 책임을 전가하는 것으로 정의한다. 그리고 여기서 그 내용은 대표적으로 사회의 도덕적 기준을 어기는 행위 등이 해당한다고 본다. 이를 Kaplan(2020)에 따라 적정조건으로 제시하면 다음과 같다.

A. 명제내용조건: 특정인 X가 행한 또는 책임지는 현재 또는 과거의 행위
　　　　　　A
B. 준비 조건: 화자는 행위 A가 나쁘다고 전제한다.
C. 성실성 조건: 화자는 행위 A에 대해 X에게 화남을 표현한다.
D. 본질조건: 화자는 행위 A에 대한 책임을 X에게 돌리고자 시도한다.

즉, 문제의 발화가 위와 같은 적정조건들을 만족시키면 비난하기 발화수반

행위를 갖는다고 본다. 그리고 앞서 살펴본 바와 같이, 이러한 발화수반 행위는 청자에게 이해되고 수용되면 효력을 갖는 것으로 본다.

다음으로 발화효과 행위를 살펴보자. 명예훼손과 관련된 비난하기 화행은 "청자의 마음에 어떤 결과를 낳아야 하는데, 보통은 청자가 그 대상에 대한 존경심을 갖게 되지 않아야 한다."(Tiersma 1987: 325) 이는 비난하기 화행이 명예훼손이라는 발화효과와 연결되어야 함을 말한다. 일반적으로 발화효과는 발화효과 행위에 의해 유발된다. 그리고 명예훼손은 감정의 측면에서 일어나는 효과이다. 본서에서는 명예훼손이라는 발화효과에 직접 관련되는 발화효과 행위로는 8장에서 제시된 감정 관련 발화효과 행위들 중에서 '모욕하기'를 설정하고자 한다. "모욕하다"는 "업신여겨 욕되게 하다"로 정의되고, "욕되다"는 "부끄럽고 명예롭지 못하다"로 정의된다(다음사전). 그러므로 모욕하기 행위는 명예훼손과 관련된다. 그 결과, 모욕하기 발화효과 행위를 통해 우리는 명예훼손이라는 발화효과를 예측할 수 있다. 이러한 '모욕하기' 발화효과 행위는 다시 '비난하기' 발화수반 행위와 연결될 수 있다. Davis(1980)의 테스트 방법을 이에 적용하면, 다음에서 보는 바와 같이 '모욕하기' 행위와 '비난하기' 행위 간의 연결을 확인할 수 있다.

(1) a. By accusing Peter of doing something wrong I insulted him.

b. My accusing him of doing something wrong insulted Peter.

c. Peter was insulted by my accusing him of doing something.

12.2.2. 무례이론

발화효과 행위의 성공 여부는 앞서 살펴본 바와 같이 상대방의 입장 변화

여부에 달려있다. '모욕하기'의 경우, 감정상의 변화에 관련한다. 즉, 청자의 입장 변화는 감정적 측면에서 청자가 명예훼손을 당했다고 느끼는 것이다. Eyer(1987)에 따르면, 발화효과 행위 '모욕하기'에서는 발화와 발화효과 간의 관계를 우연적으로 보고, '조롱하기', '놀리기' 등과 같이 그 관계가 필연적인 경우와 구분한다. 그러므로 명예훼손이 화자의 발화에 의한 것임을 증명해야만 한다. 그러나 이는 청자의 반응에서 직접 확인할 수 있지만, 발화 자체에서 직접적으로 확인할 수 없다. 다만 우리는 문제의 발화가 청자에게 직접 영향을 미칠 정도로 표현하고 있는지 살펴봄으로써 간접적으로 그 관계를 추정할 수 있다. 본서에서는 그 방법으로서 무례 전략을 채택하기로 한다.

사회적 체면의 손상은 '공손성(politeness)' 이론에 의해서 설명이 시도되었다.[5] 이 이론에 따르면, 발화는 소위 '체면위협행위(face-threatening acts)'를 갖는다. 체면위협행위는 관련 체면에 따라 구분된다. 즉, 체면은 다른 사람들이 자기를 받아들이고 좋아해주길 바라는 개인의 바람을 표현하는 적극적인 체면(positive face)과, 자유로이 행동하고 남으로부터 침해받고 싶지 않은 소극적 체면(negative face)으로 구분된다. 적극적 체면을 위협하는 행위들로는 '반대하기', '비난하기', '비판하기', '모욕하기' 등이 있고, 소극적 체면을 위협하는 행위들로는 '충고하기', '명령하기', '요구하기', '경고하기' 등이 있다. 이에 따르면, 사람들은 대화할 때 자신의 체면과 상대방의 체면을 세우려고 노력한다. 따라서 상황을 고려하여 적절한 체면위협행위를 갖는 발화를 선택해야 원활한 대화진행이 이루어진다. 즉, 화자의 발화를 이해한다는 것은 그 발화가 갖는 추론적 의미 뿐만 아니라 그 발화가 갖는 체면위협행위도 파악한다고 볼 수 있다. 따라서 발화가 갖는 체면위협행위는 청자에게 전달되어 화자가 의도한 체면 위협이라는 발화효과를 불러 일으킨다고 볼 수 있다.

이러한 배경 하에서 우리는 청자의 사회적 체면 손상이라는 발화효과를 화자 발화가 갖는 체면위협행위에 의해 간접적으로 확인할 수 있다.

한편, 몇몇 연구들에서는 공손성의 부정적 대칭개념으로 '무례(im-politeness)'를 설정하고, 공손성과는 독립적으로 무례 개념을 설명하려는 연구들이 있다.[6] 본서에서는 이러한 연구들에 따라 체면위협행위를 따져 보도록 한다. 이에 따르면, 무례란 "계획적이고 의도적으로 체면을 위협하는 행위"(Culpeper 1996)로 정의된다. 그리고 공손성 이론의 공손성 전략에 대응되는 소위 '무례전략'을 강도에 따라 다음과 같이 제시한다.

1. 완전 공개적 무례전략(bald on record impoliteness)
2. 적극적 무례전략(positive impoliteness)
3. 소극적 무례전략(negative impoliteness)
4. 야유, 공손 가장 무례전략(sarcasm, mock politeness)
5. 공손 유보 무례전략(withhold politeness)

즉, '완전 공개적 무례전략'은 화자가 청자의 적극적 체면 내지 소극적 체면을 공격할 의도가 직접적으로 그리고 명시적으로 드러나는 전략으로, 무례함이 최고도이다. '적극적 무례전략'은 상대방의 적극적 체면을 손상시키는 발화로서, 다른 사람으로부터 좋은 평가를 받고 싶거나 잘 어울리고 싶은 마음을 거슬리는 발화 등이 해당한다. 그 예로 부적절한 지칭어 사용하기, 금기어 사용하기, 상대방을 모욕하기도 적극적 무례 전략에 속한다. '소극적 무례전략'은 청자의 방해받고 싶지 않은 소극적 체면을 손상시키는 발화들이 해당한다. 거들먹거리거나 경멸하거나 조롱하기, 명시적으로 상대방을 부정적인 것과 결부시키는 것은 모두 상대방의 소극적 체면을 깎는 행위이다. 그 외 네 번째 전략은 화자의 공격적 의도를 간접적으로 전달하는 방식으로서, 야유하거나 비꼬아서 하는 발화들이 이에 해당한다. 이러한 전략은 법 영역에서 효력을 발휘하지 못한다. 앞서 6장에서 살펴본 바와 같이, 법정 대화 등과 같은 법 영역에서는 철저히 발화의 축자적 의미만을 고려한다. 따라서 이러한 간접적인 의미해석은 제외된다고 볼 수 있다. 마지막 전략은 상대방으로부터 공손한 말이 기대되는 상황에서 상대방이 내게 그런 언어적 행위를 하지 않는 경우를 말한다. 이 전략도 발화와 관련되지 않기 때문에 제외된다. 다음의 예들은 위 무례전략 1~4에 각각 해당된다.[7]

    (2) a. 그래 나와 한번 붙어 볼래?
        b. 옆집 아이는 항상 학교에서 선생님께 칭찬만 받는다는데 너는
          도대체 이게 뭐야?
        c. 가만 좀 있지 말고 뭐든지 좀 해봐.
        d. 요즘 귀신은 다 뭐하고 있는지 모르겠어. 저런 애는 그냥 놔두고
          말이야.

따라서 발화에 의한 사회적 체면을 손상하는 전략으로서는 위 1-3의 무례전략들이 해당한다고 볼 수 있다.

12.3. 사례분석

본 소절에서는 판례에 나타난 법적 판결을 살펴보고, 이에 대한 언어학적 분석을 제시한다. 언어학적 분석에서는 앞 소절에서 논의한 단계들, 즉 문제의 발화가 (i) 사회적 체면손상과 관련하는가, (ii) '비난하기' 발화수반 행위를 갖는가, (iii) '모욕하기' 발화효과 행위를 갖는가 여부를 점검하도록 한다.

■ 사례 1

다음의 판례를 보자.[8]

> 마트의 운영자인 피고인이 마트에 아이스크림을 납품하는 업체 직원인 甲을 불러 '다른 업체에서는 마트에 입점하기 위하여 입점비를 준다고 하던데, 입점비를 얼마나 줬냐? <u>점장 乙이 여러 군데 업체에서 입점비를 돈으로 받아 해먹었고, 지금 뒷조사 중이다.</u>'라고 말하여 공연히 허위 사실을 적시하여 乙의 명예를 훼손하였다는 내용으로 기소된 사안에서, 피고인은 마트 영업을 시작하면서 乙을 점장으로 고용하여 관리를 맡겼는데, 재고조사 후 일부 품목과 금액의 손실이 발견되자 그때부터 乙을 의심하여 마트 관계자들을 상대로 乙의 비리 여부를 확인하고 다니던 중 乙이 납품업자들로부터 현금으로 입점비를 받았다는 이야기를 듣고 甲을 불러 乙에게 입점비를 얼마 주었느냐고 질문하였던 점 등 제반 사정을 종합하면, 피고인은 乙이 납품업체들로부터 입점비를 받아 개인적으로 착복하였다는 소문을 듣고 甲을 불러 소문의 진위를 확인하면서 甲도 입점비를 乙에게 주었는지 질문하는 과정에서 위와 같은 말을 한 것으로 보이므로, 乙의 사회적 평가를 저하시킬 의도를 가지거나 그러한 결과가 발생할 것을 인식한 상태에서 위와

같은 말을 한 것이 아니어서 피고인에게 명예훼손의 고의를 인정하기
어렵고, …

대법원은 문제 발화의 명예훼손죄 여부에서 피고인이 명예훼손의 고의가 없다고 본다. 화자의 발화 고의에 대한 분석은 다양한 문맥을 고려한 주관적 판단에 의존한다.

언어학적 분석을 보면, 첫 번째 단계, 즉 문제의 발화가 사회적 체면손상과 관련하는가에 대한 점검에서 문제의 발화는 점장으로서의 사회적 품위를 손상시키는 것으로 보는 데 이견이 없다. 다음 단계, 즉 문제의 발화가 '비난하기' 발화수반 행위를 갖는가 여부를 점검해야 한다. 문제의 발화는 특정인 을에게 잘못된 행위의 책임을 전가시키는 '비난하기' 발화수반 행위를 갖지 않는다. 구체적으로 보면, 문제의 발화는 입점비를 받은 행위를 을에게 돌리고자 시도하는 것이라기보다는 갑으로부터 원하는 답변을 이끌어 내기 위해 제시된 추가 정보라고 볼 수 있다. 따라서 문제의 발화는 앞서 제시한 '비난하기'의 적정조건들 중 본질조건을 위반하여 '비난하기' 화행을 갖지 못한다. 결과적으로 문제의 발화는 명예훼손죄와 관련 없다고 볼 수 있다. 이러한 결론은 법적 최종 판단과 일치하지만, 결론에 도달하는 과정은 법적 논증과는 다르다.

명제내용조건	√
준비조건	√
성실성 조건	√
본질조건	×

〈표 1〉 사례 1의 '비난하기' 적정조건

■ 사례 2

다음의 판례를 보자.[9]

> 피고인은 2014. 6. 10. 02:20경 서울 동작구 (주소 생략) 앞 도로에서 자신이 타고 온 택시의 택시 기사와 요금문제로 시비가 벌어져 같은 날 02:38경 112 신고를 한 사실, 신고를 받고 출동한 서울동작경찰서 소속 경찰관인피해자 공소외인이 같은 날 02:55경 위 장소에 도착한 사실, 피고인은 피해자에게 112 신고 당시 피고인의 위치 를 구체적으로 알려 주었는데도 피해자가 위 장소를 빨리 찾지 못하고 늦게 도착한 데에 항의한 사실, 이에 피해자가 피고인에게 도착이 지연된 경위에 대하여 설명을 하려고 하는데, 피고인이 위 택시기사가 지켜보는 가운데 피해자에게 "아이 씨×!"이라고 말한 사실을 알 수 있다.

욕설에 대한 법률적 판단은 일반적으로 명예훼손에 해당하지 않는 것으로 본다. 즉, 피고인의 발언은 구체적으로 상대방을 지칭하지 않은 채 단순히 화자 자신의 불만이나 분노한 감정을 표출하기 위하여 흔히 쓰는 말로서 상대방을 불쾌하게 할 수 있는 무례하고 저속한 표현이다. 그러나 상황에 비추어 보면, 직접적으로 피해자를 특정하여 그의 인격적 가치에 대한 사회적 평가를 저하시킬 만한 경멸적 감정을 표현한 모욕적 언사에 해당한다고 단정하기는 어렵다고 본다.

언어학적 분석을 보면, 먼저 사회적 체면과 관련된다. 특히 욕설은 경찰관의 사회적 품위를 깎아내리는 것으로 볼 수 있다. 다음으로 비난하기 발화수반 행위의 적정조건을 살펴보자. 욕설 자체는 어떤 명제를 표현한다고 볼 수 없기 때문에, 해당 발화는 명제내용조건, 준비조건, 본질조건을 충족시키지 못해서 비난하기 화행을 갖는 않는 것으로 볼 수 있다.

명제내용조건	×
준비조건	×
성실성 조건	√
본질조건	×

〈표 2〉 사례 2의 '비난하기' 적정조건

끝으로 발화효과와 관련하여, 욕설과 같은 금기어를 사용하는 것은 적극적인 무례전략에 해당하므로 사회적 체면의 손상이라는 발화효과를 갖는 것으로 볼 수 있다. 결론적으로 욕설 발화는 비난하기 발화수반 행위를 갖지 못하고 발화효과만 가져서 명예훼손에 해당되지 않으며, 이는 판례에서 제시된 법적 최종 판단과 일치한다.

■ **사례 3**

다음의 판례를 보자.[10]

> 피고인은 2005. 11. 2.부터 2006. 1. 19.까지 사이에 양평군 청운면 (상세 지번 생략) 소재 (병원 이름 생략)병원 행정실장으로 근무하던 자인바, 2006. 1. 12. 10:30경 위 병원 1층 로비에서, 위 병원 간호과장 공소외 1, 사무장 공소외 2, 간호사 공소외 3이 있는 장소에서 위 병원 간병인인 피해자 공소외 4에게 "뚱뚱해서 돼지 같은 것이 자기 몸도 이기지 못한 것이 무슨 남을 돌보는가, 자기도 환자이면서 지도 치료받지 않으면 죽는다."고 말하여 공연히 피해자를 모욕하였다.

법률적 판단을 보면, 병원 간부가 간호과장 등이 있는 장소에서 위 병원 간병인인 피해자에게 신체적인 특징을 지칭하면서 경멸적인 언행을 한 것이 모욕죄를 구성한다고 판결하였다.

언어학적 분석을 보자. 문제의 발화는 '뚱뚱해서 돼지 같아 남을 돌볼 수 없다'는 내용을 담고 있다. 이는 간병인으로서의 사회적 역량을 낮추는 발언이다. 다음으로 문제의 발화가 '비난하기' 발화수반 행위를 갖는가를 보자. 그 적정 조건을 점검해 보면, 문제의 발화는 '비난하기'의 발화수반 행위를 갖는다고 볼 수 있다. 간병인의 비만 상태를 나쁘다고 전제하고, 그런 간병인에게 화가 나 있음을 표현함으로써 그런 상태의 책임을 간병인에게 돌리려고 시도한다.

명제내용조건	√
준비조건	√
성실성 조건	√
본질조건	√

〈표 3〉 사례 3의 '비난하기' 적정조건

그리고 발화효과 행위 '모욕하기'와 관련하여, 위 발화의 표현방식은 완전 공개 무례전략을 취하고 있어 청자에게 사회적 체면의 손상이라는 변화를 유발할 가능성이 크다. 따라서 문제의 발화는 관련된 발화수반 행위와 발화효과 행위를 지녀서 모욕죄를 구성한다. 이는 법적 최종 판단에 부합한다.

■ 사례 4

다음의 판례를 보자.[11]

> 피고인은 2002. 2. 21. 23:47경 강릉시 금학동 77에 있는 리버플
> 호프집에서, 같은 날 MBC 방송 '우리시대'라는 프로그램에서 피해자
> (교사)를 대상으로 하여 방영한 '엄마의 외로운 싸움'을 시청한 직후 위
> 프로그램이 위 피해자의 입장에서 편파적으로 방송하였다는 이유로
> 그 곳에 설치된 컴퓨터를 이용하여 MBC 홈페이지에 접속하여 위 '우
> 리시대' 프로그램 시청자 의견란에 불특정 다수인이 볼 수 있도록 "오
> 선생님 대단하십니다", "학교 선생님이 불법주차에 그렇게 소중한 자
> 식을 두고 내리시다니 […] 그렇게 소중한 자식을 범법행위의 변명의
> 방패로 쓰시다니 정말 대단하십니다. 한가지 더 견인을 우려해 아이를
> 두고 내리신 건 아닌지 […]" 라는 글을 작성·게시함으로써 공연히 피
> 해자를 모욕하였다는 것이다.

법률적 판단을 보면, 원심은 의견의 표현에 있어 부분적으로 부적절하고
과도한 표현을 사용한 것에 불과하다 할 것이고, 이로써 곧 사회 통념상 피해
자의 사회적 평가를 저하시키는 내용의 경멸적 판단을 표시한 것으로 인정하
기 어렵다는 이유로 무죄를 선고하였으나, 대법원에서는 자신의 판단과 의견
의 타당함을 강조하는 과정에서, 부분적으로 그와 같은 표현을 사용한 것으
로서, 사회상규에 위배되지 않는다고 봄으로써 제1심 판결을 유지하였다.

언어학적 분석을 보자. 문제의 발화는 불법주차는 선생님의 인품을 떨어
뜨린다고 볼 수 있어서 사회적 인품과 관련한다. 다음 문제의 발화가 '비난하
기' 발화수반 행위를 갖는가를 점검해 보면, 위 발화는 '비난하기'의 적정조건

들을 충족한다. 청자의 불법주차를 나쁘다고 전제하고, 그 행위에 대해 화가 나 있음을 표현함으로써 청자에게 책임을 돌리려는 시도로 볼 수 있다.

명제내용조건	√
준비조건	√
성실성 조건	√
본질조건	√

〈표 4〉 사례 4의 '비난하기' 적정조건

발화효과 행위와 관련하여, 위 발화의 표현방식은 야유의 방식을 채택하고 있다. 우리는 앞서 야유는 무례함을 표현하는 간접적인 방식으로서 청자의 명예훼손 여부에 대해 직접적인 증거로 사용되지 못한다고 보았다. 그래서 문제의 발화는 '모욕하기'의 발화효과 행위를 갖지 못하고, 그 결과 명예훼손죄를 구성하지 못한다. 이러한 언어학적 분석은 법적 최종 판단과 일치한다.

제IV부 지식재산과 언어

COPYRIGHT

지식재산(intellectual property)이란 법에 의해 독점권이 그 소유자에게 부여되는 지식의 창조물이고, 지식재산권(intellectual property rights)은 지식재산의 창조자에게 부여되는 권리이다. 이러한 지식재산권은 산업재산권과 저작권으로 구분된다. 산업재산권에는 상표권, 특허권, 실용신안권, 디자인권 등이 있다.

IV부에서는 지식재산과 관련된 법언어학 분야들을 살펴본다. 13장에서는 저작권과 표절을 다룬다. 먼저, 저작물을 배타적으로 이용할 수 있는 권리인 저작재산권을 중심으로 지식재산권을 살펴보고, 지식재산권의 침해 행위로서 표절을 다룬다. 다음 14장에서는 산업재산권의 하나인 상표권을 다룬다. 상표의 보호나 등록에 있어서 표현 자체의 언어학적 분석을 살펴본다. 그리고 15장에서는 이와 관련하여 텍스트 저작물의 저자를 판별하는 주제를 다룬다.

제13장

저작권과 표절

13.1. 저작권

13.1.1. 개요

지식재산(intellectual property)이란 "인간의 창조적 활동 또는 경험 등에 의하여 창출되거나 발견된 지식·정보·기술, 사상이나 감정의 표현, 영업이나 물건의 표시, 생물의 품종이나 유전자원(遺傳資源), 그 밖에 무형적인 것으로서 재산적 가치가 실현될 수 있는 것"을 말한다(지식재산 기본법 제3조). 이러한 지식재산의 생산, 보호, 활용을 촉진하고 그 기반을 조성할 목적으로 지식재산 기본법이 제정되었다. 지식재산에 관한 권리, 즉 지식재산권은 상표권, 특허권, 실용신안권, 디자인권 등의 산업재산권과 저작권으로 구분된다.

저작권은 원래 창작물의 창작자에게 부여되고 있는 사용과 분배에 관한 전적인 권리이다. 이는 저작권법 제1조에 반영되어 명시되어 있다.

제1조 (목적) 이 법은 저작자의 권리와 이에 인접하는 권리를 보호하고 저작물의 공정한 이용을 도모함으로써 문화 및 관련 산업의 향상발전에 이바지함을 목적으로 한다.

저작권은 영국에서 제정된 1710년의 앤여왕 법(Statute of Anne)이 최초의 저작권법으로 간주된다. 이 법에서는 저자에게 14년간 책 출판에 관한 배타적 권리를 부여하고, 그 이후에는 공유로 하는 것이었다. 미국의 경우, 영국의 영향을 받아 1787년에 연방헌법에 저작권 조항을 명시하였고, 이러한 헌법정신은 1790년에 제정된 미국 저작권법에 구현된다. 프랑스, 독일도 그 후 관련 법률을 갖추게 된다.

유럽의 여러 국가는 자국 저작물을 보호하는 저작권법을 갖추고 있었지만, 국제적인 분쟁에 있어서는 도움이 되지 못했다. 따라서 국제적인 저작권 규범이 필요함에 따라 1886년 유럽 10개국이 베른 협약(Berne Convention for the Protection of Literary and Artistic Works)이라는 국제적인 저작권 협약을 체결하였다. 이 협약의 특징을 보면 다음과 같다.

- 내국인과 동급 대우: 조약가맹국들은 다른 가맹국가 국민들의 저작권 보호 범위를 자국 국민들과 동등하게 설정해야 한다.
- 무방식 보호주의: 저작권은 저작물의 창작 순간부터 발생하며, 저작권이란 권리를 인정받기 위한 등록, 허가, 저작권 표시 등과 같은 절차를 밟지 않아도 저작권을 보호해야 한다.
- 소급효 적용: 협약 가맹 이전에 발생한 저작권도 협약 이후와 동등한 보호권리가 부여된다.

- 보호기간: 모든 저작물의 저작권 보호기간은 저작권자의 수명과 이후 최소 50년으로 설정해야 한다.

이후 다른 국제적인 저작권에 대한 협약들이 만들어졌다. 예를 들어, 1952년의 UNESCO의 세계저작권 협약(Universal Copyright Convention), 1995년의 WTO의 TRIPs(Trade Related Intellectual Properties), 그리고 2002년의 WIPO의 저작권 조약(Copyright Treaty) 등이 있다. 우리나라도 이러한 국제적인 저작권 협약들에 가입되어 있다.

13.1.2. 저작권 침해

저작권법상의 권리 침해는 ㄱ) 저작재산권 침해, ㄴ) 저작인격권 침해, ㄷ) 저작인접권 침해로 구분된다.[1] 저작인격권은 저작자가 자신의 저작물에 대해 갖는 정신적 또는 인격적 이익을 법률로써 보호받는 권리로서, 공표권, 성명표시권, 동일성유지권으로 세분화된다. 공표권은 저작물을 대외적으로 공개하는 권리로서, "저작자는 그의 저작물을 공표하거나 공표하지 아니할 것을 결정할 권리를 가진다"(제11조 1항). 성명표시권은 저작자가 그의 저작물을 이용함에 있어서 자신이 지작지임을 표시할 수 있는 권리로서, "저작자는 저작물의 원본이나 그 복제물에 또는 저작물의 공표 매체에 그의 실명 또는 이명을 표시할 권리를 가진다"(제12조 1항). 그리고 동일성유지권은 저작자가 자신이 작성한 저작물이 어떠한 형태로 이용되더라도 처음에 작성한 대로 유지되도록 할 수 있는 권리로서, "저작자는 그의 저작물의 내용·형식 및 제호의 동일성을 유지할 권리를 가진다"(제13조 1항). 이들 권리에 대한 침해가 이루어지면 저작인격권의 침해에 해당한다.

저작인접권은 실연·음반·방송물 등을 경제적으로 이용할 수 있는 각종의 배타적 이용권을 말한다(제64조). 즉, 실연자·음반제작자·방송사업자들은 저작물의 직접적인 창작자는 아니지만 그것을 해석하고 전파함으로써 저작물의 가치를 키울 뿐만 아니라 문화 발전에 이바지하므로 그러한 행위에 일종의 정신적 창작성을 인정하여 저작권에 인접하는 배타적 권리를 부여한 것이다. 그러한 저작인접권자로부터 허락을 얻지 아니하고 그러한 인접물을 무단 이용하는 것이 저작인접권의 침해에 해당한다.

저작재산권은 저작자가 자신의 저작물에 대해 갖는 재산적인 권리를 의미한다. 저작재산권에는 복제권, 공연권, 공중송신권, 전시권, 배포권, 대여권, 2차적 저작물작성권 등이 있다.

모든 저작물이 법적으로 보호받는 것은 아니다. 저작물의 성격상 국민에게 널리 알려 이용하게 함으로써 훨씬 더 유익한 효과를 가져 올 수 있는 것은 보호의 대상에서 제외된다. 저작권법 제7조에서 규정하고 있는 보호받지 못하는 저작물로는 다음과 같은 것들이 있다.

- 헌법, 법률, 조약, 명령, 조례, 규칙
- 국가 또는 지방자치단체의 고시, 공고, 훈령 등
- 법원의 판결, 결정, 명령, 심판, 행정심판절차 등
- 국가 또는 지방자치단체가 작성한 것으로서 앞서 규정한 편집물 또는 번역물들
- 사실의 전달에 불과한 시사보도

그외 저작재산권의 이용은 저작권자로부터 사전 허락을 얻거나 정당한 근거가 있어야 한다. 정당한 근거에 대해서는 제23조~35조에서 제시하고 있다. 즉,

- 재판절차 등에서의 복제 (제23조)
- 정치적 연설 등의 이용 (제24조)
- 학교교육 목적 등에의 이용 (제25조)
- 공공저작물의 자유이용(제25조의2)
- 시사보도를 위한 이용 (제26조)
- 시사적인 기사 및 논설의 복제 (제27조)
- 공표된 저작물의 인용 (제28조)
- 영리를 목적으로 하지 아니하는 공연·방송 (제29조)
- 사적이용을 위한 복제 (제30조)
- 도서관 등에서의 복제 (제31조)
- 시험 문제로서의 복제 (제32조)
- 시각장애인 등을 위한 복제 (제33조)
- 청각장애인 등을 위한 복제 (제33조의2)
- 방송사업자의 일시적 녹음·녹화 (제34조)
- 미술저작물 등의 전시 또는 복제 (제35조)

이외에도 저작권자의 허락이 없더라도 저작물을 제한적으로 사용할 수 있는 경우가 있다. 저작권법은 '저작물의 공정한 이용' 규정(제35조의5)을 두어 "저작물의 통상적인 이용 방법과 충돌하지 아니하고 저작자의 정당한 이

익을 부당하게 해치지 아니하는 경우에는 저작물을 이용할 수 있다"고 본다. 이때 영리성 등 이용의 목적과 성격, 저작물의 종류와 용도, 이용된 부분이 저작물 전체에서 차지하는 비중과 그 중요성, 저작물의 이용이 그 저작물의 현재 시장 또는 가치나 잠재적 시장 또는 가치에 미치는 영향 등을 고려해야 한다고 규정하고 있다.[2]

이러한 정당한 근거 없이 타인의 저작물을 이용하는 것은 무단이용에 해당한다. 무단이용의 유형을 보면 다음과 같다.[3]

첫째, 타인의 저작물을 마치 자신의 것처럼 발행하는 것인 표절이 대표적이다.

둘째, 권리자의 허락을 얻지 않고서 타인의 저작물을 이용하는 경우이다.

셋째, 저작권의 이용조건이나 방법을 지키지 않고서 저작물을 이용하는 경우이다.

넷째, 계약 해지 또는 해지사유가 발생하여 계약관계가 소멸된 이후에도 그 저작물을 계속 이용하는 경우이다.

단, 출처를 명시한 경우에는 이용이 허용된다(제37조). 저작권의 침해 자체는 고의나 과실이 없이도 성립하여 정지청구 등의 대상이 되고(제123조), 고의나 과실로 인한 침해 행위에 대해서는 손해배상청구권이 부여된다(제125조).

저작권 침해에 대한 법률적 견해는 다음 판례에 잘 나타나 있다.

"저작권법이 보호하는 복제권의 침해가 있다고 하기 위해서는 침해되었다고 주장되는 기존의 저작물과 대비대상이 되는 저작물 사이에 실질적 유사성이 있다는 점 이외에도 대상 저작물이 기존의 저작물에 의거하여 작성되었다는 점이 인정되어야 한다. 그리고 의거관계의 인정에 관하여 보건대, 대상 저작물이 기존의 저작물에 의거하여 작성되었다는 사실이 직접 인정되지 않더라도 기존의 저작물에 대한 접근가능성, 대상 저작물과 기존의 저작물 사이에 실질적 유사성 등의 간접사실이 인정되면 대상 저작물이 기존의 저작물에 의거하여 작성되었다는 점은 사실상 추정된다고 할 수 있지만, 대상 저작물이 기존의 저작물보다 먼저 창작되었다거나 후에 창작되었다고 하더라도 기존의 저작물과 무관하게 독립적으로 창작되었다고 볼 만한 간접사실이 인정되는 경우에는 대상 저작물이 기존의 저작물에 의거하여 작성되었다는 점이 추정된다고 단정하기 어렵다." (대법원 2007. 12. 13. 선고 2005다35707 판결)

즉, 저작권 침해가 성립되기 위해서는 주관적 요건과 객관적 요건을 충족시켜야 한다.[4] 주관적 요건으로는 침해 저작물이 원저작물에 의거하여 그것을 이용했다고 하는 관계가 있어야 한다. 객관적 요건으로 양 작품 사이에 실질적 유사성이 있어야 한다. 전자는 입증이 거의 불가능하기 때문에, 현실적으로는 피고가 원고의 저작물에 접근 가능했는가의 문제로 본다. 즉, 원고의 작품이 일반 대중에게 쉽게 구입가능하거나 피고가 특별히 접근할 수 있으면 된다고 본다. 후자는 저작권 침해가 인정되기 위해서는 원고의 저작물과 피고의 작품이 실질적으로 유사하다는 점이 인정되어야 한다. 유사성 판정은 아이디어-표현 이분법을 전제로 한다. 즉, 두 작품의 아이디어가 실제로 유사하더라도 저작권 침해에 해당하지 않는다. 그러나 작품의 주제를 구체적으로 표현한 줄거리(플롯), 사건의 전개구조, 등장인물 등 저작권 보호의 대상으로서 실질적 유사성의 비교대상이 된다.[5] 표현의 경우, 아이디어와 비교하여 상대적으로 명확히 판단할 수 있다.

13.1.3. 사례

다음은 저작권 침해와 관련된 사례들을 살펴보자. 먼저 주관적 요건인 접근 가능성이 관련된 판례를 보자.[6]

> 원심은, 원고의 저작물 '더 데드 오브 윈터'(the dead of winter, 이하 '데오윈'이라 한다)는 완간된 지 몇 년이 지난 현재까지도 인터넷 사이트를 통하여 거래가 되고 있을 뿐만 아니라 이미 다른 작가에 의한 표절 의혹이 제기되었을 정도로 동성애 소설 독자들 사이에서 널리 알려진 작품인 점, 데오윈은 독자층이 제한적일 수밖에 없으나 친니친니와 같은 동성애 소설 사이트에서 그 회원들 간에 데오윈에 대한 정보가 활발히 교환되었고, 피고도 친니친니에서 동성애 소설을 집필한 경험이 있는 작가인 데다가 원고의 동성애 소설 데뷔작을 읽기도 한 점, 중고 거래 사이트 등을 통하여 데오윈 책을 어렵지 않게 구입할 수 있는 점, 두 소설의 주제와 주변인물의 특성 및 일부 명칭 등의 표현에 유사성이 있는 점 등 그 판시와 같은 인정 사실을 종합하면, 피고가 데오윈에 접하였을 구체적 가능성 및 우연의 일치만으로 설명되기 어려운 실질적 유사성이 인정되므로 피고는 데오윈에 의거하여 '○○○'을 작성한 것이라고 판단하였다. [⋯]
>
> 원심의 위와 같은 판단은 정당하고, 거기에 상고이유 주장과 같이 심리를 다하지 아니한 채 논리와 경험의 법칙을 위반하고 자유심증주의의 한계를 벗어나거나 의거관계에 관한 법리를 오해하는 등의 위법

이 없다.

판결문에 의하면, 기존 저작물에 대한 접근가능성을 인정하였다. 이외에도 두 소설에서 등장인물, 줄거리, 에피소드 등에서 유사성이 상당하다고 하여 피고인이 저작권을 침해하였다고 판단한다.

다음은 객관적 요건인 아이디어의 유사성과 관련된 판례를 보자.[7]

> 신청인은 선덕여왕을 주제로 한 뮤지컬 대본(the rose of sharon, 이하 '신청인 대본'이라 한다)을 창작하였다. 피신청인 주식회사 ○○(이하 피신청인 ○○이라고만 한다)은 드라마 선덕여왕(이하 '이 사건 드라마'라 한다)을 기획하여 공중파 채널(mbc)을 통해 2009. 5. 25.부터 2009. 12. 22.까지 주 2회(월, 화)씩 방영하고 현재 신청외 주식회사 아이○○ 또는 신청외 일본 주식회사 ○○ 등에 그 재방영권을 판매하고자 하며, 피신청인 주식회사 ○○프로덕션(이하 피신청인 ○○프로덕션이라고만 한다)은 ○○의 자회사로서 이 사건 드라마의 dvd 등을 판매하고 있다. […]
>
> 기록에 의하면 이 사건 드라마의 주요 인물(선덕여왕, 김유신, 비담 등)이나 이야기의 주요 구조(선덕여왕의 즉위, 삼국통일의 꿈, 비담의 난등) 등은 대부분 역사적 사실에 근거한 것으로서, 그것이 신청인 대본을 모방한 것이라고 보이지 않을뿐더러, 이 사건 드라마에서의 선덕여왕이나 미실 등 주요인물들의 캐릭터, 선덕여왕의 사막에서의 성장 및 즉위과정에서의 고난, 남장을 하고 무예를 수련하였던 것, 김유신이 선덕여왕을 사모하였다가 충성을 맹세하게 된 것, 선덕여왕이 개인적인 사랑을 포기하게 되는 것 등은 모두 추상적인 인물의 유형이나 전형적인 사건에 해당한다고 할 것이어서 창작적인 표현형식으로서

저작권의 보호대상이 된다고 보기도 어렵다.

나아가 이 사건 드라마의 대본 중에서 신청인 대본을 그대로 차용한 부분이라고 신청인이 지적한 각 문장들에 대하여 보더라도, 이는 모두 이야기 전개상 필요한 전형적인 표현들에 불과하거나 실제로 양 대본의 각 표현 사이에는 상당한 차이가 있어, 신청인 대본과 이 사건 드라마의 대본이 부분적, 문자적인 측면에서 실질적으로 유사하다고 보이지도 아니한다.

따라서 이 사건 드라마의 대본이 신청인 대본을 복제하였거나 이를 모방한 2차적 저작물에 해당하여 신청인의 저작권을 침해하였다고 볼 수 없다.

이에 대해 법원은 실질적 유사성이 없다고 보고, 저작권 침해가 일어나지 않았다고 판단한다. 즉, 기록에 의하면 이 사건 드라마의 주요 인물이나 이야기의 주요 구조 등은 대부분 역사적 사실에 근거한 것으로서, 아이디어 차원에서도 유사성이 없다고 본다. 그리고 표현의 차원에서도 이 사건 드라마의 대본 중에서 신청인 대본을 그대로 차용한 부분이라고 신청인이 지적한 각 문장들에 대하여 모두 이야기 전개상 필요한 전형적인 표현들에 불과하거나 실제로 양 대본의 각 표현 사이에는 상당한 차이가 있다고 본다. 그 결과, 이 사건 드라마의 대본이 신청인 대본을 복제하여 신청인의 저작권을 침해하였다고 볼 수 없다고 판결을 내린다.

끝으로 객관적 요건인 표현의 유사성과 관련된 다음의 판례를 보자.[8]

이 사건 소설은 '당나귀 귀'라는 제호의 프랑스어 원작소설을 우리말로 번역한 저작물로서, 이 사건 소설과 대상 동화는 주요 인물들의 설정과 상호관계, 상황 설정, 구체적인 줄거리 및 사건의 전개과정, 구체적인 일화 등에 있어서 유사성이 있다.

이 사건 소설의 개개 번역 표현들을 구성하고 있는 어휘나 구문과 부분적으로 유사해 보이는 어휘나 구문이 대상 동화에서 드문드문 발견되기는 하나, 그러한 사정 만으로 바로 이 사건 소설과 대상 동화 사이에 실질적 유사성이 있다거나 이 사건 소설에 대한 번역저작권이 침해되었다고 단정할 수는 없고, 그 실질적 유사성을 인정하기 위해서는 대상 동화에서 유사 어휘나 구문이 사용된 결과 이 사건 소설이 번역저작물로서 갖는 창작적 특성이 대상 동화에서 감지될 정도에 이르렀다는 점이 인정되어야 한다. 그런데 총 문장 2,000여 개의 이 사건 소설과 총 문장 1,000여 개의 대상 동화에서 원심판결의 별지 제4목록 기재 총 53항 중 일부 유사 어휘나 구문이 차지하는 질적 혹은 양적 비중은 미미하다.

그리고 이 사건 소설은 사회비판 소설로서 청소년 등을 독자층으로 하여 아이의 시각에서 위선적인 세상을 풍자하는 것을 주제로 설정하고 있는 반면, 대상 동화는 유아동화로서 아동 등을 독자층으로 삼아 학교에서 집단따돌림을 당하는 학생에게 희망과 꿈을 심어주는 것을 주제로 설정하여 교육성과 단순성 등이 이 사건 소설보다 훨씬 강한 관계로, 전체적으로 쉬운 어휘와 구문, 밝은 어조를 사용하여 독자에게 친근감과 안정감을 느끼도록 문장과 문단이 전개되고 있고, 그 결과 위와 같은 유사 어휘나 구문 등이 배열된 순서나 위치, 그 유사 어휘나 구문이 삽입된 전체 문장이나 문단의 구성, 문체, 어조 및 어감 등에서 이 사건 소설과 대상 동화는 상당한 차이를 보이고 있다.

위와 같은 정도의 일부 어휘나 구문의 유사성은 이 사건 소설과 대상 동화의 전체적인 구성이나 표현의 차이에 흡수되어 이 사건 소설이 번역저작물로서 갖는 창작적 특성이 대상 동화에서 감지된다고 보기

는 어렵다. 따라서 이 사건 소설과 대상 동화 사이에 실질적 유사성이
있다고 할 수 없다.

위 판결은 번역저작권의 침해 여부를 가리기 위하여 번역저작물과 대상
저작물 사이에 실질적 유사성이 있는지 여부를 판단함에 있어 표현에 초점을
두어 실질적 유사성을 평가하고 있다. 대상 동화가 프랑스어 원작 소설을 우
리말로 번역한 소설에서의 표현과 부분적으로 유사한 어휘나 구문을 사용하
고 있으나, 실제 문장 간 유사성을 점검해본 결과, 유사성이 낮다고 본다.

13.2. 표절

13.2.1. 정의 및 배경

표절은 학문적 활동에 있어서 중요한 연구윤리의 부정행위 중 하나이다.
표절이란 개념은 원래 법률적 개념이 아니고, 학문이나 예술 등의 분야에서
사용하여 오던 용어로서 윤리적 비난을 포함하고 있다. 계몽주의 철학자 디
드로(D. Diderot)는 『백과사전』에서 표절자는 "자질이나 재주가 없는 사람이
어떻게 해서라도 작가가 되고 싶은 마음에 남의 글을 의도적으로 인용표기
하지 않고, 작은 변화를 주거나 약간의 자기 말을 더해서 자신의 창작인 듯이
속이는 사람"이라고 하였다.[9]

한국어에서 "표절"은 '빼앗다, 훔치다, 겁주다, 협박하다' 의미의 "표(剽)"
와 '좀도둑' 의미의 "절(竊)"이 합성한 단어이다. 영어로는 plagiarism 또는
piracy인데, plagiarism은 '유괴하다' 의미의 라틴어 plagiari에서 유래했고,

piracy는 '해적질' 의미의 그리스어 peirates에서 유래했다. 오늘날 법학에서는 표절을 다음과 같이 정의한다.

> "표절이란 다른 사람의 저작물의 전부나 일부를 그대로 또는 그 형태나 내용에 다소 변경을 가하여 자신의 것으로 제공 또는 제시하는 행위를 의미한다." (저작권표준용어집)

> "표절이란 다른 연구 제안 및 원고에 대한 기밀 검토를 통해 얻은 것을 포함하여 다른 사람의 아이디어, 과정, 결과 또는 단어를 적절한 신용 없이 전유하는 것이다." (미국 과학 기술 정책국 1999)

표절과 유사한 개념으로는 '패러디(parody)'가 있다. 패러디는 표현의 형식을 불문하고 원작을 이용하여 원작이나 사회적 상황에 대해 비평하거나 웃음을 유발하는 것이다. 패러디가 되기 위해서는 다음과 같은 조건들이 성립해야 한다. 즉, 원저작물이 존재해야 하고, 특정한 원저작물을 이용하여야 한다. 그리고 표현방식도 원저작물을 풍자적으로 비꼬아서 익살스럽게 또는 우스운 것으로 만들어 바꾸는 것이어야 한다. 또한 원저작물은 공표되어 있고, 가급적 널리 알려져 있어야 한다. 그 결과, 패러디는 원저작물에 의거하고 있기는 하지만 원저작물이 갖는 창작성과는 다른 창작성을 갖추고 있어야 한다.

그리고 '패스티시(pastiche)' 개념이 있다. 패스티시는 다른 작품으로부터 내용 또는 표현양식을 그대로 빌려와서 자기 자신의 통일된 양식으로 융합해 내지 않고서 작품을 만드는 것으로서 일종의 혼성모방이다. 이외에도 표절과 유사하지만, 예술에서 허용되는 기법으로는 짜깁기에 해당하는 미술의 콜라주(collage), 영화의 몽타주(montage), 오마주(hommage) 등이 있다.

표절에 관해서는 나라마다 관점이 다르다. 어떤 문화권에서는 다른 텍스트로부터 형식이나 내용을 빌려와서 자신의 아이디어를 구체화시키는 것을 긍정적으로 바라본다. 또 다른 문화권에서는 표절을 일종의 불법적인 행위로 엄격하게 규정한다. 대표적으로는 영미법은 표절은 불법적으로 간주하고 표절로 인한 소송들이 빈번하게 이루어지고 있다. 이와 반면에, 대륙법은 표절에 관해 비교적 관용적인 입장을 취한다.[10]

역사적 관점에서 살펴보면, 표절 개념은 근대에 생겨났다. 활자가 없던 시기에 아이디어나 생각은 말로 전승되어 왔다. 구텐베르크의 활자 발명 이후에 사람들이 아이디어, 이야기 등을 텍스트 형태로 널리 전파하기 시작했는데, 그 당시에는 아직도 구술 전통이 남아있기 때문에 다른 사람의 이야기나 생각을 글로 써서 전달하는 것에 관해 큰 자각이 없었다. 그래서 당시에는 다른 사람의 창작물을 카피하는 것이 광범위하게 일어났다. 호머(Homeros)의 『오디세이아(The Odyssey)』, 바그너(W. R. Wagner)의 『니벨룽겐의 반지(Der Ring des Nibelungen)』등은 전해내려오던 신화를 바탕으로 만들어졌다. 그외에도 파우스트는 서유럽 민담 및 문학에서 가장 오랫동안 전해 내려오는 전설 가운데 하나로 지식과 권력을 위해 악마에게 자신의 영혼을 판 독일의 마법사 이야기인데, 이를 소재로 한 작품으로는 익명의 『파우스트편(Faustbuch)』, 말로(Christopher Marlowe)의 『파우스트 박사(Doctor Faustus)』, 괴테(J. W. von Goethe)의 『파우스트(Faust)』, 토마스 만(Th. Mann)의 『파우스트 박사(Doktor Faustus)』 등이 있다. 이러한 작품들을 표절이라고 비난하지는 않는다.

표절이나 저작권 개념이 나타난 것은 출판업자들 때문이었다. 출판업자들은 책 출판에 대한 자신들의 투자비용을 보호할 목적으로 텍스트의 자유로운 복사에서 방어할 필요가 생겨났다. 즉, 업계의 필요성에 의해서 표절과 저

작권의 개념이 생겨났다.[11]

13.2.2. 문학과 표절

원래 문학에서는 모방(imitatio)이 창작의 어머니라는 말이 나올 정도로 창작 과정에서 필요한 부분으로 간주되어 왔다. 영국의 시인 엘리엇(T. S. Eliot)은 다음과 같은 견해를 펼치면서 표절을 긍정적으로 바라본다.

> "미숙한 시인은 흉내내지만 성숙한 시인은 훔친다. 나쁜 시인은 가져
> 온 것을 망치지만 좋은 시인은 그것을 더 나은 무엇으로, 혹은 적어도
> 다른 무엇으로 만든다. 좋은 시인은 훔친 것을 원래와는 판이한 자기
> 만의 전체적인 감정 속에 녹여내지만 나쁜 시인은 버성기게 엮어놓는
> 다." (윤지관 2016 재인용)

이와 같은 긍정론자들은 표절이 새로운 작품의 생성을 이끌 수도 있다고 본다. 정끝별(2012)에서는 김지하의 『타는 목마름으로』를 소위 '창조적 모방'으로 간주한다. 김지하의 시는 프랑스 시인 엘뤼아르(P. Eluard)의 『자유』라는 시와 여러 부분에서 유사하다. 그러나 그녀에 의하면, 시의 전반적 구성이나 구체적인 문장 표현이 일치하지 않으며, 김지하의 작품은 당대의 시대 의식과 시인의 삶이 어우러져 표절의 경계를 넘어선 작품으로 평가받는다고 본다.

> 국민학교 학생 때 나의 노트 위에
> 나의 책상과 나무 위에
> 모래 위에 눈 위에
> 나는 너의 이름을 쓴다.

내가 읽은 모든 페이지 위에
모든 백지 위에
돌과 피와 종이와 재 위에
나는 너의 이름을 쓴다.
[…]

그 한 마디 말의 힘으로
나는 내 삶을 다시 시작한다.
나는 태어났다 너를 알기 위해서
너의 이름을 부르기 위해서

자유여.
(엘뤼아르, 『자유』)

신음소리 통곡소리 탄식소리 그 속에 내 가슴팍 속에
깊이깊이 새겨지는 네 이름 위에
네 이름의 외로운 눈부심 위에
살아오는 삶의 아픔
살아오는 저 푸르른 자유의 추억
되살아오는 끌려가던 벗들의 피묻은 얼굴
떨리는 손 떨리는 가슴
떨리는 치떨리는 노여움으로 나무판자에
백묵으로 서툰 솜씨로
쓴다.

숨죽여 흐느끼며

네 이름을 남 몰래 쓴다.

타는 목마름으로

타는 목마름으로

민주주의여 만세

(김지하, 『타는 목마름으로』)

한편, 신경숙의 소설 『전설』은 최근 문학 내에서 표절에 대한 논의를 새로이 불러일으켰다. 문제된 경우를 보자.[12]

두 사람 다 실로 건강한 젊은 육체의 소유자였던 탓으로 그들의 밤은 격렬했다. 밤뿐만 아니라 훈련을 마치고 흙먼지투성이의 군복을 벗는 동안마저 안타까와하면서 집에 오자마자 아내를 그 자리에 쓰러뜨리는 일이 한두 번이 아니었다. 레이코도 잘 응했다. 첫날밤을 지낸 지 한 달이 넘었을까 말까 할 때 벌써 레이코는 기쁨을 아는 몸이 되었고, 중위도 그런 레이코의 변화를 기뻐하였다. (미시마 유키오, 『우국』)

두 사람 다 건강한 육체의 주인들이었다. 그들의 밤은 격렬하였다. 남자는 바깥에서 돌아와 흙먼지 묻은 얼굴을 씻다가도 뭔가를 안타까워하며 서둘러 여자를 쓰러뜨리는 일이 매번이었다. 첫날밤을 가진 뒤 두 달 남짓, 여자는 벌써 기쁨을 아는 몸이 되었다. 여자의 청일한 아름다움 속으로 관능은 향기롭고 풍요롭게 배어들었다. 그 무르익음은 노래를 부르는 여자의 목소리 속으로도 기름지게 스며들어 이젠 여자가 노래를 부르는 게 아니라 노래가 여자에게 빨려오는 듯했다. 여자의 변화를 가장 기뻐한 건 물론 남자였다. (신경숙, 『전설』)

위 경우에서 표절 여부에 대해서는 다양한 견해가 있지만, 우리는 미시마 유키오의 작품과 신경숙의 작품 일부분에서 유사성을 인식할 수 있다.

그럼에도 문학 등의 예술 분야에서는 표절이나 모방에 대한 긍정적 인식에 기여하는 이론적 논의들을 찾아볼 수 있다. 먼저 20세기에 들어와 널리 퍼진 '상호텍스트성(intertextuality)'의 개념을 들 수 있다. 상호텍스트성은 텍스트 간의 연계성을 의미한다. 즉, 모든 텍스트는 완전한 창의성을 가지고 창조될 수 없고, 이전 텍스트와 관련성을 가지고 변화하거나 발전한다는 것이다. 이러한 상호텍스트성의 수단으로서 풍자, 콜라주, 발췌, 모방, 회상, 요약, 인용, 짜깁기, 표절 등이 해당한다.[13] 바흐친(M. Bakhtin) 등의 러시아 형식주의의 영향으로 등장한 상호텍스트성 개념은 그 후 바르트(R. Barthes), 데리다(J. Derrida), 푸코(M. Foucault) 등의 프랑스 아방가르드 전통에 의해 더욱 적극적으로 평가된다. 이들에 따르면, 새로운 작품은 이미 작성된 텍스트와는 독립적으로 존재할 수 없고, 유산과 전통의 흔적과 추억을 어느 정도 지닌다고 본다. 즉, 새로운 작품은 기존의 작품들로부터 영향을 받을 수 밖에 없고, 그 요소가 작품 내에 나타나 있다고 본다. 엄격한 의미로 바라보면, 상호텍스트성은 표절과 유사하지만, 문학 쪽에서는 작품 구성의 한 요소로 받아들인다.

그리고 손쉽게 지식정보에 접근할 수 있는 현대의 인터넷 시대에 이제는 과거의 인용 방식이 더 이상 유효하지 않고, 그 대신 글쓰기에 대한 새로운 윤리가 필요하다는 의견이 있다. 이들은 소위 '에디톨로지(editology)'라는 새로운 학문 방법론을 주장하면서 인터넷을 통해 다량의 지식을 손쉽게 수집하고 편집하여 새로운 창작물이 나올 수 있다고 본다.[14]

"신문이나 잡지의 편집자가 원고를 모아 지면에 맞게 재구성하는 것, 혹은 영화 편집자가 거친 촬영자료들을 모아 속도나 장면의 길이를 편집하여 관객들에게 전혀 다른 경험을 가능케 하는 것처럼 우리는 세상의 모든 사건과 의미를 각자 방식으로 편집한다. 이 같은 '편집의 방법론'을 통틀어 나는 '에디톨로지'라고 명명한다." (김정운 2014)

이와 같이 문학 등의 예술 분야에서는 표절에 대해 유연한 입장이 있지만, 그 외 분야에서는 일반적으로 표절은 일종의 도둑질로 간주되어 윤리적으로 비난받는다.

13.2.3. 그 외 분야에서의 표절

표절 현상은 문학 외에도 다양한 분야에서 찾아볼 수 있다. 특히 인터넷 발달과 더불어 표절에 대한 문제가 대두되었다. 인터넷은 복사와 공유를 특징으로 하기 때문에 표절이 용이하여 저작권 침해가 증가하게 되었다. 또한 인터넷은 익명의 대중에 의한 저작권의 침해가 빈번하게 발생하게 되었고, 침해된 저작물의 배포나 유통도 지역 경계를 넘어 때로는 국경을 넘어서 확대되기도 한다.[15]

특히 교육이나 연구 분야의 경우, 표절이 심각한 문제로 대두되었다. 어느 조사에 따르면, 대학과 대학원에서 리포트를 제출할 때 표절한 경험의 유무를 학생들에게 질문하였다. 그 결과, 학부생 36%와 대학원생 24%가 인터넷에서 자료를 복사 한 경험이 있고, 학부생 38%와 대학원생 25%가 다른 책에서 자료를 복사한 경험이 있다고 답하였다.[16]

다음은 신문 등의 언론을 살펴보자. 신문윤리강령에서는 언론사와 언론인은 타인의 저작권을 침해해서는 안되며, 저작자의 동의 아래 인용할 경우 그 출처를 밝혀야 한다고 명시하고 있다. 기사 표절은 이러한 언론인의 윤리에도 위배되며, 독자를 기만하고 언론의 신뢰를 하락시킨다는 점에서 문제가 된다. 다음 예를 보자.

> (서울=연합뉴스) 장하나 기자 = 신종 코로나바이러스 감염증(코로나19) 사태 장기화로 진전 기미를 보이지 않는 항공업계의 인수·합병(M&A) 작업이 이달 내에 향방이 갈릴지 주목된다.
> 9일 항공업계에 따르면 HDC현대산업개발과 제주항공 모두 작년 말 각각 아시아나항공, 이스타항공과 인수·합병(M&A) 계약을 체결하면서 거래 최종 시한을 이달 말로 정한 것으로 알려졌다.
> […]
> 제주항공이 이스타항공의 임금 체불 해소를 위해 현 경영진과 대주주가 책임감을 갖고 노력해야 한다는 뜻을 전했지만, 이스타항공 측은 제주항공이 인수 후 해결하기로 약속한 사안이라고 주장하며 평행선을 달리고 있다.
> 이스타항공 경영진은 최근 노조 측과 간담회를 갖고 ≪파산은 면해야 하지 않느냐≫며 ≪4월 이후 휴업수당을 반납하는 데 동의하면 2~3월 체불임금은 최대한 지불하고, 제주항공을 통해 고용 승계도 보장하겠다≫고 설득에 나선 것으로 알려졌다.
> (연합뉴스 2020-6-9)

> 신종 코로나바이러스 감염증(코로나19) 사태 장기화로 진전 기미를 보이지 않는 항공업계의 인수 합병(M&A) 작업이 이달 내에 향방이 갈릴지 주목된다.

9일 항공업계에 따르면 HDC현대산업개발과 제주항공 모두 작년 말 각각 아시아나항공, 이스타항공과 인수·합병(M&A) 계약을 체결하면서 거래 최종 시한을 이달 말로 정한 것으로 알려졌다.

[…]

제주항공이 이스타항공의 임금 체불 해소를 위해 현 경영진과 대주주가 책임감을 갖고 노력해야 한다는 뜻을 전했지만 이스타항공 측은 제주항공에 <u>책임을 넘기며</u> 평행선을 달리고 있다.

이스타항공 경영진은 최근 노조 측과 간담회를 갖고 "파산은 면해야 하지 않느냐"며 "4월 이후 휴업수당을 반납하는 데 동의하면 2~3월 체불임금은 최대한 지불하고 제주항공을 통해 고용 승계도 보장하겠다"며 <u>노조를 압박한</u> 것으로 알려졌다.

(전북일보 2020-6-10)

우리는 인용없이 제시된 후자의 기사를 보면, 내용과 표현에서 전자의 기사와 거의 동일하며, 밑줄친 부분에서만 표현의 차이를 확인할 수 있다.

13.2.4. 표절 유형

표절 유형에는 논리적으로 보면 다음 네 가지 가능성이 있다. 첫째, 작가에 의해 의도된 것으로서 작품에 드러난 경우이다. 둘째, 작가에 의해 의도되었으나 다른 사람은 알아볼 수 없도록 변조된 경우이다. 셋째, 작가가 의도하지 않았으나 작품에서 드러난 경우이다. 넷째, 작가가 의도하지 않았고 타인도 알아볼 수 없으나 표절이 성립된 경우이다. 결과물에 초점을 두면 첫째와 셋째 유형이 문제가 된다.

표절 대상을 기준으로 하면, 표절은 아이디어 표절과 표현의 표절로 구분될 수 있다. 아이디어 표절은 어떤 문학 작품이나 예술 작품, 학문적인 작품 속에 표현된 내용이 다른 작품 속에 마치 원본처럼 사용되는 경우이다. 아이디어 표절에는 여러 가지 경우가 있다. 문학 작품에서 플롯, 인물, 시간, 장소, 의식의 흐름 등과 같이 작품의 통일성을 이루는 구조적 요소들을 사용하는 경우이다. 이공계 논문이나 저서에서는 이미 발표된 동일한 주제를 다루는 경우, 또는 특정 원리를 설명하기 위해 고안된 방법론이나 실험기법을 재사용하는 경우 등을 들 수 있다.

다음으로 표현의 표절을 보자. 이는 아이디어 표절과는 달리 구체적으로 확인가능하므로 표절여부의 판단이 비교적 쉽다. 표현의 표절은 다음과 같이 몇 가지로 구분될 수 있다.

첫째, 자신 혹은 다른 사람의 아이디어를 기술하기 위해서 다른 사람들과 동일한 단어나 문장을 사용하는 경우이다. 이는 논란의 여지없이 표절이 분명한 경우이다.

둘째, 단어들만이 유사어로 대치되고 원저작의 구문은 그대로 유지하는 경우이다. 다음 예를 보자.

> (1) a. 지난 6.10 범국민대회 참가자들에게 방패를 휘두른 의경 2명에
>   대해 경찰이 징계 절차에 착수했습니다.
> b. 지난 6.10 범국민대회 참여자들에게 방패로 공격한 의경 2명에
>   대해 경찰이 징계 절차를 시작했습니다.

위 예에서 문장 (1b)는 문장 (1a)와 비교하여 유사어로의 교체를 찾아볼 수 있다. "참가자"는 "참여자"로, "휘두른"은 "공격한"으로, 그리고 "착수했습니다"

는 "시작했습니다"로 표현되어 있다.

셋째, 문장 전체의 의미를 유지하면서 문장 내의 어절이나 구의 위치를 변경한다. 다음 예를 보자.

(2) a. 유토피아는 인간의 존엄성과 자유를 최우선으로 추구하는 나라 이고 공동체의 질서와 평화를 위한 최소한의 권력과 최소한의 통제로 유지되는 사회다.

b. 유토피아는 자유과 인간의 존엄성을 상당히 중요시 하는 국가이 고 최소한의 권력과 통제로 공동체의 질서와 평화를 갈구하는 것을 목표로 하는 사회이다.

위 예에서 문장 (2b)는 문장 (2a)와 비교하여 어순의 변화를 시도하였다. 등 위접속의 명사구 "인간의 존엄성과 자유" 내에서 명사들간의 순서 교체가 이 루어졌고, 두 번째 문장에서는 명사구 "최소한의 권력과 통제로"의 위치를 변 경하였다.

넷째, 문장 전체의 의미를 손상시키지 않는 범위에서 특정 어절을 삭제하 거나 변형하여 다른 문장처럼 보이게 한다. 다음 예를 보자.

(3) a. 계산을 하거나 하지 않는 것도 필요하지만 중요한 사실은 외부 의 명령어를 읽어 그것을 수행하는 하나의 완결적인 제어 메커 니즘을 갖게 되었다는 점이다.

b. 계산도 필요하지만 중요한 사실은 명령어를 읽어 수행하는 제어 메커니즘을 갖게 되었다는 점이다.

위 예에서 문장 (3b)는 문장 (3a)와 비교하면, 축약과 생략을 통해 간결한 문
장으로 변환되었다.

13.2.5. 표절 방지책

대부분의 연구기관들에서는 표절 방지책들을 세워놓고 있다. 외국의 경
우를 보면, 하버드 대학에서는 학생들이 입학할 때 다음의 "하버드 대학 윤리
규정(Harvard College Honor Code)"에 서명해서 제출하도록 되어있다.

> 하버드 대학 구성원들은 정직한 학술적 결과물을 즉, 출처의 정확한 속
> 성, 데이터의 적절한 수집 및 사용, 그리고 아이디어/발견/해석 및 결론
> 에 다른 사람이 기여한 바에 대한 투명한 인정 등에 대한 학술적 및 지
> 적 기준을 준수하는 그런 결과물을 산출해내는 것을 준수합니다. 시험
> 이나 문제 해결에 있어서 속임수, 다른 사람의 생각이나 언어를 표절하
> 는 것, 데이터의 위조, 또는 기타 학문적 부정 행위는 우리 대학의 기준
> 뿐만 아니라 학습 관련된 더 넓은 세계의 표준을 위반합니다.

우리나라는 교육부 훈령으로 다음과 같은 "연구윤리 확보를 위한 지침"을
마련해 놓고 있다. 이 지침의 제12조 1항에는 연구부정행위 유형으로서 위
조, 변조, 표절, 부당한 저자 표시, 부당한 중복게재 등을 들고 있다. 표절의
경우, 제12조 1항 3호에 다음과 같이 규정하고 있다.

> 3. "표절"은 다음 각 목과 같이 일반적 지식이 아닌 타인의 독창적인 아
>   이디어 또는 창작물을 적절한 출처표시 없이 활용함으로써, 제3자
>   에게 자신의 창작물인 것처럼 인식하게 하는 행위

가. 타인의 연구내용 전부 또는 일부를 출처를 표시하지 않고 그대로 활용하는 경우

나. 타인의 저작물의 단어·문장구조를 일부 변형하여 사용하면서 출처표시를 하지 않는 경우

다. 타인의 독창적인 생각 등을 활용하면서 출처를 표시하지 않은 경우

라. 타인의 저작물을 번역하여 활용하면서 출처를 표시하지 않은 경우

그리고 이 지침에 의거하여 각 대학이나 연구기관, 학회 등에서는 윤리 규정을 두고 있다. 구성원이나 회원들에게 이러한 윤리 규정을 따르겠다는 서명을 받고 있다. 이 규정에서는 같은 저자가 동일한 주제에 대해 쓴 논문의 중복 게재도 금지하고 있다. 중복 게재가 가능한 경우는 첫 번째 논문과 두 번째 논문의 내용에 명백한 차이가 있을 때이다. 다음은 한국언어학회의 연구윤리규정 일부이다.

제4조 (위조, 변조, 표절) 저자가 자신이 행하지 않은 연구나 주장을 자신의 연구 결과이거나 주장인 것처럼 제시하거나, 출처를 명시하지 않고 타인의 연구 결과를 자신의 연구 결과로 유용할 경우 표절로 판정하며, 이에 해당할 경우 연구윤리위원회에 회부한다. 구체적인 표절 판정의 기준은 다음과 같다.

1. 창작성이 있는 타인의 저작물 전체 또는 부분을 의도적으로 그 출처를 밝히지 않고 자기 것인 것처럼 사용하는 경우.

2. 가져온 원 저작물의 출처를 밝혔더라도 정당한 범위 안에서 공정한 관행에 합치되게 인용을 하지 않는 경우. (가져온 원 저작물이 새로

운 저작물에서 부수적인 것이 아니라 주(主)가 되는 상황이라면 표
절로 볼 수 있다.)

3. 자신이나 타인 저술의 원 저작물 텍스트, 도표, 그림 일부를 조합하
거나 연속된 열 단어나 세 문장을 추가 또는 삽입하면서 원저자와
출처를 밝히지 않는 모자이크 표절의 경우.

4. 공개되지 않은 타인의 아이디어 또는 원고 전체나 일부를 도용하여
자신의 것처럼 사용하는 경우.

표절여부를 판단하는 것은 쉽지 않은 일이다. 다음에 제시되는 세 가지
텍스트들을 보자.[17]

[A]

It is essential for all teachers to understand the history of Britain as a
multiracial, multi-cultural nation. Teachers, like anyone else, can be
influenced by age-old myths and beliefs. However, it is only by having
an understanding of the past that we can begin to comprehend the
present.

[B]

In order for teachers to competently acknowledge the ethnic
enormity, it is essential to understand the history of Britain as a
multiracial, multi-cultural nation. Teachers are prone to believe
popular myths and beliefs; however, it is only by understanding
and appreciating past theories that we can begin to anticipate the
present.

[C]

It is very important for us as educators to realise that <u>Britain as a nation</u> has become both <u>multi-racial</u> and multi-cultural. Clearly it is vital for teachers and associate teachers to ensure <u>that popular myths and</u> stereotypes held by the wider community do not <u>influence</u> their teaching. By examining British history this will assist our <u>understanding</u> and in that way be better equipped to deal with <u>the present</u> and the future.

텍스트 B는 텍스트 A와 비교하면 중첩되는 단어 연쇄체(밑줄친 부분)가 비교적 많이 나타남으로 어느 하나의 텍스트가 표절임을 결론지을 수 있다. 그러나 텍스트 C의 경우, 텍스트 A나 B와 중첩되는 (밑줄친) 부분을 비교하면 단어 연쇄체보다는 개별 단어의 중첩이 몇 개 나타나서 표절여부를 판단하기가 쉽지 않다.

최근에는 표절 정도를 알려주는 다양한 소프트웨어들이 개발되어 활용되고 있다. 다음은 한국연구재단에서 제공하고 있는 "KCI 문헌 유사도 검사 서비스" 시스템의 모습이다.[18]

〈그림 1〉 KCI 문헌 유사도 검사 서비스

위 시스템은 이용자가 업로드하는 문헌과 KCI에 등록되어 있는 약 100만 여건의 국내학술지 논문을 비교하여 유사도 검사결과를 보여주는 시스템이다. "비교범위" 메뉴에서 비교대상을 선정한다. "검사설정" 메뉴에서는 인용문장, 출처표시 문장, 그리고 목차와 참고문헌을 포함할 것인지 제외할 것인지를 선택한다. 그리고 유사 의심 영역으로 처리할 어절의 기준을 직접 설정할 수 있다. 검사결과는 유사율로 표시되고, 여기서 유사율은 문서의 전체 어절 수 대비 유사 의심 영역의 어절수에 대한 비율이다. 그리고 해당 파일의 검사결과를 다운로드하여 확인해볼 수 있다.

표절과 저작권 침해는 구별된다. 표절은 연구 윤리 규범의 위반에 대한 사회적 비난의 성격이 강하지만, 저작권 침해는 타인의 재산권에 대한 침해로서 법적 제재를 받는다. 표절이 반드시 저작권 침해로 이어지지는 않고, 반대로 표절은 아니지만 저작권 침해에 해당되는 경우가 있다. 저작권 침해가 발생하지 않는 표절 유형으로는 다음과 같은 경우들이 있다. 저작자가 전에 창작한 저작물을 후의 창작물에 이용하는 것인 자기표절, 공유영역에 속한 저작물의 표절, 연구결과의 조작, 중복 게재가 이에 해당된다.

제14장

상표

14.1. 기초

인류는 옛날부터 자신이 소유한 물건이나 자기가 만들어낸 물건에 대해 어떤 표식을 해 왔다. 이런 표식을 통해 자신의 물건을 다른 사람의 것과 구별하고, 또한 자기 물건의 품질을 드러냈다. 즉, 이런 표식은 경제생활의 필요에 의해서 생겨났다고 볼 수 있다.

중세시대에 이르러 오늘날의 상표와 동일한 기능과 목적을 갖는 표식이 사용되었다. 길드의 조합원은 자신의 제품에 특정 문양을 표시함으로써 상품의 출처를 표시하였으며, 그러한 문양은 점차 다른 제조업자의 상품과 구분하고 상품의 품질을 보증해주는 기능을 갖는 상표(trademark)로 발전했다.[1]

현대에 상표는 단지 다른 상품과 구별하는 것 뿐만 아니라 상품의 성격과 특징을 쉽게 전달하고 품질에 대한 신뢰를 끌어올려 상품의 판매에 영향을 끼치는 요소로 자리잡게 되었다. 더 나아가 오늘날은 어떤 상표의 상품을 구입하는가 하는 점이 그 사람의 사회적 위치를 대변해주는 시대가 되었다. 이에 따라 상표는 이익 창출의 수단 내지 도구일 뿐만 아니라, 상품의 이미지를 형성하는 도구이고, 그 자체로 사회 문화적 중요성을 가지게 되었다.[2]

우리나라의 경우, 상표에 대한 규정은 상표법에 제시되어 있다. 이에 따르면, 상표란 "자기의 상품과 타인의 상품을 식별하기 위하여 사용하는 표장(標章)"을 말하며(제2조 1항), 이때 표장은 "기호, 문자, 도형, 소리, 냄새, 입체적 형상, 홀로그램·동작 또는 색채 등으로서 그 구성이나 표현방식에 상관없이 상품의 출처(出處)를 나타내기 위하여 사용하는 모든 표시를 말한다"(제2조 2항). 따라서 상표는 단어 뿐만 아니라 그림이나 로고, 슬로건 등도 해당한다. 〈그림 1〉에 제시되는 애플사의 표장들은 모두 상표에 해당한다. "Apple" 단어, 벌레 먹은 사과 그림, "Think different"와 같은 슬로건이나 태그라인, 그 외 apple.com, iMac.com과 같은 인터넷 도메인도 상표이다.

〈그림 1〉 상표: Apple

상표는 상품의 식별표지를 의미하는 협의의 상표 이외에도 서비스표, 단체표장, 업무표장, 증명표장 등을 포괄하는 광의의 상표가 있다. 서비스표는 서비스업에 대한 식별표지이고, 단체표장은 법인이나 단체의 식별표지이다. 증명표장이란 상품 또는 서비스가 품질이나 기타 특성을 충족하고 있다는 것을 보증하기 위한 표지로서 KS 마크나 환경마크 등이 있다. 업무표장은 비영리 업무를 행하는 사람이 그 업무를 표상하기 위해 사용하는 표장으로서 "한국 보이스카웃", "적십자사" 등이 해당한다.

이러한 상표는 언급된 바와 같이 자기의 상품과 타인의 상품을 식별할 수 있는 기능, 출처를 표시하는 기능 외에도 동일한 상표를 표시한 상품은 그 품질이 동일한 것으로 수요자에게 보증하는 기능을 가지며, 판매촉진 수단으로 작용하기도 하고, 상표권의 자유 양도나 사용권 설정 등과 같이 재산적 기능을 갖는다. 따라서 상표 소유자는 특허청에 등록함으로써 상표권을 획득하여 보호를 받는다.

본 장에서 우리는 상표에 대한 언어학적 접근을 살펴보고, 관련 사례들에 대한 언어학적 설명을 제시하고자 한다. 이러한 언어학적 접근을 회의적으로 바라보는 견해도 있지만, 상표가 하나의 언어 기호임을 고려하면 언어학적 접근이 상표에 대해 많은 부분을 설명해줄 것으로 본다.[3]

14.2. 상표 언어학

대부분의 상표는 언어 기호로 이루어졌다. 미국의 경우 95% 이상의 상표가 텍스트를 포함하며,[4] 국내의 경우 특허청에 따르면 92% 이상의 상표가 텍스트를 포함한다. 따라서 상표에 대한 올바른 이해는 언어학적 설명을 근본적으로 요구한다. 예를 들어, 상표로 등록가능한 언어 기호는 무엇인가? 또는 재산권 침해의 경우, 언어 기호의 어떤 용법이 관여하는가? 등의 질문에 대한 답변은 언어학에서의 분석을 필요로 한다. 즉, 음운론, 형태론, 통사론, 의미론, 화용론, 담화분석 등 언어학의 거의 모든 영역이 상표분석에 관여한다고 볼 수 있다.[5] 이와 같이 상표와 언어학 간의 밀접한 관련으로 인해 일찍부터 언어학자들이 전문가로서 상표 소송에 있어서 보고서나 진술을 법정에 제시하는 경우들이 많다. 특히 미국에서는 언어학적 분석이나 진술이 증거로서 법정에서 채택되는 경우가 많다. Butters(2010)에서는 이러한 점을 강조하여 "상표 언어학(trademark linguistics)"이라는 용어를 사용한다.

언어학의 관점에서 보면, 상품 또는 서비스와 상표 간의 관계는 기호학에서의 기표와 기의 간의 관계에 해당한다. 상표의 주목적이 자타 상품의 구별이기 때문에, 이상적인 상표란 하나의 상표가 하나의 상품을 지시하는 것이다. 그러나 앞서 언급한 바와 같이, 상표는 이러한 기본적인 목적 이외에도 상품의 출처를 표시하거나, 품질을 보증하거나, 상품의 판매를 촉진하는 기능을 가질 수 있다. 이러한 기능들을 만족시키기 위해서는 조어론(word formation) 차원에서 이루어지는 단순히 새로운 언어기호의 생성만으로는 충분하지 않고, 다양한 언어학적 차원을 고려한 언어기호의 논의가 필요하다.

상표의 특허와 관련된 소송에서 언어학이 관련되는 것은 다음 네 가지 분야이다.[6]

- 상표의 적절성(propriety of the mark)
- 상표 희석(dilution)
- 상표 강도(strength of the mark)
- 혼동 개연성(likelihood of confusion)

첫째, 상표의 적절성의 경우, 상표 등록을 받을 때는 기호가 상표로서 적절한지 판단한다. 미국의 경우, 제안된 상표가 "비도덕적이거나, 기만적인, 추문 관련된, …, 험담하는" 것인가를 판단하여 그런 경우에 상표로 받아들이지 않는다. 이와 관련된 언어학적 지식은 주로 의미론 차원의 지식이 해당한다. 즉, 상표에 사용된 단어의 의미가 무엇인가에 따라 적절성 여부를 판단할 수 있다. 예를 들어 Fat Bastard Wine, Redskins, Dykes on Bikes 등의 상표 후보들은 모두 등록이 거절되었다. Fat Bastard Wine의 경우 bastard가 욕설에 해당하고(그림 2), Redskins의 경우 아메리카 원주민을 가리키는 모욕적인 단어이다(그림 3).

〈그림 2〉 상표: Fat Bastard Wine   〈그림 3〉 상표: Redskins

국내의 경우, 상표법 제34조 1항에서 상표등록을 받을 수 없는 상표로서 나열하고 있는 다음의 사항들이 이에 해당한다.

제34조 (상표등록을 받을 수 없는 상표) ① 제33조에도 불구하고 다음 각 호의 어느 하나에 해당하는 상표에 대해서는 상표등록을 받을 수 없다.
2. 국가·인종·민족·공공단체·종교 또는 저명한 고인(故人)과의 관계를 거짓으로 표시하거나 이들을 비방 또는 모욕하거나 이들에 대한 평판을 나쁘게 할 우려가 있는 상표

4. 상표 그 자체 또는 상표가 상품에 사용되는 경우 수요자에게 주는 의미와 내용 등이 일반인의 통상적인 도덕관념인 선량한 풍속에 어긋나는 등 공공의 질서를 해칠 우려가 있는 상표

12. 상품의 품질을 오인하게 하거나 수요자를 기만할 염려가 있는 상표

2호의 경우는 상표의 구성이나 상품과의 관계를 고려했을 때 현저히 부정적인 영향을 주거나 줄 우려가 있는 경우이다. 예를 들어, 미국인을 낮잡아 부르는 "양키", 흑인을 비하하는 "니그로"나 "검둥이" 등이 해당될 수 있다. 4호의 경우는 공익적 견지에서 사회 공공의 이익보호, 일반의 도덕관념의 유지, 국제적인 신의의 보호 등을 위해 선량한 풍속이나 공공의 질서를 해칠 우려가 있는 경우이다. 예를 들어, 교육방송업에서 "성적조작단"이라는 상표, 서적관련 업체에서 "누드 교과서"라는 상표, 횟집식당업에서 "뱃놈"이라는 상표 등이 이에 해당한다. 12호의 경우는 상품의 품질 오인 또는 출처의 오인이나 혼동으로부터 생길 수 있는 수요자 기만을 방지하고, 건전한 상거래 질서를 유지하기 위한 규정이다. 예를 들어, 품질을 오인하는 경우로는 지정상품을 태양전지로 하여 "Nano OLED"라는 상표로 출원하는 경우를 들 수 있다. 그리고 수요자를 기만하는 경우로는 지정상품을 넥타이로 하여 "MADE IN ITALY"라는 상표로 출원하는 경우를 들 수 있다.

둘째, 상표 희석화와 관련하여, 이미 널리 알려진 상표를 신생 회사에서 사용하는 것은 그 유명한 상표에 대한 대중의 유일성 인지를 약화시키거나, 논란의 여지가 있는 연상 작용을 통해 그 상표를 훼손시킬 가능성이 있다. 예를 들면, Starbucks vs. Charbucks 커피 분쟁이 있다. 전자는 후자의 상표(그림 5)가 자신의 상표(그림 4)와 비슷하고 그로 인해 자신의 이미지를 훼손당했다고 주장한다.

| 〈그림 4〉 상표: Starbucks | 〈그림 5〉 상표: Charbucks |

이와 관련하여 국내에서는 상표법 제34조 1항에서 상표등록을 받을 수 없는 상표들 중의 하나로 이와 관련된 사항을 다음과 같이 제시한다.

> 11. 수요자들에게 현저하게 인식되어 있는 타인의 상품이나 영업과 혼동을 일으키게 하거나 그 식별력 또는 명성을 손상시킬 염려가 있는 상표

즉, 저명상표의 식별력이나 명성을 손상시킬 염려가 있는 경우 등록을 불허함으로써 상표의 재산적 가치를 보호하기 위한 규정들이다. 예를 들어, 지정상품을 포르노 필름으로 하여 "CHANEL"이라는 상표로 출원하는 경우나, 지정상품을 건물청소업으로 하여 "아모레 퍼시픽"이라는 상표로 출원하는 경우 등을 들 수 있다.

다음으로 상표는 자신의 상품을 타인의 상품과 식별되도록 하기 위해 사용하는 것이므로 식별력이 없으면 사용이 제한된다. 이는 언어학이 관련된 상표특허소송 중 세 번째의 상표 강도와 네 번째의 혼동의 개연성이다. 먼저 상표의 강도와 관련하여, 특정 상표로 인해 일반적인 언어생활에 혼동을 일

으키면 상표 자체가 식별력을 갖지 못한 것으로 보고 그 사용이 제한된다(상표법 제33조). 그리고 기존의 상표와 유사하거나 동일하여 혼동을 가져오는 경우에는 상표권 침해로 규정하여 상표 등록이 거절된다(상표법 제34조). 이 두 분야는 언어학적 분석과 직접 관련됨으로 다음 소절들에서 각각 자세히 다루기로 한다.

14.3. 상표 강도

14.3.1. 개요

상표의 주 기능은 상품의 식별에 있으므로, 그 표장은 식별력을 지녀야 한다. 표장이 문자인 경우, 문자와 상품 간에 일대일 대응이 이루어지면 그 문자를 통해 상품을 특정할 수 있어서 이상적이다. 언어학적으로 보면, 이는 명사 분류와 관련한다. 고유명사는 특정 개체만을 지시하는 반면에, 보통명사는 동일한 유형의 개체들을 지시한다. 따라서 표장은 높은 식별력을 갖는 고유명사를 선호하고, 여러 개체들에 적용되는 보통명사는 가급적 배제한다고 말할 수 있다. 이를 상표 범주와 관련하여 살펴보자.

상표는 그 상표명이 얼마나 강한가에 따라 다섯 개의 범주로 구분된다.

① 일반명칭(generic) 표장
② 기술적(descriptive) 표장
③ 암시적(suggestive) 표장
④ 임의선택(arbitrary) 표장

⑤ 창작(fanciful) 표장

위 구분에서 상위의 범주들은 보통명사에, 그리고 하위의 범주들은 고유명사에 가깝다고 볼 수 있다. 특히 ⑤의 범주는 특정 상품에 고유한, 새로이 생성된 기표에 해당하고, ④의 범주는 기존의 기표에 새로운 기의를 생성한 경우에 해당한다. 따라서 이들중 ③~⑤의 범주는 강한 상표에 속하여 법적 보호를 받는 반면에, ①~②의 범주는 약한 상표에 속하여 법적 보호에서 벗어나 있다. 아래에서는 각 상표 범주를 하나씩 살펴보도록 한다.

먼저, ① 일반명칭 표장은 보통명사가 상표명으로 사용된 경우이다. 보통명사의 의미는 형식의미론에 의하면 개체들의 집합이다. 예를 들어, "자동차"는 보통명사로서 그 의미는 네 바퀴를 가진 다양한 차량들을 모아 놓은 집합이다. 따라서 보통명사는 어떤 상품을 특정할 수 없기 때문에 상표명으로 적절하지 못하다. 영어의 경우, bicycle, steak burger, kettle chips 등 보통명사들이 이에 해당한다. 즉, 어떤 자전거 회사에서 bicycle을 상표로 채택한다면, 그 상표는 자전거 일반을 가리키기 때문에 그 회사에서 생산된 자전거만을 구별해낼 수 없다.

한편, 보통명사는 아니지만 일반명칭 표장에 속하는 것이 있다. 예를 들어, 원래 "아스피린"은 특정한 회사의 두통약을 가리키는 고유명사이었으나, 시간이 흐르면서 현재는 두통약을 지칭하는 보통명사가 되었다. 이와 같이 고유명사의 보통명사화를 상표 분야에서는 '일반화(genericide)'라고 한다. Google, Xerox의 경우도 마찬가지이다. 원래 Google은 특정 검색업체를 지칭하였지만, 이제는 '검색하다'라는 일반적인 의미로 사용되고, Xerox는 원래 특정 복사기 업체를 지칭하였지만, 이제는 복사기계 일반을 가리킨다.

국내의 경우, 우리는 일반명칭 표장과 관련된 규정을 상표법에서 찾아볼 수 있다.

> 제33조 (상표등록의 요건) ① 다음 각 호의 어느 하나에 해당하는 상표를 제외하고는 상표등록을 받을 수 있다.
> 1. 그 상품의 보통명칭을 보통으로 사용하는 방법으로 표시한 표장만으로 된 상표
> 2. 그 상품에 대하여 관용(慣用)하는 상표

제33조 1항 1호에 의하면, 표장이 보통명사인 경우에는 상표등록에서 제외된다. 다음은 이에 대한 예들이다.

(1) Corn Chip(스낵제품), Car(자동차), 호두과자(과자), 카페(요식업)

위 예들은 모두 보통명사들이다. "호두과자"에는 "태극당 호두과자", "천안당 호두과자", "학화 호두과자" 등의 개별 호두과자 상표들이 있다.

그리고 제33조 1항 2호는 일반화의 경우를 말한다. 즉, 원래 특정 상품에만 쓰이던 표현이 보통명사처럼 기능하는 경우도 상표등록에서 제외된다. 다음은 이에 대한 예들이다.

(2) Tex(직물), homebanking(금융업), 정종(청주), 나폴레온(꼬냑)

"정종"의 예는 원래 청주의 특정 상표였지만 그 상표의 상품이 유명하여 보통 명사화된 경우이다.

다음, ② 기술적 표장은 그 상품의 내용과 관련된 단어들이 나타나는 경우이다. 상품의 품질, 성분, 특성들을 나타내는 단어들은 특정 상품에 고유한 표현일 수 없다. 그런 단어들은 다른 상품들의 내용을 기술하는 데 나타날 수도 있다. 즉, 기술적 표장은 특정 상품이나 서비스를 특정할 수 없으므로 상표로서의 기능을 하지 못한다.

언어학적으로 보면, 이러한 상품의 내용은 단어의 의미 구성에 비교될 수 있다. 생성 어휘부(Generative Lexicon) 이론에 의하면, 단어의 의미는 형상역(formal), 구성역(constitutive), 기능역(telic), 작인역(agentive)으로 이루어지는 특질구조(qualia structure)로 표현된다.[7] 형상역은 단어가 지시하는 대상의 형상적 특질을 드러내는 것으로서 상태와 형태에 관한 정보가 표현된다. 구성역은 문제의 대상이 무엇으로 구성되어 있는지를, 그리고 기능역은 문제의 대상이 갖는 기능을 표현한다. 끝으로 작인역은 문제의 대상이 어디에서 기원하는지를 나타낸다. 다음은 명사 novel에 대한 특질구조를 보여준다.

(3) QUALIA CONST   = narrative(x)

　　　　 FORMAL   = book(x)

　　　　 TELIC   = read(y, x)

　　　　 AGENT   = write(z, x)

예 (3)에서, 소설은 스토리로 구성되어 있고, 책의 형태를 띠며, 독자가 읽는 것이 그 기능이고, 누군가가 씀으로써 생성되었음을 보여준다. 생성 어휘부 이론에서는 이와 같이 각 역할들이 합해져 한 단어의 의미를 이룬다고 본다. 여기서 단어의 의미를 구성하는 부분들은 일반적인 표현들로 나타나고, 이 표현들은 다른 단어의 의미를 기술하는 데도 사용된다. 따라서 이 표현들은 특정 상품이나 서비스를 나타내는 데에는 부적합하다고 볼 수 있다.

국내의 경우 일반상표와 마찬가지로 기술적 표장은 등록이 제한되며, 상표법 제33조 1항 3호가 이에 관련된다.

> 제33조 (상표등록의 요건) ① 다음 각 호의 어느 하나에 해당하는 상표를 제외하고는 상표등록을 받을 수 있다.
>
> 3. 그 상품의 산지(産地)·품질·원재료·효능·용도·수량·형상·가격·생산방법·가공방법·사용방법 또는 시기를 보통으로 사용하는 방법으로 표시한 표장만으로 된 상표

위 규정에 제시되어 있는 내용은 대부분 특질구조에 의해 포괄된다. 즉, 형상역에는 형상이, 구성역에는 원재료, 수량 등이, 기능역에는 효능, 용도, 사용방법 등이, 그리고 작인역에는 산지, 생산방법·가공방법 등이 해당한다고 볼 수 있다. 다음은 이에 대한 예들이다.[8]

> (4) a. 초당(두부), 광천(새우젓), 안흥(찐빵), …
>
> b. SPECIAL, SUPER, BEST, 특선, …
>
> c. 불소치약, 모시메리, 새우깡, …
>
> d. HEALTH, POWER, 향미, …
>
> e. FAMILY STYLE ICECREAM, BEACH WALK(신발류), 아모레베이비, …

위에서 예 (4a)은 상품이 생산되는 지방의 명칭이 표시된 경우이고, 예 (4b)

은 상품의 품질 상태 또는 우수성이 직접적으로 표시된 경우이고, 예 (4c)은 상품에 사용되고 있는 원재료가 표현된 경우이고, 예 (4d)은 상품의 효과나 성능 등을 표시된 경우이고, 예 (4e)은 상품의 형상을 표현한다. 이러한 경우는 위 제33조 1항 3호에 의거하여 상표 등록이 거부된다.

그런데 기술적 표장에 속하는 어떤 상표들은 보호를 받는다. 즉, 원래 상품의 재료, 품질, 용도 등을 의미하는 표현이지만 세월이 흘러감에 따라 원래 의미보다는 상품 자체를 의미하게 되는 경우이다. 이 경우, 그 표현이 '이차 의미(secondary meaning)'를 획득했다고 보고 상표로서 기능하게 된다. 예를 들어, General Motors (GM)는 자동차의 한 부품을 가리키므로 기술적 표장에 해당한다. 그러나 특정 회사가 지속적으로 이 상표를 사용해서 이제 General Motors이라는 상표는 이 회사에 속한 것이라고 대중이 인식한다. 이런 경우에는 GM을 자동차의 한 부품으로서 이해하는 것이 아니고 특정 자동차를 가리키는 것으로 이해되어 상품을 특정화할 수 있어서 상표로 기능하게 된다. 국내의 경우, "미원"이 이에 해당한다. 미원은 원래 조미료의 한 재료를 나타내지만, 오랜 기간 특정 상품에 대해 사용함으로써 그 상품을 특정하는 역할을 갖게 되는 이차 의미를 획득한 것이다.

언어학적으로 보면, 이는 제유법(synecdoche)에 의한 의미 확장에 해당한다. 제유법은 사물의 부분을 가리키는 표현에 의해 사물 전체를 가리키는 것을 말한다. 즉, 원래는 상품의 부분이나 재료를 나타내는 표현이지만 세월이 지나감에 따라 상품 자체를 나타내는 표현으로 의미 변화를 겪은 것이다. 물론 확장된 의미의 표현이 특정 상품만을 가리키는 경우이다.

다음, ③ 암시적 표장은 그 상표명을 보았을 때 어떤 상품일지 추론할 수 있는 경우이다. 이 경우, 표장은 그 단어의 축자적 의미를 표현하지 않고, 어떤 추론 과정을 거쳐서 다른 것을 의미한다. 표장과 의미 간의 이러한 추론적 연결이 수용될 경우, 이러한 암시적 표장은 특정 상품을 지칭할 수 있어서 상표로서 기능하게 된다.

언어학적으로 보면, 이는 은유(metaphor)에 의한 의미 확장을 통해 단어와 상품간 연결이 이루어지는 경우로 볼 수 있다. 은유는 근원영역과 목표영역 간의 유사성에 근거하여 의미를 확장하는 방법이다. 다음은 사람의 인생을 여행과 비교하여 표현한 예들이다.[9]

> (5) 인생의 전환점
> 인생이 항로
> 인생의 종착역
> 인생은 나그네 길

위 예에서 '인생'이 목표영역이고, '여행'은 근원영역이다. 이러한 대응관계를 통해 추상적 의미의 '인생'이 보다 구체적인 의미를 갖는 '여행'의 의의를 갖게 된다.

예를 들어, mustang의 경우(그림 6) 말 영역과 자동차 영역의 유사성이 강조되어, 밀이 깊는 날렵함의 의의를 자동차 영역에 적용되어 자동차도 날렵함의 의의를 갖게 된다. 국내의 "기아 타이거즈" 야구구단의 경우도 마찬가지이다(그림 7). 사전에서 호랑이와 야구단의 직접적인 연결은 찾아볼 수 없지만, 은유로 이해할 경우 우리는 호랑이의 맹렬함을 야구단에 연결시킬 수 있어서 암시적 상표에 해당한다. 이외에도 사회적 고품격의 의의를 갖는 "에쿠우스" 자동차, 깨끗함의 의의를 갖는 "청정원" 식품 등을 들 수 있다.

〈그림 6〉 상표: MUSTANG　　　　　〈그림 7〉 상표: 기아 타이거즈

　　다음, ④ 임의선택 표장은 단어를 기존의 의미와는 전혀 다른 의미로 연결시켜 사용한 경우이다. 이는 새로운 의미의 창조에 해당한다. 특정 표현과 내용에 대한 기존의 연결 외에, 동일한 표현의 새로운 내용으로의 연결이 인정받으려면 상당한 노력과 시간이 필요하다. 그러므로 이러한 투자를 통해 이루어진 새로운 연결은 보호받아야 한다. 예를 들어, Camel은 원래 낙타라는 뜻이지만 사람들은 담배 회사와 연결시키고(그림 8), Apple은 원래 의미인 사과와 연결시키지 않고 컴퓨터 제품과 연결시킨다. 국내의 경우, 갤럭시 휴대폰, 노루표 페인트, 부채표 소화제 등이 있다. "갤럭시" 휴대폰의 경우, 특정 회사의 지속적인 광고로 인해 우리는 galaxy를 그 축자적 의미인 은하수와는 전혀 관련없는 휴대폰과 연결시키게 된다(그림 9).

〈그림 8〉 상표: CAMEL　　　　　　〈그림 9〉 상표: Galaxy

끝으로, ⑤ 창작 표장은 특정 상품을 위해 새로이 만든 단어에 해당하여 상표로서 법적 보호를 받는다. 언어학적으로 보면, 새로운 단어를 만들어 내는 조어 방식에는 여러 가지가 있다. 다음의 예들을 보자.

(6) a. hun<u>t</u>er, modernize, …

    b. <u>un</u>happy, <u>bi</u>cycle, …

(7) a. sunshine, outspoken, …

    b. greenhouse, blackboard, …

(8) a. fan: fanatic

    b. smog: smoke + fog

    c. FTA: Free Trade Agreement

조어의 대표적인 방식은 파생(derivation)과 합성(compound)이다. 예 (6)은 어근에 접사를 추가하여 새로운 단어를 만드는 파생 방식을 보여주는데, 접미사가 관여하는 경우(6a)와 접두사가 관여하는 경우(6b)로 구분될 수 있다. 예 (7)는 둘 이상의 어근이 결합하여 새로운 단어를 만드는 합성 방식을 보여준다. 합성은 그 의미가 어근 의미들을 결합하여 생성되는 경우 (7a)와, 그 의미가 어근 의미들로부터 나오지 않는 경우 (7b)로 구분된다. 기타의 조어 방식으로는 여러 가지가 있다. (8a)의 경우는 절삭(clipping)으로 단어에서 강세를 받는 음절을 남겨두고 강세없는 음절을 잘라내어 만든 것이다. (8b)의 경우는 혼성(blending)으로 절삭과 혼합에 의한 복합어 형성이다. 그리고 (8c)의 경우는 두자어(acronym)로서 단어의 첫 글자를 결합하여 만든다.

창작 상표에서 우리는 이러한 언어학적 조어방식이 적용된 예들을 쉽게 발견할 수 있다. 다음은 위에 대응되는 상표 예들이다.[10]

(9) a. 워터피아, 뜨란채, 네이버, …

    b. 바이오랜드, 뉴코아, 하이마트, …

(10) 신라면, 놀부보쌈, 서울우유, …

(11) a. 환타(Fantastic), 옥시(Oxygen), …

    b. 짜파게티(짜장면+스파게티), 맥콜(맥주+콜라),

      하우젠(Hause+Zentrum), …

    c. 해찬들(해가 가득 찬 들녘),

      PAVV(Powerful Audio & Vast Vision),

      ZIPEL(Zero defect Intelligent Prestige Elegant Life style), …

예 (9)는 파생에 의해 형성된 상표명이고, 예 (10)는 합성에 의해 형성된 상표명이다. 예 (11)은 기타 방식에 의한 것으로서, (11a)는 절삭 방법에 의해, (11b)는 혼성 방법에 의해, 그리고 (11c)는 두자어 방식에 의해 만들어진 상표들이다. 이러한 상표들은 새로이 창작된 것이어서 당연히 법적 보호를 받는다.

14.3.2. 사례

다음은 상표 강도와 관련된 판례들에 대해 언어학적 설명을 제시하기로 한다. 상표 강도와 관련된 전형적인 사례를 보자. 회사 B의 상표는 기본적이고 상표의 기술상 필요함에도 불구하고, 회사 A가 자신의 상품을 광고하는데 회사 B의 상표 사용에 제약을 받는다. 이 경우, B회사의 상표가 일반명칭의 표장 또는 기술적 표장에 속한다는 것만 밝히면 A 회사는 그 상표를 사용할 수 있다. 이 경우에 언어학자들은 상표에 대한 언어학적 분석을 통해 범주 결정에 기여할 수 있다.

첫째, 일반명칭과 관련된 다음 판례를 보자.[11]

> 특허청 심사관이 위생지, 종이제 냅킨 등의 화장지류 및 그와 결련된 서비스를 지정상품 및 지정서비스업으로 하는 甲 주식회사의 출원상표서비스표 "NO BRAND"에 대하여 화장지 등을 지정상품으로 하는 선등록상표인 "No Brand"와 각 표장 및 지정상품이 유사하다는 이유로 등록을 거절하는 결정을 한 사안이다.

> 출원상표서비스표 및 선등록상표 중 "NO BRAND" 또는 "No Brand"는 화장지류와 관련하여 일반 수요자에게 널리 알려져 있어 두드러지게 인식되는 독자적인 식별력을 갖고 있고, 일반 수요자에게 강한 인상을 주거나 전체 상표에서 높은 비중을 차지한다고 볼 수 있으므로 요부에 해당하는데, 출원상표서비스표와 선등록상표는 비록 외관이 다르고 관념이 동일하다고 할 수 없다고 하더라도 출원상표서비스표가 요부만으로 호칭될 경우 선등록상표와 호칭이 동일·유사하고 지정상품도 실질적으로 동일·유사하여 일반 수요자가 양 상표를 혼동할 가능성이 높다고 할 것이어서, 출원상표서비스표를 선등록상표의 지정상품과 동일·유사한 상품에 함께 사용할 경우 수요자로 하여금 출처에 관하여 오인·혼동을 일으키게 할 염려가 매우 크다고 한 사례이다.

언어학적 관점에서 보면, 여기서 문제는 표장 "No Brand"가 일반명칭 표장에 속하는가의 여부이다. "노브랜드 상품"에 대해 사전에서는 "원가를 줄이기 위하여 포장을 간소화하거나 상표를 붙이지 않고 파는 상품"(표준국어대사전) 또는 "상표가 붙어 있지 않은"(YBM) 등을 뜻하는 것으로 설명되어 있어 보통명사로 볼 수 있다. 그러나 판결에서는 선등록 상표 "No Brand"가 특정 상품에 이미 특정화되어 있다고 보고, 등록 불가의 결정을 내렸다.

둘째, 일반화된 일반명칭과 관련된 다음 판례를 보자.[12]

> 특허청 심사관이 부동산분양업 등을 지정서비스업으로 하는 甲주식회사의 출원서비스표 "e 편한세상 옥수 파크힐스"에 대하여 건물분양업 등을 지정서비스업으로 하는 선등록서비스표들인 "파크힐"과 각 표장 및 지정서비스업이 유사하다는 이유로 서비스표등록 거절결정을 한 사안이다.
>
> 출원서비스표와 선등록서비스표들의 표장 중 [⋯] '파크힐스' 부분이 주지·저명하다거나 다른 구성 부분과 비교하여 전체 서비스표에서 높은 비중을 차지하는 부분이라거나 수요자들에게 강한 인상을 주는 부분이라고 보기 어렵고, 출원서비스표의 지정서비스업과 관련하여 'e 편한세상'과 같은 구성부분보다 상대적으로 식별력이 높다고 볼 수 없으며, 오히려 국내 영어 보급수준을 고려하면 공원을 의미하는 'PARK' 및 언덕을 의미하는 'HILL'은 비교적 쉬운 단어로 수요자나 거래관계자들이 '파크힐스' 부분을 보고 '아파트 등 부동산이 위치한 곳'이라는 관념을 쉽게 떠올릴 것으로 보이는 점, 전국적으로 '파크힐' 부분을 포함하는 명칭의공동주택이 약 70여 곳 이상 존재하는 등 '파크힐스' 부분은 다수인이 현실적으로 사용하고 있는 명칭이므로 이를 공익상 특정인에게 독점시키는 것이 적당하지 않아 보이는 점, ⋯ 외관이나 호칭 등에서 서로 차이가 있어 출원서비스표는 선등록서비스표들과 표장이 유사하지 아니한다고 한 사례이다.

원래 Park Hill은 영국에 있는 대규모 주거 단지를 가리키는 고유명사이다. 그러나 판결요지에서 설명하는 바와 같이, 현재 이 단어는 보통명사화 되어 공동주택을 가리키는 곳에 다양하게 변형되어 사용되고 있다. 따라서 이 표장은 보통명칭 표장에 해당하여 상표로서 보호받지 못한다.

셋째, 기술적 표장과 관련된 다음 판례를 보자.[13]

> "보쌈" 체인사업을 운영하는 자가, 특허청에 상표등록을 마친 갑 회사의 "족쌈"과 동일한 상표가 부착된 포스터와 메뉴판을 제작하여 40여 개의 체인점에 게시하게 함으로써 갑 회사의 상표권을 침해하였다는 공소하였다. 이에 대하여, '족쌈'은 '족발'의 '족' 부분과 '보쌈'의 '쌈' 부분을 결합하여 만든 것으로서 사전에 등재되어 있지 아니한 조어이지만, 그 사용상품과 관련하여 볼 때 수요자에게 '족발을 김치와 함께 쌈으로 싸서 먹는 음식' 또는 '족발을 보쌈김치와 함께 먹는 음식' 등의 뜻으로 이해될 수 있다. 따라서 피고인이 사용한 "족쌈"은 비록 보통명칭화한 것이라고는 할 수 없다 하더라도 사용상품의 품질·원재료 등을 보통으로 사용하는 방법으로 표시하는 표장에 해당하므로 갑 회사의 상표권의 효력이 미치지 아니한다.

언어학적으로 보면, "족쌈"은 '돼지 족발을 쌈으로 싸먹는다'는 의미로 해석하여 형성방법에서는 창작 표장에 해당하지만, 또한 상품의 용도 내지 사용방법을 설명해주기도 하므로 기술적 상표에도 해당한다. 따라서 "족쌈"은 상표로서 보호를 받지 못한다고 볼 수 있다. 이는 법적 판단과도 일치한다.

넷째, 이차의미의 기술적 표장과 관련된 다음 판례를 보자.[14]

> 원고가 "물파스"를 상표로 등록하고, 위 상표의 연합상표로서 "현대물파스"를 상표등록을 하였다. 피고가 사용하는 이 사건 표장 "물네오파스"를 사용한다. 양자는 그 외관, 칭호 및 관념에 있어 서로 유사

한 점을 인정할 수 있어 거래상 혼동 오인의 염려가 있다고 아니할 수 없으므로 결국 피고 사용의 위 상표는 이 사건 등록상표와 유사한 상표에 해당된다 할 것이다. 그런데 피고는, 원고가 갱신등록을 받은 이 사건 상표인 "물파스"는 "파스"란 지정상품으로서의 보통명칭과 "물"이란 지정상품의 형상을 보통으로 사용하는 방법으로 표시한 것에 불과하여 갱신등록이 될 수 없는 것임에도 불구하고 잘못 사정되어 등록이 되었으니 이는 무효라고 주장한다. [⋯]

위와 같은 인정사실에 비추어 보면 결국 위 "물파스"란 용어가 그 지정상품인 "파스"와의 관계에 있어 "액체상태의 파스"라는 의미를 포함하고 있어 그 지정상품의 특성의 일부를 연상 또는 암시한다고 하여도 이는 수요자간에 그 상표가 누구의 상표인지가 현저하게 인식되어 있는 경우에 해당한다고 보아야 할 것이어서 위 상표의 위 갱신등록은 유효하다 할 것인즉 피고의 위 주장은 이유가 없다.

언어학적으로 보면, 선등록상표 "물파스"는 표장 분류에서 보면 상품의 구성성분을 표현하므로 기술적 표장에 해당한다. 그러나 오랜 기간 사용되어서 소비자들은 "물파스"에 의해 특정 상품을 연상하게 되어 이차 의미를 획득하였다고 볼 수 있고, 그 결과 상표로서 보호받을 수 있게 된다.

14.4. 유사도

14.4.1. 개요

우리나라 상표법은 상표권의 사용에 의하여 상표권의 취득을 인정하는 사용주의가 아니라 등록에 의하여 상표권의 취득을 인정하는 등록주의를 채택하고 있다. 따라서 기존의 등록상표와 동일하거나 유사하여 등록상표와 혼동을 가져오는 상표는 등록되지 못한다. 이는 다음에서 보는 바와 같이 상표법 제34조에 제시되어 있다.

> 제34조 (상표등록을 받을 수 없는 상표) ① 제33조에도 불구하고 다음 각 호의 어느 하나에 해당하는 상표에 대해서는 상표등록을 받을 수 없다.
>
> 7. 선출원(先出願)에 의한 타인의 등록상표(등록된 지리적 표시 단체표장은 제외한다)와 동일·유사한 상표로서 그 지정상품과 동일·유사한 상품에 사용하는 상표
> 9. 타인의 상품을 표시하는 것이라고 수요자들에게 널리 인식되어 있는 상표(지리적 표시는 제외한다)와 동일·유사한 상표로서 그 타인의 상품과 동일·유사한 상품에 사용하는 상표
> 10. 특정 지역의 상품을 표시하는 것이라고 수요자들에게 널리 인식되어 있는 타인의 지리적 표시와 동일·유사한 상표로서 그 지리적 표시를 사용하는 상품과 동일하다고 인정되어 있는 상품에 사용하는 상표

유사상표란 대비되는 두 개의 상표가 동일하지는 않지만 거래자나 일반 수요자에게 상품 출처의 혼동을 일으킬 우려가 있는 것을 말한다. 상표의 유사성 판단 기준에 대해 대법원 판례에서는 다음과 같이 제시하고 있다.

> "상표의 유사여부는 동종 상품에 사용되는 두 개의 상표를 그 외관, 칭호, 관념의 세 가지 면에서 객관적, 전체적, 이격적으로 관찰하여 그 어느 한 가지에 있어서라도 거래상 일반 수요자나 거래자로 하여금 거래

상 상품(서비스업)의 출처에 관하여 오인/혼동을 일으킬 염려가 있는 지 여부에 따라 판단하여야 할 것이다." (대법원 1995. 9. 15. 선고 95 후811 판결)

관찰 방법으로서 객관적 관찰은 상표 사용자의 주관적 사정을 고려하지 않고서 상표 자체를 기초로 판단해야 한다는 것이다. 그리고 이격적 관찰에 따라 두 개의 상표를 같은 시간과 장소에서 나란히 놓고 대조하여 유사성을 판단해서는 안 되고, 전체적 관찰에 따라 상표 구성의 일부만을 추출하여 타인의 상표와 비교하여 판단하는 것도 허용되지 않는다. 이러한 관찰 방법을 사용하여 두 개의 상표가 상품의 출처에 관한 오인 내지 혼동을 일으킬 염려가 있느냐 없느냐 하는 관점에서 판단해야 한다고 본다. 여기서 '혼동'은 상표의 유사 여부를 판단할 때 기준이 되며, 따라서 '혼동 개연성(likelihood of confusion)'이 있으면 상표 등록이 거부된다.

상표의 유사 판단은 보통 상표의 칭호, 외관, 관념을 대상으로 하는데 이는 기호의 음성, 형태, 의미 측면에 해당하고, 언어학에서의 음성학·음운론, 형태론, 의미론에 대응한다. 아래에서는 영어 예를 중심으로 기존의 언어학적 분석을 살펴보자.

먼저 상표가 동일하거나 유사하게 불리우면 발음의 유사가 인정된다. 예를 들어, 후발주자인 Aventis와 선출원 상표인 Advancis의 사례를 살펴보자.[15] 먼저 두 상표의 발음 표기는 다음과 같다.

Aventis   vs.   Advancis

[əˈvɛn.tɪs]   [əᵈˈvæn.sɪs]

이를 토대로 하여 Aventis와 Advancis의 유사도 측정은 다음과 같이 이루어 진다. 먼저 공통된 음운 개수를 보면, 두 단어의 발음 기호들에서 총 개수는 19개이고, 그 중 공통된 음운 개수는 14개로 73%의 유사도를 보인다. 다음, 두 상표의 발음 유사도는 변별자질(distinctive feature)의 비교에 의해서도 이루어졌다. 예를 들어, 음운 /p/는 [-voiced], [-continuant], [+anterior], [-coronal] 등 네 개의 자질들을 가지고 있다고 본다. 이에 따르면, 발음 [əˈvɛn.tɪs]는 38개의 자질들로, 그리고 발음 [əᵈˈvæn.sɪs]는 33개의 자질들로 구성된다. 그리고 두 발음의 중복된 자질들을 체크해 보면, 총 81개의 자질들 중 72개가 겹쳐서 약 89%의 유사도를 보인다. 그리고 음운들의 출현 순서도 발음의 유사도에 영향을 미친다. 두 상표는 몇몇 음운들과 관련하여 동일한 순서를 가지고 있다. 즉, 둘 다 /v/, /n/, /ɪ/, /s/의 순서로 나타나 있다.

다음으로 시각적으로 전체적 인상이 상품 출처의 오인·혼동을 야기시킬 수 있는지 판단하는 형태적 측면을 보자. 이는 문자학(graphemics)에서 접근할 수 있는 방식으로, 주로 철자나 폰트 사이즈, 폰트의 전체적인 디자인 등을 참고해 분석하는 것이다. 철자의 비교를 보자. 예를 들어, Longlife와 Longlife460는 기호차원에서 보면 70% 이상이 유사하다고 본다.[16] 앞서 살펴본, Aventis와 Advancis의 경우 철자로 보면 총 15개의 철자들중 10개가 동일하여 67%의 유사도를 보인다.

의미 차원의 경우, 상표가 관념상 서로 동일하거나 유사하다고 판단되면 유사도가 높다고 본다. 의미 차원에서는 단어의 외연(denotation) 뿐만 아니라 내포(intension)도 고려된다. 의미 비교의 예로서 CarMax 대 CAR-X를 보자.[17] 두 상표는 모두 '자동차'라는 의미를 공유하고, 그외 다른 형태소를 각자 갖는다. 전자에서 형태소 Max의 의미는 사전에서 다른 단어나 상표들에서 쓰인 의미를 토대로 유추해보면, 관련 상품이나 서비스가 최상임을 소비자에게 전달한다. 한편, 후자에서 R_x는 CAR와 결합하여 미국의 영어 화자에게는 다른 단어나 상표에서 쓰임에 기초하여 보건데 '신뢰할 만한 자동차 수리소'라는 의미를 갖는다. 따라서 두 상표는 '자동차'라는 부분을 공통으로 의미하지만, 전체적인 의미에서는 서로 구별된다고 본다.

이와 같이 두 상표 간의 유사도를 측정할 때는 소리 측면, 형태 측면, 의미 측면 등으로 살펴볼 수 있다. 그리고 상표의 일부분이 특히 수요자의 주의를 끄는 경우, 그 중심적 식별력을 가진 요부를 추출하여 두 개의 상표를 대비함으로써 유사 여부를 판단하기도 한다.

14.4.2. 사례

다음은 유사도와 관련된 몇 가지 판례들에 대해 언어학적 설명을 제시한다. 유사도와 관련된 전형적인 소송은 다음과 같다. 회사 A는 확정된 상표에 대해 재산권을 소유하는 반면에, 회사 B는 새로운 신생 상표를 만들기를 바란다. 회사 A가 판단하기에, B 회사의 새로운 상표는 자사의 기존 상표와 혼동스러울 정도로 유사하여, 대중이 A와 B 회사 제품들에 대해 각기 오인할 것이고, 그 결과 A 회사의 사업이 피해 입을 것이다. 여기서 문제는 후발주자의 상표가 선등록의 상표와 어느 정도 유사한가이다.

첫째, 발음의 유사성과 관련된 다음 판례를 보자.[18]

등록상표 "M & S"와 인용상표 "M & M's"를 대비해 보면, 호칭에 있어서 등록상표는 "엠앤드에스" 또는 "엠앤에스"로 호칭될 것이고, ⋯ 인용상표가 "엠앤드엠스" 또는 "엠앤엠스"로 호칭될 경우에는 양 상표는 끝에서 두 번째 음절인 '에'와 '엠'에 있어서의 'ㅁ'받침의 유무 정도의 차이 밖에 없어 양자는 그 호칭이 매우 유사하게 청감된다 할 것이고, 우리 나라 사람들의 영어 발음 습관에 비추어 영어에서의 소유격을 나타내는 인용상표의 's' 부분이 반드시 약하게 발음된다고 단정할 수 없을 뿐만 아니라, 등록상표에 있어서의 끝 부분 '스' 발음과 인용상표의 끝의 '스' 발음에 있어서 그 강세가 차이가 있으리라고도 여겨지지 않으므로, 등록상표와 인용상표의 호칭은 유사하다고 보아야 할 것이고, 외관에 있어서도 양 상표는 앞 부분의 'M'과 중간 부분의 '&'가 동일하고, 끝 부분 'S' 'M's'는 다소 다르지만 모두 'S'자를 포함하고 있는데다가 양 상표는 전후의 간단한 알파벳을 '&'로 연결하여 결합한 모양으로서 상표로서의 기본적인 아이디어가 같아 양 상표는 그 외관에 있어서도 유사하게 느껴진다 할 것이고,

위와 같은 점을 종합할 때 등록상표는 인용상표의 지정상품과 동일·유사한 비스킷, 쿠키, 쵸코릿 등의 상품에 함께 사용된다면 거래자나 일반 수요자로 하여금 상품의 출처에 관하여 오인·혼동을 불러일으킬 염려가 있어 인용상표와 유사한 상표에 해당한다고 할 것이고, 따라서 등록상표는 상표법 제7조 제1항 제7호 등의 규정에 위반하여 등록된 것으로 볼 여지가 있다.

위 판결은 두 상표에 대해 호칭과 형태를 비교하여 유사하다고 결론내리고 있다. 발음에 대한 언어학적 분석을 제시하면, 먼저 두 상표의 발음은 다음과 같다.

M&S   vs.   M&M's

[ɛm.ænd.ɛs]   [ɛm.ænd.ɛmz]

이를 토대로 먼저 음운 개수를 비교해 보면, 두 상표는 총 19개중에서 16개의 음운을 공통으로 가지고 있어서 약 84%의 높은 유사도를 보인다. 또한 음운의 순서에서도 /ɛ/, /m/, /æ/, /n/, /d/, /ɛ/ 등 6개가 동일한 순서로 나타난다. 그 결과, 소리의 측면에서 보면 후발 주자의 상표 M&M's는 선등록 상표 M&S와 높은 유사도를 보이는 것으로 판단할 수 있다.

둘째, 의미의 유사성이 관련된 다음 판례를 보자.[19]

> 지정서비스업을 스낵바업, 바(bar)서비스업 등으로 하는 등록서비스표 "봉구네"의 권리자 갑이 을 주식회사를 상대로 확인대상표장 "봉구비어"가 등록서비스표의 권리범위에 속한다고 주장하면서 적극적 권리범위확인심판을 청구하였다. […]
>
> 등록서비스표와 확인대상표장은 글자 수와 글씨체 및 글자 구성이 달라 전체적인 외관이 다르고, 등록서비스표는 '봉구네'로 호칭되어 '봉구비어'로 호칭되는 확인대상표장과 호칭이 다르며, 등록서비스표는 '봉구라는 이름을 가진 사람의 집 또는 거주지'의 의미로 인식되는 데 반해 확인대상표장은 '봉구의 맥주집' 또는 '봉구라는 이름의 맥주집'이라는 의미로 인식되어 관념 또한 서로 다르므로, 등록서비스표와 확인대상표장은 외관, 호칭, 관념이 서로 달라 동일 또는 유사한 서비스업에 사용되더라도 일반 수요자들로 하여금 서비스업의 출처에 관하여 오인·혼동을 일으키게 할 염려가 없으니, 양 서비스표는 서로 유사하지 아니하여 확인대상표장이 등록서비스표의 권리범위에 속하지 않는다.

위 판결은 두 상표에 대해 호칭, 형태, 의미를 비교한 결과, 두 상표는 유사하지 않다고 결론을 내린다. 이중에서 의미면에서 보면, "봉구네"와 "봉구비어"는 둘다 합성명사로서 보통 첫 번째 단어의 의미가 두 번째 단어의 의미를 수식해주고, 합성명사의 핵심 의미는 두 번째 단어에 있다. 이에 따라 "봉구네"는 '봉구의 집'을 그리고 "봉구비어"는 '봉구의 맥주'를 의미하기 때문에, 두 상표의 의미는 근본적으로 다르다고 볼 수 있다.

셋째, 형태의 유사성이 관련된 다음 판례를 보자.[20]

> 갑 등이 을 주식회사의 등록서비스표인 "다이소", "DAISO"의 지정 서비스업과 동일·유사한 서비스업인 생활용품 등 판매점을 운영하면서 "다사소", "DASASO"를 서비스표로 사용하자, 을 회사가 갑 등을 상대로 서비스표권 침해금지 등을 구한다. […] "다이소"와 "다사소"를 대비하면 첫째 음절과 셋째 음절이 동일하고 세 글자의 문자로 되어 있으며, 영문으로 표현할 경우 앞뒤 부분 두 글자씩 총 네 글자가 공통으로 존재한다. […]
> 갑 등이 서비스표를 생활용품 등 판매점 운영을 위하여 사용한 행위는 을 회사의 등록서비스표권에 대한 침해행위가 된다.

위 판결은 형태 측면에서 다이소와 다사소가 많이 중복이 되기 때문에 소비자가 오인 혼동할 우려가 있어서 침해 행위가 되어 다이소의 손을 들어주었다. 언어학적으로 보면, 한글 상표("다이소" 대 "다사소")의 경우 총 6음절 중 4음절이 동일하여 두 상표는 67%의 동일성을 보인다. 영어 상표(DAISO 대 DASASO)의 경우 총 11개의 알파벳중 8개의 알파벳이 동일하여 73%의 동일성을 보인다. 그 결과, 형태론적으로 두 상표는 유사도가 높다고 판단할 수 있다.

제15장

저자 판별

15.1. 개요

법과학에서 어떤 연구들은 '패턴 증거(pattern evidence)'와 관련한다. 즉, 의심스러운 자료에서 패턴을 찾아내어, 이미 알려진 자료들의 패턴과 일치되는가를 조사한다. 여기서 자료로 이용되는 것은 생체 관련된 지문(指紋), 손금, 필체, 목소리 등이거나 또는 보폭, 신발 자국, 타이어 자국 등 일 수도 있다.[1] 본 장에서 다루는 '저자판별(authorship attribution)'은 텍스트가 패턴 증거의 자료로 이용된다.

텍스트는 범죄에 사용되거나 범인 식별에 대한 단서로서 관련될 때 법과학의 분석 대상이 된다. 보통 범인은 범죄와 관련한 텍스트를 익명으로 보내고, 사법기관은 그 텍스트의 저자를 밝혀 범죄를 해결하고자 한다. 즉, 텍스트로부터 저자에 고유한 속성들을 도출하여 저자를 유추해내는 데에 관심을 두는 분야가 저자 판별이다. 이러한 저자 판별 분야는 형사소송 외에도 민사소송, 보안 이슈 등에서 중요한 역할을 한다.

저자 판별은 '개인어(idiolect)'의 개념을 전제로 한다. 사람은 생물학적으로 자신만의 특성을 나타내는 고유의 지문과 성문(聲紋)을 가지고 있다. 마찬가지로 텍스트에도 자신만의 특성을 나타내는 나름의 언어 스타일이 나타난다고 볼 수 있고, 이를 개인어라고 한다. 저자 판별은 주어진 텍스트로부터 개인어를 찾아내어 저자를 알아내는 일이라고 말할 수 있다. 법언어학자 쿨샤드(Coulthard)는 이를 다음과 같이 정리한다.

> "모든 모국어 화자는 말하고 쓰는 언어에 대해 자신만의 상이하고 개별적인 버전, 즉 자신의 개인어를 가지고 있고, 이 개인어가 텍스트 내에서 두드러지고 특이한 언어적 선택을 통해 나타난다는 이론적 입장에서 언어학자는 저자 판별의 문제를 접근한다." (Coulthard 2004: 432)

이러한 개인어는 '언어 변이(linguistic variation)'의 한 현상이다. 어떤 언어 사회나 계층 또는 동일한 화자의 말에서 동일한 개념이나 사물을 지칭하는 다른 표현 방식들이 둘 이상 공존하여 쓰이고 있는 상태를 언어 변이라고 한다. 이와 같은 성격을 갖고 있는 언어 표현들은 음운론과 형태론, 그리고 통사론을 포함한 언어 분석의 대부분 층위에서 나타난다. 이러한 변이 현상들 중 대표적인 것인 방언(dialect)이다. 방언이란 특정 지역 또는 사회 계층에서만 사용하는 언어 체계를 가리킨다. 방언은 주로 지역 방언을 의미하며, 이는 산맥이나, 강 또는 숲과 같은 지리적 요인에 의해 발생한다. 이러한 방언과는 달리 개인어는 개인의 다양한 배경에 의해서 유발되는 언어 변이라고 말할 수 있다.

저자 판별에 대한 관심은 매우 오래 전부터 시작되었다.[2] 고대에 『일리

아드』와 『오딧세이』의 저자로 알려진 호머의 작품을 판별해 내려는 시도에 서부터 시작하여, 중세에는 성경의 원저자와 관련한 폭넓은 연구가 이미 활발히 이루어졌다. 이러한 연구는 현대에까지 지속적으로 이어져 왔다. 예를 들면, 수학자 드 모르강(de Morgan)은 1851년에 사도 바울의 편지들에 대한 진위여부 판정 부탁을 받고서, 단어의 평균 길이를 측정하는 방식으로 판별을 진행하였다. 동일한 방식으로 셰익스피어의 문학 작품의 진본 여부를 판별하려는 시도가 있었다. 이에 따르면, 말로의 후반기 작품들이 문제의 셰익스피어 작품들과 보다 밀접히 연관되어 있음을 보여주었다. 그리고 1960년대에 문법적 단어들의 빈도를 계산하여 『연방주의자 논집(Federalist Papers)』에 실린 익명의 85개 수필들에 대한 저자 판별을 진행한 연구가 있었다. 최근에는 컴퓨터 기술의 발달로 대용량 데이터에 대한 계량적 측정이 가능하게 되어 연구자들의 주목을 끌고 있다. 예를 들어, 갤브레이스(Robert Galbraith)라는 필명으로 발표된 『The Cuckoo's Calling』소설의 저자가 다름 아닌 해리포터 시리즈의 저자인 롤링(J.K. Rowling)과 동일인임을 전산학자들이 밝혀냈다.

15.2. 방법론

다음은 저자 판별의 방법론을 살펴보자. 먼저 분석대상이 되는 텍스트에 대한 전반적인 조사가 진행되어야 한다. 이 조사에서 고려되는 기준은 다음과 같다.[3]

- 텍스트 규모: 텍스트의 분석 방법에 따른 텍스트의 길이
- 텍스트 품질: 텍스트 자체의 훼손 여부. 복사본의 경우, 원본과의 차이
     여부
- 생성 방법: 친필로 쓴 텍스트인가 워드편집기로 작성된 텍스트인가
- 생성 시기
- 텍스트 유형
- 공동작업 여부

위 조사에서 주로 그 대상이 되는 텍스트는 일반적인 텍스트에 비해 다음과 같은 몇 가지 문제점들을 갖는다.

첫째, 텍스트 규모 면에서 문제의 텍스트는 일반 텍스트에 비해 빈약하다. 예를 들어, 협박 편지나, 몸값을 요구하는 쪽지, 동료들간 이루어지는 성적 농담의 SNS, 이메일, 블로그 등이 있다. 이러한 텍스트는 조사 결과의 산출에 필요한 양이 적어서 조사 결과의 신뢰성에서 문제가 제기될 수 있다.

둘째, 텍스트 품질 면에서 보면, 이러한 텍스트들은 한정된 독자를 대상으로 하여 긴 시간에 걸쳐 쓴 것이 아니라 대부분 즉각적으로 작성되었고, 상당히 감정적인 내용을 포함하고 있어서 일반적인 텍스트에 비해 비문법적인 표현들이 많고 정돈되지 않은 자료라고 할 수 있다.

셋째, 일반적으로 텍스트의 저자가 여러 명일 수 있다. 저자는 다음과 같이 구분된다.[4]

- 예비저자(precursory author): 텍스트의 생성에 아이디어를 제공하였거나 많은 구체적인 영향을 준 저자이다.

- 주저자(executive author): 아이디어를 구체화하여 실제 텍스트 작성에 참여한 저자를 말한다.
- 수정저자(revisionary author): 완성된 텍스트에 대해 나중에 수정하거나 편집을 하는 저자를 말한다.

저자 판별에서는 어떤 유형의 저자에 해당하는지를 밝혀야 하고, 여기서는 주로 주저자와 수정저자가 문제된다.

분석대상의 텍스트에 대해 이러한 조사가 이루어지면, 다음에는 저자 판별을 위한 구체적인 분석이 진행된다. 문제의 텍스트와 비교가능한 텍스트들이 존재하는 가에 따라 저자 판별의 내용이 달라진다. 문제의 텍스트만 존재하는 경우에는 저자에 대한 일반적인 사항들을 유추하여 알아내는 이른바 '저자 프로파일링(authorship profiling)'에 해당하고, 비교 텍스트들이 존재하는 경우에는 문제의 텍스트와 그 텍스트들 간의 비교를 통해 저자를 밝혀내는 일반적인 저자 판별에 해당한다.

먼저, 저자 프로파일링을 살펴보자. 비교 텍스트가 없이 문제의 텍스트만 주어진 경우, 그 텍스트의 저자를 특정하는 것은 어렵다. 그 대신, 문제의 텍스트 분석을 통해 저자의 여러 속성들을 밝혀낼 수 있다. 이러한 속성은 텍스트 저자에 대한 사회언어학적인 그리고 심리학적인 면들에 해당한다. 몇 가지 속성들을 보면 다음과 같다.[5]

- 언어 분류: 사용된 언어가 저자의 모국어인지 아니면 외국어인지를 평가한다. 외국어인 경우, 저자의 모국어가 무엇인지 또는 어떤 어족에 속하는 언어인지 밝힐 수 있다.

- 지역 방언: 저자의 출생지 내지 현 거주지를 추정할 수 있다.
- 나이: 고풍의 철자법, 표현, 문법형태 사용, 또는 청소년들의 유행어 사용여부, SNS 등에서의 문장 구성 방법 등을 살펴보면 대략의 나이대를 추정할 수 있다.
- 언어능력, 교육수준, 사회적 배경: 텍스트에 나타나는 어휘 수준, 글쓰기 방식, 테마 전개, 텍스트 구성 등을 보면 저자의 언어능력을 평가할 수 있다. 이는 교육의 결과임으로, 언어능력으로부터 교육수준을 추정할 수 있다. 또한 교육수준과 사회적 계층이 밀접히 연관되어 있음으로, 저자가 속한 사회적 계층도 추정할 수 있다.
- 직업, 관심분야: 텍스트에 나타난 전문용어나 특수 표현들을 보면 저자의 직업 또는 관심 분야를 추정할 수 있다.
- 성향·태도: 저자가 선택하는 표현들을 보면, 저자의 성향, 믿음, 견해 등에 대한 단초를 발견할 수 있다.

다음은 저자판별을 살펴보자. 텍스트의 저자를 찾기 위한 전통적인 방법으로는 사료 조사, 주변인물 인터뷰, 출판 목록 조사, 텍스트에 대한 문체론적 분석 등이 있었다. 현대에 들어와서는 통계 방법론의 적용을 통해 텍스트 자체에 대한 문체적 특성을 추출하고 이를 바탕으로 저자를 추정하는 보다 객관적이고 계량적인 방법론이 많이 시도된다. 특히 최근에는 컴퓨터에 기반한 기계학습 알고리즘을 통한 저자 추론의 연구가 활발하게 이루어지고 있다. 일반적으로 저자 판별의 분석방법론은 정성적(qualitative) 접근법인 문체론적 방법과 정량적(quantitative) 접근법인 계량문체론적 방법으로 구분될 수 있다. 저자판별 두 방법의 절차는 기본적으로 동일하다. 저자 판별은

다음과 같은 네 단계로 이루어진다.[6]

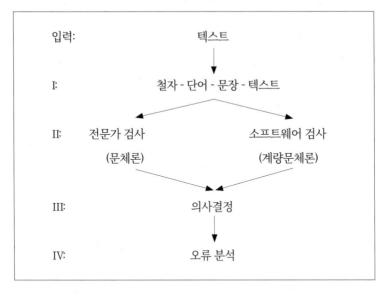

<그림 1> 저자 판별의 단계

첫 번째 단계에서는 텍스트가 입력으로 주어지면, 비교할 언어학적 수준을 선택한다. 이는 철자, 단어, 문장, 혹은 텍스트 차원에서 이루어질 수 있다. 예를 들어, 단어 차원의 경우에는 분석 단위가 기능어, 내용어, N 그램 단어들, 어휘 의미, 어휘 중복, 단어 평균 길이 등이 될 수 있다.

두 번째 단계에서는 앞 단계에서 선택한 언어학적 수준의 자질들을 조사한다. 범례들의 목록, 자질의 출현 여부, 빈도수 등이 있다. 이러한 자질들의 검사는 전문가에 의해 정성적으로 분석되거나, 컴퓨터에 의해 정량적으로 분석된다.

세 번째 단계에서는 의사결정이 이루어진다. 일반적으로 다수결 원칙에 따라, 문제의 텍스트가 앞 단계의 자질들과 관련하여 보다 많이 매칭된 텍스트가 있으면 그 텍스트의 저자를 문제의 텍스트의 저자로 결정된다. 통계적 방법에서는 한계점(threshold)을 이용하여 그 한계점을 넘는 자료가 그렇지 못한 자료보다 낮거나, 순위가 매겨질 경우 예를 들어, 높은 순위의 자료가 그 아래 자료들보다 낮다고 평가할 수 있다.

마지막 단계에서는 사용된 통계 방법이 적절했는지 검토하는 타당성 검사가 이루어진다. 이러한 타당성 검사는 다음의 절차로 이루어진다. i) 저자가 알려진 텍스트로 데이터세트를 구성하고, ii) 사용된 방법론을 이 데이터세트에 적용한다. iii) 그리고 교차검증을 실시한다. iv) 오류율을 계산하고, 오류분석을 진행한다.

다음 15.3절과 15.4절에서는 저자 판별의 대표적인 방법인 문체론적 방법과 계량문체론적 방법을 각각 살펴본다.

15.3. 정성적 접근법

15.3.1. 법문체론

텍스트에서의 스타일(style)은 쟝르와 문맥의 요구에 대해 저자가 의식적으로 보이는 반응과, 오랜 기간의 글쓰기 경험을 통해 얻은, 문법적 요소들에 대한 무의식적이고 습관적인 선택의 결과를 반영한다. 따라서 스타일은 글쓰기 과정에서 저자가 행하는 반복적인 선택들을 말한다. 이때의 선택은 규범 내에서 이루어지거나(1a) 혹은 규범에서 벗어날 수 있다(1b).[7]

(1) a. I give my heart to you. (← I give you my heart.)

b. I be working today. (← I am working today.)

문체론(stylistics)은 언어에서 스타일을 연구한다. 언어학적 문체론 (linguistic stylistics)은 개인이나 집단의 언어에서 관찰되고 기술되고 분석되는 문체 표지들(style markers)에 대한 과학적 해석이다. 따라서 문체 표지는 저자가 글쓰기 과정에서 습관적이고 보통 무의식적으로 선택한 관찰가능한 결과라고 볼 수 있다. 이러한 언어학적 문체론을 법 영역에 적용한 분야를 "법문체론 (forensic stylistics)"이라고 한다. 다음은 이에 대한 설명이다.

> "법문체론은 소송 하에 있는 문제의 텍스트 저자 판별과 관련된 결론이나 견해를 이끌어내기 위해 문체론적 분석을 행한다. 문체론은 문어에서 나타나는 변이 패턴을 과학적으로 연구한다. 연구의 대상은 개인의 언어(개인어)이고, 그의 언어적 특징들을 기술하게 된다."
> (McMenamin 2002: 163)

따라서 법문체론에서는 문제의 텍스트들에 대해 문체 표지들을 분석함으로써 저자판별을 행한다. 즉, 개개인의 고유한 배경이나 환경은 언어적 선택이나 선호에 반영되어 있기 때문에 문체 표지의 분석을 통해 관찰 가능하다. 문체 표지는 모든 언어학적 층위에 존재한다. 즉, 철자, 구두점, 형태론, 어휘선택, 통사론, 절 구성, 담화 표지 등에서 찾아볼 수 있다. 그리고 개인에 유일한 단 하나의 표지는 존재하지 않는다. 그러므로 저자 판별에 있어서 가급적 많은 표지들에 대한 조사가 이루어진다. 구체적인 법문체론적 분석 과정은 앞절에서 제시한 일반적인 단계를 밟아 진행된다.

이러한 법문체론은 두 가지 전제를 하고 있다.[8] 첫째, 개인의 문제는 관련 텍스트 내에서 충분한 정도의 일관성(consistency)을 유지한다는 점이다. 즉, 저자는 이메일, 문자메시지, 트윗 등 동일한 유형의 텍스트 내에서는 뚜렷한 일관성을 보여야 한다는 것이다. 둘째, 한 저자에게 나타나는 이러한 일관된 문체는 다른 작가와 구별시켜줄 정도로 충분한 분별력(distinctiveness)이 있어야 한다.

이러한 법문체론적 방법은 몇 가지 문제점들을 안고 있다.[9] 첫째, 전문가의 직관에 너무 의존하기 때문에 매우 주관적이다. 즉, 분석에 사용될 자질의 선택에 있어서, 그리고 분석에서 그런 자질의 중요도에 대한 평가에서 전적으로 언어학자의 주관적 판단에 의존한다. 둘째, 분석에 대한 신뢰성, 타당성 검사가 결여되어 있어서 법정에서 증거로서 받아들일 가능성이 적다. 셋째, 데이터가 많은 경우, 모든 데이터에 대해 동일한 시간과 노력을 들여 충분히 분석될 수 없다. 따라서 분석 자료가 편차를 지닐 수 있다. 넷째, 유용한 문체 표지의 선정이 사안마다 다르기 때문에, 동일한 방법론이 반복 적용될 수 없고, 그 결과도 일반화될 수 없다.

15.3.2. 예제

다음은 다양한 언어적 차원에서 볼 수 있는 법문체론적 분석의 예들을 살펴보자. 이러한 분석은 언어 학습에서 개발된 '오류 분석(error analysis)' 기법을 토대로 한다. 오류 분석에서는 규범의 체계적인 위반에 해당하는 오류와 비체계적인 위반의 실수를 발견하고 분류한다. 즉, 원본에 견주어 오류와 실수를 찾아 기술하고 설명하며, 이를 무표적인 경우들과 관련하여 평가한다. 특정 텍스트에서 나타나는 오류와 실수는 철자, 형태, 어휘, 문장 등의 언어적 차원에 따라, 생략·첨가·대치 등의 유형에 따라, 또는 특정 기준에 따라 분류될 수 있다. 그 결과, 우리는 특정 텍스트가 갖는 오류와 실수 패턴을 찾아낼 수 있게 된다.[10] 법문체론적 분석에는 오류 분석에서 밝혀진 패턴들을 기준으로 하여 문제의 텍스트와 이미 알려진 텍스트의 비교가 이루어지고, 이를 토대로 동일 여부에 대한 결정을 내리게 된다. 다음은 언어적 차원에 따른 오류 패턴에 의한 텍스트 비교의 예들을 보자.[11]

첫째, 정서법 차원에서 보자. 아래는 아포스트로피 대신에 콤마를 쓰는 경우의 예를 보여준다.

문제의 텍스트	알려진 텍스트
Nina,s [Nina's]	Kerri,s Harrison,s Rose,s Rex,s

둘째, 형태론 차원에서 명사의 복수형에서 s를 사용하지 않는 경우의 예를 보여준다.

문제의 텍스트	알려진 텍스트
…all six structure [structures] … the various meeting [meetings]	… both project [projects] … to discuss the different way … [ways] … all the six hand owner will pay [owners] … all your invoice to works … [invoices]

셋째, 단어/어휘 차원에서 형용사와 부사를 혼동하는 경우의 예를 보여준다.

문제의 텍스트	알려진 텍스트
···do you real want ··· [really] ··· he was a complete negative person ··· [completely]	··· worked out in a similarly arrangement ··· [similar] ··· the environmental sensitive areas ··· [en- vironmentally] This is a very financial and economically sound decision ··· [financially]

넷째, 통사론 차원에서 주어-동사 일치에서 벗어나는 경우의 예를 보여준다.

문제의 텍스트	알려진 텍스트
This letter certify that ··· ··· and should any organization wishes to discuss this matter ···	··· and we does not have the army to fight ··· If the company sign a agreement with ··· ··· at present our company still use the proj- ect house ··· all his works is finished.

15.3.3. 필적감정

다음으로 법문체론적 분석방법의 또 다른 예로서 필적감정을 살펴보자. 필적(handwriting)이란 글을 쓰는 습관이다. 필적은 사람마다 다르기 때문에 지문과 같은 기능을 한다. 다음은 필적의 개인별 특이성에 대해 설명해준다.

"우리들은 글자를 쓸 때에 손가락, 손, 손목, 팔, 안구 등 다양한 부위를 사용한다. … 이렇듯 무언가를 쓴다는 작업은 아주 복잡한 신경의 연동을 필요로 하는 대단히 고도의 활동이기 때문에 어린 아이는 습득에 시간을 필요로 한다. … 습득해 가면서 그 동작은 '자동적'이 되어 간다. … 즉 필적 버릇이 되고 마는 것이다. 또 그렇게 고도로 복잡하고 어려운 활동이기 때문에 한 번에 무수한 자동화된 신경 활동을 바꾸는 것은 불가능에 가까우므로 사람의 필적 버릇은 흉내내기가 어려운 것이다." (서경숙·니시야마 치나 역. 2016: 176f.)

필적감정에서 사용되는 필체의 특징들로는 다음과 같은 것들이 있다.[12]

- 글자 사이의 간격
- 단어 사이의 간격
- 글자와 글자 내 사이의 상대적 비율
- 개별 글자의 정렬
- 글자 정렬의 조화
- 글자의 기울기
- 연결 타점
- 펜의 들어올림
- 마지막 스트로크의 시작
- 과장된 표현
- 펜의 압력

국내의 경우를 보자. 필적감정은 문서감정의 한 분야로 규정된다. 문서감정은 "특정한 문서 또는 유가증권의 위조 및 변조여부, 작성자, 작성시기 등을 식별하거나 육안으로는 판독 불가능한 상태로 된 문서의 내용을 검출 해독하기 위하여 이에 사용된 문자, 기호, 인영, 지문, 잉크, 지질 기타 필요한 사항에 대해 과학적인 실험 및 관판을 통하여 분석, 검사, 감정하는 것을 말한다"(대검찰청 문서감정 규정 제2조). 필적감정에 대해 일반적 사항들을 검사하는 예비검사와 세부사항들을 검사하는 본검사로 구분된다. 본검사의 경우, "필적의 숙련도, 글자의 형성미, 자획구성, 띄어쓰기, 맞춤법의 정확성 여부, 배자형태, 글자간의 크기 비율 등 전체적인 운필특징과 자/모음의 세부적인 자획형태, 기필 및 종필부분의 형태, 필순, 자획의 이어 쓰는 방법, 운필방향, 자획간의 크기비율, 자획의 굴곡상태 및 꺾인 각도 등 세부적인 운필특징을 종합적으로 관찰하는" 것으로 본다(대검찰청 문서감정 규정 제16조 3항).

필적감정의 예로서 김정호(2008)에서 제시하고 있는 다음을 보자.

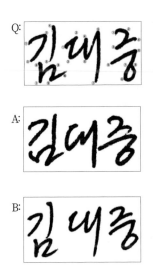

문제의 필적 Q를 감정방법에 따라 비교한 결과, 필적 A와의 유사도는 63.6%, 그리고 필적 B와의 유사도는 80.0%로 평가되어 후자와 동일한 것으로 결론 내린다. 이때 운필 상태, 자획 형태 등을 고려하여 비교한다. 예를 들어, 필적 Q와 필적 B를 다음과 같이 비교한다.

[유사점]
- '김'자의 초성 'ㄱ'에서 기필부분의 운필형태, 가로획과 세로획의 꺾인 부분의 운필각도
- '김'자에서 모음 'ㅣ'의 종필부분이 받침 'ㅁ'에 닿았고, 수직에서 좌측으로 향하는 운필방향
- '김'자의 받침 'ㅁ'에서 첫째획 이하의 전체적인 운필방법 및 운필형태
- '대'자에서 초성 'ㄷ'의 둘째획부터 모음 'ㅐ' 첫째획을 이어서 쓴 운필방법 및 운필형태
- '대'자에서 모음 'ㅐ' 전체를 한 획으로 쓴 운필방법
- '중'자에서 초성 'ㅈ'의 전체적인 운필방법 및 운필형태
- '중'자에서 모음 'ㅜ'의 가로획이 수평선을 기준으로 이루는 각도 및 세로획이 수직에서 왼쪽으로 7시 방향으로 향하는 운필 방향
- '중'자에서 모음 'ㅜ'와 받침 'ㅇ'을 이어서 쓴 운필방법

[상이점]
- '김'자에서 모음 'ㅣ'의 기필부분의 운필형태
- '대'자에서 초성 'ㄷ'의 첫째획과 둘째획의 세로획부분의 운필형태

위 비교에서 보면, 총 10개의 특징들중 8개가 유사하여 80%의 유사도를 보이는 것으로 평가된다.

15.4. 정량적 접근법

15.4.1. 계량문체론

계량문체론(stylometry)에서는 주로 컴퓨터를 이용하여 개인의 문체를 규정할 수 있는 자질들을 조사하고, 의사결정시에 통계적 기법을 사용한다. 자질들로는 타입과 토큰의 비율, 어휘 밀도(lexical density), 유일 어휘(hapax legomena)의 개수, 구두점의 분포와 빈도, 단어의 평균 길이, 문장의 평균 길이, 단어당 음절 평균 개수, 형태소 빈도, 단어 빈도, 연어 사용 빈도 등 텍스트의 다양한 요소들이 해당된다.[13] 그러나 실제로는 개별 요소보다는 여러 요소들을 복합적으로 고려한 저자 판별 기법이 필요한 것으로 드러난다.

Olsson & Luchjenbroers(2014)에서 제시된 다음 예는 이를 잘 보여준다. 문장을 작성할 때 단어의 선택은 사람들마다 다를 수 있다. 〈표 1〉은 문자 메시지 작성에서 영어 화자들에게서 자주 나타나는 변이형들을 보여준다.

표준	변이형
you	u
to	2
are	r
I have	ive

〈표 1〉 영어의 변이형 예

다음의 도표에서 우리는 사용되는 변이형들을 많이 결합하면 할수록 그 저자의 범위가 좁혀짐을 알 수 있다.

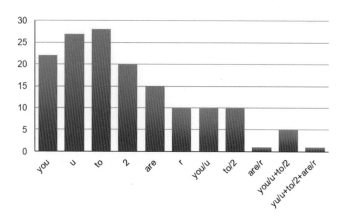

〈도표 1〉 변이형들의 사용자 수

위 도표에서 보면, 개별 형태만을 대상으로 하면 10명 이상의 사람들이 있지만, 원형과 변이형을 모두 사용하는 사람들은 10명 이하로 줄어든다. 더 나아가 원형과 변이형의 두 개를 대상으로 하면 5명으로 축소되고, 이를 세 개의 대상으로 하면 단 한 사람이 특정된다.

이러한 계량문체론적 방법은 현재 많이 활용됨에도 불구하고 몇 가지 문제점들을 지니고 있다.[14] 문제점들을 보면, 문체 표지에 대한 합의된 견해가 없고, 분석에 사용될 자질들이 제한되어 있다. 또한 양적인 기법을 전적으로 사용할 충분히 알려진 자료가 없고, 분석에 있어서 엄밀성이 부족하다고 보기도 한다. 특히, 순수한 통계적 접근법에 대해 몇몇 법언어학자들은 거부감을 표현하기도 한다.

15.4.2. 사례

다음은 활용된 자질들을 기준으로 그간 진행되어온 계량문체론 방법론에 의한 몇몇 국내외 기존 연구들을 소개하도록 한다. 고빈도 어휘, 유일 어휘, N 그램 순으로 살펴본다.

15.4.2.1. 고빈도 어휘

영어권의 경우, 고빈도 어휘를 이용한 저자 판별 방법은 많이 활용되어 왔다. Olsson & Luchjenbroers(2014)에서 제시된 예를 보자. 일반적으로 장르와 작가의 문체 간 관계에 대하여, 하나의 장르에서 동일한 작가의 작품은 비슷한 모습을 보일 것으로 예측된다. 그리고 같은 장르에서는 다른 작가의 작품이라고 하더라도 같은 모습을 보일 것으로 예측된다. 이러한 가정 하에 다음과 같은 단계의 방법론을 사용하여 32개 소설에 대해 실험하였다.

1. 구두점, 포맷, 장 제목 등을 제거한다.
2. 고유명사, 텍스트에 고유한 단어들을 제거한다.
3. 기능어들을 제거한다.
4. 텍스트에서 30개의 고빈도 단어들을 추출한다.
5. 각 텍스트의 고빈도 단어목록을 다른 텍스트들의 고빈도 단어목록과 비교한다.
6. 공유하는 고빈도 단어목록 백분율에 의해 각 텍스트마다 다른 텍스트들을 순위매긴다.

그 결과 동일 장르에 속하는 예를 보면, 제인 오스틴(Jane Austen)의 『이

성과 감성(Sense and Sensibility)』과 『오만과 편견(Pride and Prejudice)』 작품은 전체 30개의 고빈도 어휘들중 25개의 어휘들이 일치하는 모습을 보인다. 이와 반면에 쟝르가 서로 다를 경우 가정한 바대로 일치율이 낮게 나온다. 예를 들어, 제인 오스틴의 『오만과 편견』과 마크 트웨인(Mark Twein)의 『허클베리 핀의 모험(Adventures of Huckleberry Finn)』을 비교하면, 전체 30개의 고빈도 어휘들중 12개의 어휘들만이 일치하는 모습을 보인다.

국내의 경우, 저자 판별에서는 일반적으로 특정 주제와 관련된 내용어의 분포보다는 기능어의 분포가 더 중요한 판별기준이 된다고 본다. 한 저자가 사용하는 내용어의 선택은 대체로 의식적으로 이루어지는 반면에, 기능어의 선택은 저자가 의식하지 않는 상태에서 이루어질 수 있다. 따라서 의식적이지 않은 어휘사용 습관이 저자판별에 용이하다고 본다. 한국어의 경우, 조사, 연결어미, 관형형 어미 등의 기능어를 활용한 저자판별 연구들이 주를 이룬다.

한나래(2009)에서는 조선일보에 연재된 칼럼니스트 4인의 텍스트 160개에 대하여 여러 언어적 자질들을 이용한 저자판별을 시도하여 최고 93.7%의 판별률을 얻었다. 언어적 자질로서는 음절, 형태소, 기능어휘, 품사, 어절, 음절/형태소/기능어 2연쇄 등 총 10가지를 이용하였고, 이들중 형태소와 기능어휘 등이 저자 판별에 가장 적합하다는 결론을 내린다.

강남준 외(2010)에서는 독립신문의 작자미상 논설 212개에 대해 연결어미의 사용 빈도 분포를 사용하여 저자가 서재필 또는 주시경인지를 추정하는 분석을 제시하였다. 서재필로 저자가 확정된 글 4편과 저자 판별 대상 212개의 글 사이의 유사도 거리를 구하고, 주시경의 경우에도 동일하게 유사도 거리를 구한 다음, 이 둘 사이의 차이를 계산해 분석 대상 논설이 서재필 혹은 주시경의 글 중 어느 쪽과 더 유사한 지를 추정하였다. 그 결과, 대부분의 논설 저자는 서재필일 가능성이 더 높은 것으로 나타난다.

15.4.2.2. 유일 어휘

Woolls & Coulthard(1998)에서는 표절이 의심되는 세 개의 에세이들에 대해 유일 어휘(hapax legomena) 테스트의 결과를 제시하고 있다. 비교를 위해 표절의심이 없는 다른 세 개의 에세이들을 통제집단으로 한다. 다음은 그 결과를 보여준다.

	문제의 텍스트들	통제 텍스트들
공통 어휘	0.493	0.179
유일 어휘	0.236	0.566

〈표 2〉 텍스트들 간의 비교

즉, 문제의 텍스트들은 통제 텍스트들에 비해 공통어휘의 비율이 높게 나왔고, 이와 반면에 개별 텍스트에 단 한번만 등장하는 유일 어휘의 경우 낮게 나왔다. 이는 문제의 텍스트들에 대해 표절 가능성을 말해준다.

국내의 경우, 김병선(2006)에서는 현대 시인의 코퍼스에서 10편 이상의 시를 쓴 116명의 시인을 대상으로 하여 유일 어휘를 분석한다. 즉, 특정 시인에 대해 그 시인만이 사용한 단어들의 목록을 추출한다. 그 결과, 유일 어휘의 비율이 높은 시인들은 주로 시조시인이다. 정인보를 비롯한 시조시인들은 짧은 시에서의 반복을 가급적 피하는 경향을 보여준다. 또한 안자산은 기행시, 추도시 등을 주로 지었는데, 유일 어휘의 비율이 높다. 이는 시의 성격상 고유명사나 독특한 어휘를 집중적으로 사용할 수 밖에 없기 때문인 것으로 추정된다. 그리고 토속적이고 지역적인 시어를 사용하는 백석이나 초현실주의적 시세계를 보여주는 이상도 상위권에 위치한다.

15.4.2.3. N 그램

키워드를 중심으로 한 n 개의 단어들 결합체를 N 그램이라고 한다. 다음은 다양한 N 그램을 보여준다.

(2) unigram: please

   bigram: please format

   trigram: please format and

   four-gram: please format and print

   five-gram: please format and print the

   six-gram: please format and print the attachment

Johnson & Wright(2014)에서는 Enron 회사의 이메일 코퍼스를 대상으로 하여 N 그램에 의한 특정 이메일의 저자를 판별하는 방법을 제시했다. 그 결과, 다음 표에서 보는 바와 같이 코퍼스의 크기를 증대시킬수록 정확률이 상승되었다.

	unigram	bigram	trigram	four-gram	five-gram	six-gram
0.05			60	60	60	60
0.1	30	80	90	90	80	40
0.2	100	100	100	100	100	90

〈표 3〉 이메일 코퍼스에 대한 N 그램 정확률

즉, 샘플 규모가 전체의 20% 정도이면 대부분의 N 그램에서 높은 정확률을 보인다. 그리고 많은 단어들의 결합체보다는 적정한 단어들의 결합체(3~5 그램)에 대한 실험이 보다 높은 결과를 가져오는 것으로 보인다.

국내의 경우, 최지명(2018)에서는 "개벽" 잡지에 실린 작자 미상의 글에 대해 저자 판별을 시도하였다. 유사도 보다는 기계학습 알고리즘에 의한 저자 판별을 시도하였다. 여기에는 음절 N 그램, 어휘 형태 N 그램, 기능어 N 그램 등 총 3가지 종류가 포함되고, 각 종류에서 n의 길이에 따라 두 개씩의 N 그램 특질 리스트를 추출하였다. 음절 N 그램에는 bigram과 trigram을, 어휘 형태와 기능어 N 그램에는 각각 unigram과 bigram을 추출하여 총 6개의 특질 집합을 추출하였다. 이러한 6개 종류의 N 그램 특질 집합을 언어자질로 이용하였는데, 각 특질에 따른 6개의 개별 예측모델을 만들었다. 이 모델을 작자 미상의 164편에 적용한 결과, 122개에 대한 예측 결과를 내놓아 74.4% 의 예측율을 기록하였다.

제V부 **법음성학**

제16장 화자 식별

법음성학은 범죄와 관련된 다양한 소리에 대한 분석 그리고 목소리 분석을 통한 범인의 식별이 주된 영역이다. 16장에서는 후자인 화자 식별을 살펴본다. 구체적으로는 음성학 방법론을 적용한 화자 식별을 화자 프로파일링, 화자 비교, 음성 라인업 등으로 나누어 살펴본다.

제16장

화자 식별

16.1. 도입

법음성학(forensic phonetics)은 특정 언어의 음성 일반이 아니라, 문제가되는 개인의 특이한 음성을 대상으로 한다. 그리고 이를 연구하는 법음성학자들은 음성을 분석하여 사건과 관련한 결론을 이끌어내고자 한다.

목소리에 의한 화자의 식별은 고대로부터 관심을 받아왔지만, 쉽게 풀리지 않는 어려운 문제라고 인식되어 왔다. 그러나 Kersta(1962)에서는 사람들에게 고유한 지문(指紋, fingerprint)이 있듯이, 사람마다 고유한 소위 '성문(聲紋, voiceprint)'이 있어 사람들을 구별할 수 있다고 보았다. 실제로 목소리의 분석을 통해 사건 해결에 도움을 받은 경우들이 있었다. 1932년 미국의 비행사 C. Lindbergh의 아들을 납치한 B. R. Hauptmann 사건의 경우, 몸값을 요구한 범인의 목소리를 기억한 Lindbergh 씨의 증언으로 기소가 이루어졌다.[1] 1975-1979년 사이 영국 요크셔에서 10 명의 여성을 살해한 Yorkshire Ripper 사건의 경우, 피의자 목소리 파일로부터 피의자의 출신 지역과 목소리 변조 여부에 대한 정보를 이끌어 내어 사건 해결에 도움을 주었다.

법음성학 분야는 국제 법음성학음향학 협회(International Association for Forensic Phonetics & Acoustics: IAFPA)를 중심으로 학술대회 개최 및 학술지 발간 등이 이루어져 왔으며, 법언어학 내에서도 핵심적인 분야로 간주된다.[2] 최근에는 각국에서 목소리 분석자료를 법정 증거로 채택할 정도로 법음성학 연구가 법영역에서 활용되고 있다. 국내에서는 1987년부터 국립과학수사연구원에서 범죄사건과 관련된 화자 식별을 시작하였고, 1991년에는 대법원에서 화자 식별의 결과가 증거로 채택되었다(홍수기 2006).

본 장의 구성은 다음과 같다. 먼저 16.2 절에서는 법음성학에 직접 이용되는 음성학의 기본 개념들을 살펴본다. 16.3 절에서는 법음성학의 다양한 분야를, 그리고 16.4 절에서는 화자 식별의 방법론을 살펴본다. 마지막 16.5 절에서는 화자 식별의 종류들을 보다 자세히 설명하기로 한다.

16.2. 음성학

말소리를 연구하는 음성학은 조음 음성학(articulatory phonetics), 청취 음성학(auditory phonetics), 음향 음성학(acoustic phonetics)으로 구분된다. 조음 음성학은 발음 기관의 움직임을 중심으로 하여 음성이 만들어지는 과정을 연구한다. 청취 음성학은 음성이 사람의 귀로 들어와 수용되는 과정에 초점을 둔다. 그리고 음향 음성학은 공기를 통해 전달되는 소리 자체의 물리적 특성을 연구한다. 다음은 법음성학과 직접적인 관련을 맺는 조음 음성학과 음향 음성학에 대해 간단히 살펴본다.

■ 조음 음성학

허파로부터 기도를 통해 입으로 공기가 움직일 때 여러 소리가 만들어진
다. 공기가 후두를 통과하여 인두강을 지나 구강으로 분출된다. 후두의 입구
는 성대(vocal cord)이고, 성대의 열고 닫힘은 성문(glottis)에 의해 조절된다.
여기서 소리는 자음과 모음으로 구분된다.

자음은 공기가 발음기관을 통해 움직일 때, 공기의 흐름이 막히거나 방해
받을 때 나는 소리이다. 자음은 조음 위치와 조음 방법에 따라 분류된다. 다
음 표는 모든 언어에 나타나는 자음들을 국제음성협회에서 정한 국제음성기
호(IPA: International Phonetic Alphabet)로 제시한 것이다.

CONSONANTS (PULMONIC) ☺☺☺ 2020 IPA

	Bilabial	Labiodental	Dental	Alveolar	Postalveolar	Retroflex	Palatal	Velar	Uvular	Pharyngeal	Glottal
Plosive	p b			t d		ʈ ɖ	c ɟ	k g	q ɢ		ʔ
Nasal	m	ɱ		n		ɳ	ɲ	ŋ	N		
Trill	B			r					R		
Tap or Flap		ⱱ		ɾ		ɽ					
Fricative	ɸ β	f v	θ ð	s z	ʃ ʒ	ʂ ʐ	ç ʝ	x ɣ	χ ʁ	ħ ʕ	h ɦ
Lateral fricative				ɬ ɮ							
Approximant		ʋ		ɹ		ɻ	j	ɰ			
Lateral approximant				l		ɭ	ʎ	L			

Symbols to the right in a cell are voiced, to the left are voiceless. Shaded areas denote articulations judged impossible.

〈표 1〉 IPA: 자음

위 표에서 행은 조음 방법을 그리고 열은 조음 위치를 표현한다. 예를 들어
[t̪ d̪]는 조음 방법은 파열음(plosive)으로서 조음기관끼리 닿아서 공기의 흐
름이 완전히 차단되었다가 갑자기 터질 때 나온다. 그리고 조음 위치는 치음
(dental)으로서 혀끝이 이 사이에 끼어서 소리가 나온다. 그리고 [t̪]와 [d̪]는 성
대의 진동여부, 즉 무성음과 유성음으로 구분된다.

모음은 공기의 흐름이 방해받지 않을 때 나는 소리이다. 이러한 모음은 흐르는 공기의 길이 모양에 따라 달라진다. 여기서는 자음과는 달리 혀의 높이(고모음, 중모음, 저모음), 혀의 위치(전설모음, 중설모음, 후설모음), 입술 모양(원순모음, 평순모음) 등에 따라 모음들이 구분된다. 여러 언어의 가능한 모음들을 IPA로 제시하면 다음과 같다.

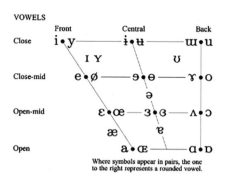

〈그림 1〉 IPA: 모음

예를 들어, heed의 [i]는 혀의 정점이 잎의 앞쪽에 놓이는 전설모음이고, 혀가 올라가 입이 닫히는 고모음이면서 입술이 평평한 평순모음에 해당한다. hot의 [ɑ]는 후설모음이고, 저모음이면서 평순모음에 해당한다.

■ 음향 음성학

음성은 주파수(frequency)와 진폭(amplitude)으로 이루어지는 사인파 모양의 파동(wave)이 여러 개 겹쳐진 복합 파동의 모습을 갖는다. 그리고 음성은 성대의 모양에 따라 기본 진동수인 주파수가 다르다. 다음은 파형을 나타낸다.

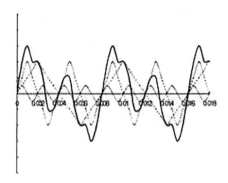

〈그림 2〉 파형

음성은 각 주파수마다 고유한 진폭을 가지며, 이 둘을 표현한 것이 스펙트럼(spectrum)이다. 그리고 이 스펙트럼에 시간을 추가하여 나타낸 것이 스펙트로그램(spectrogram)이다. 다음은 스펙트로그램을 표현한 것이다.

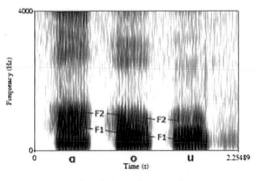

〈그림 3〉 스펙트로그램

특히 스펙트로그램에서는 진폭의 차이가 음영 차이로 표현된다. 높은 진폭을 표시하는 음영 색깔이 일정 주기에 따라 몰려 있는 대역을 공명 주파수 또는 포먼트(formant frequency)라고 한다. 공명주파수는 모음에서 관찰되는데, 모음을 만들때 발음기관의 관 모양이 변함에 따라 공명하는 주파수가 달라지기 때문이다. 공명하는 주파수도 여럿 있는데, 이 공명주파수들의 차이가 상이한 모음을 만들어 낸다. 낮은 주파수부터 제1 포먼트, 제2 포먼트, 제3 포먼트 등으로 불린다. 이러한 음향 분석은 기계를 이용하여 이루어진다. 최근에 많이 사용되는 음성분석 프로그램으로는 프라트(Praat), 피시콰이어러(PCquirer) 등이 있다.[3]

16.3. 법음성학

법음성학은 소리에 대한 음향 분석과 화자 인식(speaker recognition)의 두 영역으로 구분될 수 있다(Hollien 2014, de Jong-Lendle 2022). 소리의 음향 분석을 구체적으로 보면, 먼저 녹음된 내용에 대한 전사작업(speech transcription)이 있다. 이 작업에서는 음성 뿐만 아니라 울음소리, 짖는 소리 등 비음성도 대상이 된다. 이를 통해 과학수사에 도움을 준다. 그리고 디지털 필터를 적용하거나 고품질의 장비를 사용하여 소리의 품질을 높이는 정제작업(speech enhancement)을 한다. 이와 같이 정제된 녹음 자료는 녹음 내용을 식별하는 데에 도움이 된다. 이외에도 녹음 자료가 위조나 변조가 되었는지 여부를 조사하는 검증작업(speech authentification)이 있다.

화자 인식은 사람의 음성에 의해 사람들을 구분하는 것을 말한다. 현대사회는 정보화가 급속히 증가함에 따라 통신망을 이용한 시스템에서는 얼굴 없는 목소리가 중요한 개인 식별의 수단이 된다. 따라서 음성 분석에 대한 요구가 현대에 들어서 더욱 커졌다. 화자 인식은 화자 개개인이 나름의 '화자공간

(speaker space)'을 갖는다는 가정에서 출발한다. 즉, 다음 그림에서 보는 바와 같이 개별 화자들은 이 공간 내에서 다차원적인 나름의 클라우드를 형성한다고 본다(Hudson et al. 2022).

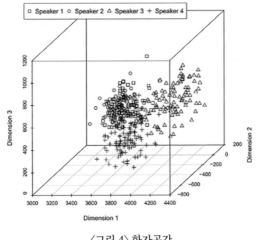

〈그림 4〉 화자공간

위 그림에서 각 차원은 음성 관련 차원인데, 각 화자들은 다른 화자들과 일부 겹치기는 하지만 나름의 클라우드를 형성하고 있음을 볼 수 있다.

화자 인식은 구체적으로 화자 식별(speaker identification)과 화자 검증(speaker verification)으로 구분된다(그림 5). 화자 식별 기술은 임의의 화자로부터 입력된 음성을 사용하여 등록된 화자들 중에서 발성 화자를 찾아내는 기술이다. 이와 반면에 화자 검증 기술은 사전에 특정 화자가 제시되었을 경우에 발성된 음성이 그 제시된 화자의 음성인지를 판단하여 발성 화자가 제시된 화자인지의 여부를 검증하는 기술이다.

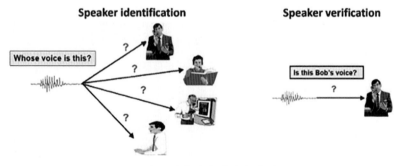

〈그림 5〉 화자 식별 대 화자 검증[4]

　화자 검증과 화자 식별은 그 환경의 차이로 인해 기술 개발에 있어서도 차이가 난다(de Jong-Lendle 2022). 보안 시스템에서 사용되는 화자 검증 기술을 보면, 화자가 자신의 목소리를 변조·위조하려고 하지 않는다. 오히려 자신의 목소리가 잘 인식되도록 기꺼이 협조적으로 샘플 목소리를 제공한다. 또한 보안 시스템을 사용하는 사람들은 한정되어서 화자의 집합이 한정적이라고 말할 수 있다. 그리고 검증에 사용되는 텍스트는 사전에 규정되어 있으며, 목소리 녹음도 고품질을 유지한다. 이와 반면에 범인 식별에서 사용되는 화자 식별 기술은 화자 검증 기술에 비해 상황이 훨씬 어렵다. 화자는 목소리의 변조·위조를 시도할 수 있고, 일반적으로 목소리 녹음 등에 있어서 비협조적이다. 또한 가능한 화자의 범위가 매우 넓다. 그리고 문제의 텍스트는 즉석에서 자유로이 선택되어 사용된 것이고, 그 녹음의 품질도 낮다고 볼 수 있다.

16.4. 화자 식별 방법론

화자 식별에는 여러 방법론들이 사용되어 왔다. 먼저 청취 음성학적 방법론을 사용하는 경우, 분절음의 자질들 그리고 억양과 같은 초분절음의 자질들이 IPA에 의해 자세히 분석된다. 이 방법의 옹호론자들은 인간의 귀 또는 두뇌가 다양한 음성의 변이형들을 구분해내는데 최적이라고 보고 화자 식별은 청취에 의해서만이 행해질 수 있다고 주장한다.

한편 음향 음성학적 방법론에서는 Kersta(1962) 이래로 성문을 기계에 의해 분석한 스펙트로그램을 이용하였다. 그러나 화자가 다르더라도 동일한 단어들을 발화할 때 동일한 스펙트로그램 패턴을 보일 수 있고, 동일한 화자라도 조건을 달리하면 다른 패턴을 보일 수 있다는 점에 의해서 전적으로 기계에 의한 성문분석을 이용한 화자 식별 방법은 학계와 사법부에서도 거부되었다(Foulkes & French 2012: 561).[5] 그럼에도 불구하고 스펙트로그램은 기본주파수, 공명주파수, 음질 등의 중요한 자질들의 구체적인 값을 시각적으로 표현해줌으로써 법음성학 분야에서는 여전히 매우 유용한 도구로 간주되어 왔다.

최근에는 청취 음성학적 방법론과 음향 음성학적 방법론을 결합한 소위 '청취-음향 음성학적(auditory-acoustic, phonetic-acoustic, auditive-instrumental)' 방법론이 여러 나라에서 표준으로 사용되고 있다.[6] 이 방법론에 의하면, 먼저 준비 단계에서 음성 자료의 정제가 이루어진다. 관찰 음성과는 관련없는 배경소리나 노이지 등이 제거된다. 그리고 일상적인 대화 음성 외에 격앙된 소리나 외침, 속삭임 등도 화자 식별에 도움이 되지 않기 때문에 제거된다. 다음 단계에서는 음성 녹음에서 발견된 화자 고유한 자질들이 분석되는데, 먼저 정제된 음성 자료로부터 청취 음성학적 방법으로 관련 음성 자질들을 추출하고, 다음으로 이 자질들을 음향 음성학적 방법에 의해 객관적으로 측정한다. 이때 주로 사용하는 음성 자질들은 다음과 같다.

- 분절음(segmental) 차원: 조음기관의 설정에 따른 자음 모음의 실현 양상을 관찰한다. 동일한 자음 또는 모음이라도 개개인의 발성 방법에 따라 달리 실현될 수 있다.
- 초분절음(supra-segmental) 차원: 자모음으로 이루어지는 분절음 위에 실현되는 요소들로 길이, 세기, 높이가 있다.
  - 피치(pitch): 소리의 높이를 말하는 피치는 성대가 진동하는 비율에 따라 달라진다. 1 초당 진동하는 횟수가 많을수록 고음이 나타나고, 진동 횟수가 줄어들수록 저음이 나타난다.
  - 억양(intonation): 연속적으로 말을 할 경우 우리는 피치의 높낮음을 인지할 수 있다. 억양은 구나 문장을 단위로 피치 굴곡이 규칙적으로 나타나는 패턴이다. 일반적으로 문장 전체에 걸쳐 억양이 실현되는데, 의문문은 끝부분에서 억양을 올리고, 평서문은 억양을 내린다.
  - 강세(stress): 소리의 세기 차이를 말한다. 강세는 음절 단위로 실현되는데, 단어는 강세음절 S와 비강세음절 W의 교차로 이루어지는 [S-W-S-W⋯] 모습을 보인다.
  - 리듬(rhythm): 리듬은 일정한 길이의 소리 단위에 올려지는 발음 패턴인데, 보통은 강세에 의해 실현되며 길이, 억양과도 관련한다.
  - 동화현상(assimilation): 말소리 연쇄에서 인접한 소리들 간에 서로 영향을 주고 받는 동화 현상이 일어난다. 연구개음화, 구개

음화, 원순음화 등이 있다.

- 음질(voice quality): 성대의 진동 모습과 성도의 공명에 따라 소리의 다양한 특징들이 나타난다. 예를 들어, 성대가 불규칙적으로 진동하면 거친 소리가 나고, 성문이 완전히 닫히지 않으면 숨소리가 섞인 소리가 나고, 낮은 공기압으로 약간 불규칙적인 진동이 일어나면 삐걱거리는 소리가 난다. 또한 감기 등으로 비강이 막히면 콧소리가 적게 나타난다.
- 발화속도(articulation rate): 휴지기 등을 제외한 막힘이 없는 발화를 대상으로 초당 화자가 발화한 음절의 갯수를 측정하여 표시한다. 응급상황에서 발화속도는 일반적인 경우에 비해 상당히 올라가는 모습을 보인다.
- 충전제(filler): 휴지기에 사용되는 어휘(uh, uhm)의 사용 빈도나 발화 모습은 화자마다 다르다.
- 병리학적 자질: 발성에 있어서 의학적 특성이 나타나는데, 예를 들어 말더듬이나 구음장애(sigmatism) 등을 들 수 있다.

이외에도 어휘, 문법 등의 관찰을 토대로 한 사회언어학적 방법론이나 담화분석 방법론이 사용된다. 즉, 단어나 문장 차원에서 자료를 통해 우리는 지역에 따라 달라지는 언어 변이인 방언(dialect)이나, 직업이나 사회적 신분 등에 따라 차이가 나는 사회방언(sociolect), 개인 고유의 언어인 개인어(idiolect) 등을 관찰할 수 있다.

끝으로 최근에는 컴퓨터를 활용한 자동 화자 인식(automatic speaker recognition) 기술들이 제시되고 왔고, 그 일부는 화자 식별에 사용된다(Jessen 2018, Hudson et al. 2022).[7] 이 방법에 의한 화자 식별은 다음과 같이 이루어진다. 혐의자의 음성 녹음을 받아서, 여기에 복잡한 수학적 변형을 가하고 이를 통계적 모형으로 축소시킨다. 범인의 음성 녹음도 비슷하게 처리되고 일련의 자질들이 추출된다. 시스템은 이 추출된 자질들을 혐의자 음성의 통계적 모형과 비교하여, 양자 간의 유사도를 산출한다. 그러나 화자 식별에서 사용되는 음성 녹음은 그 품질이 낮고 화자에 의해 변조 가능성이 있어서, 이 방법만으로 화자식별에 사용되는 경우는 드물다. 대신 앞서 제시된 청취-음향 음성학적 방법과 결합하여 사용되면 분석 툴로서 상당한 가치가 있는 것으로 본다(Coulthard et al. 2017).

16.5. 화자 식별의 종류

화자 식별은 범인의 음성 녹음이 존재하는가 여부와 혐의자의 존재 여부에 따라 세 가지로 구분된다(Jessen 2021). 화자 프로파일링(speaker profiling)은 범인의 음성 녹음만이 존재하고 혐의자가 파악되지 않은 경우이다. 화자 비교(speaker comparison)는 범인의 음성 녹음이 존재하고 혐의자도 존재하는 경우이다. 한편, 범인의 음성 녹음이 존재하지 않지만, 혐의자의 목소리를 들은 증인이 있는 경우가 음성 라인업(voice line-up)에 해당한다.

16.5.1. 화자 프로파일링

음성자료로부터 그 화자가 속하는 범주를 추론한다. 그 범주로는 성별, 나이, 지역, 사회적 배경 등이 있다(Hollien 2014, Coulthard et al. 2016, Jessen 2021, Hudson et al. 2022). 이러한 화자의 정보가 주어지면, 경찰은 가능한 범행 의심자의 범위를 좁히는데 이용할 수 있다. Jessen(2021)에서 제시된 바를 토대로 생물학적 범주와 사회문화적 범주로 나누어 이를 자세히 살펴보도록 하자.

먼저 생물학적 특징으로서 성별을 들 수 있다. 일반적으로 남성이 여성보다 성대의 길이가 12% 정도 더 길다고 한다. 성대의 길이는 기본 주파수 F0에 반영된다. 성대가 길면 F0 값이 낮고 피치도 낮다. 연구에 따르면, 평균적으로 남성의 F0는 80-170 Hz, 여성의 F0는 165-260 Hz 분포를 보인다. 예를 들어 독일 성년의 경우, 남성은 115 Hz의 피치를 그리고 여성은 210 Hz의 피치를 갖는 것으로 보고된다(Jessen 2021). 따라서 기본 주파수 F0 값의 측정으로 화자의 성별을 어느 정도 추정할 수 있다.

다음은 키를 보자. 키와 성대 길이는 상관관계가 있다. 성대 길이는 모음의 포먼트를 측정함으로써 어느 정도 추정할 수 있다. 〈표 2〉는 키와 포먼트 F3 값 간의 관계를 보여준다(Jessen 2021). 키와 포먼트의 중간 영역은 그 관계가 불명료하지만, 2500 Hz 이상의 F3 값을 갖는 경우 키가 중간이거나 작고, 2200 Hz 이하의 F3 값을 갖는 경우는 키가 평균 이상으로 클 것으로 추정할 수 있다.

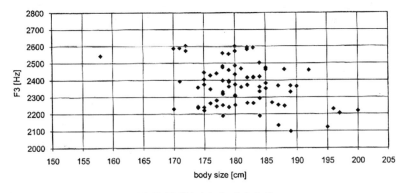

〈표 2〉 공명주파수와 키의 관계

다음은 나이를 살펴보자. 음성의 변화는 어린시절이나 노년기에 주로 나타난다. 이러한 변화는 기본 주파수 F0 값에 나타난다. 남성의 경우, F0 값은 40대까지 하락했다가 50대부터 상승한다. 여성의 경우, 청년기부터 점차 하강하다가 갱년기에 급격히 상승하고 노년에 조금 상승한다.

다음은 사회문화적 범주를 살펴보자. 우리는 주로 형태 차원이나 통사 차원에서 어휘나 음성을 관찰함으로써 화자의 출신 지역이나 성장 지역을 추정할 수 있고, 화자의 직업이나 사회계층 등을 추정할 수도 있다. 더 나아가 외국어 악센트의 존재 여부에 따라 모국어가 무엇인지 또는 어떤 민족에 속하는지를 추정할 수도 있다. 최근 세계 각 지역의 정세 불안으로 인해 도처에서 많은 난민들이 발생하고, 이들은 보다 안정된 나라로의 망명을 신청하는 경향이 있다. 망명 신청시에 일반적으로 자신과 관련된 다양한 기록들을 제출하고, 난민 관련 부서에서는 제출된 다양한 언어자료들을 근거로 하여 망명 신청자들을 평가해야 한다. 여기서 LADO(Language Analysis for the Determination of Origin)가 관련한다(Patrick 2012). LADO는 사람이 말하는 방식은 출생지와 밀접히 연관되어 있어 그 사람의 국적을 알 수 있다고 가정한다. 즉, 화자의 모국어는 그 화자가 태어난 곳 그리고 처음으로 말을 배운 곳에 대해 강력한 증거가 된다. 이러한 가정하에 LADO는 출신지나 국적에 대한 평가에 사용된다.

이외에도 음성자료로부터 범주는 아니더라도 화자 개인의 음성적 특이성을 포착할 수 있다. 예를 들어, 피치나 발화속도 또는 음질 등에서 특이한 점들이 인지되면, 이 정보들이 일반인에게 공개되어 그 화자를 찾는데 이용될 수 있다. 그리고 음성자료로부터 화자의 감정상태나 알콜중독 또는 마약복용 여부 그리고 건강 상태 등에 관한 정보를 얻을 수도 있다(Hollien 2014).

예를 들어, 스트레스를 받은 경우에 기본주파수 F0가 높고 발화의 유창성이 떨어지며 발화 속도는 올라가는 경향이 있다.[8] 알콜 중독의 경우, 중독이 심화될수록 기본주파수 F0가 높아지고 발화속도가 유의미하게 떨어진다. 특히 발화의 유창성은 급격히 떨어짐을 볼 수 있다.

또한 화자에 대한 병리학적 정보를 얻을 수 있다(Jessen 2021). 음성 자료의 분석을 통해서 유창성에 문제가 있는 말더듬증이나 치찰음 발음에 문제가 있는 구음장애(sigmatism)를 추정할 수 있다. 또는 호흡의 불완전함을 비만증과 연결하거나, 발화 속도를 파킨슨병 유무와 연결하여 해석할 수도 있다.

16.5.2. 화자 비교

■ 기초

화자 비교는 다음과 같이 이루어진다. 범인의 음성 녹음 자료가 존재하고, 경찰이 사건 관련 여러 명의 혐의자들을 확보한다. 이 경우, 법음성학자는 범인의 목소리가 혐의자들 중의 누구 목소리와 부합하는가 또는 유사한가의 의견을 요청받는다. 법음성학자는 샘플 자료들 간의 유사점과 차이점을 측정하여, 두 샘플이 동일 화자에 의해 또는 다른 두 화자에 의해 발화되었는지 결론을 내린다.

법음성학 분야에서 대부분의 작업은 화자 비교가 차지한다.[9] 그러나 화자 비교 작업은 음성 자체의 속성으로 인해 그리 간단하지 않다. Foulkes & French(2012)에서는 그 이유들을 다음과 같이 제시하고 있다. 첫째, 음성을 포함한 언어는 지문이나 DNA와는 달리 환경에 따라 변화하는 속성을 지닌다. 둘째, 음성은 서로 독립적인 여러 유형의 자질들로 이루어지는데, 특정 발화에는 이 모든 자질들이 나타나는 것이 아니라 그 일부만이 나타난다. 셋째, 어떤 음성자질들은 생물학적으로 결정되지만, 다수의 자질들은 환경의 영향을 받는다. 예를 들어, 시끄러운 환경 하에서 사람들은 보통 때보다 더 크게 발화하는 경향이 있다. 넷째, 녹음된 음성 자료는 녹음 수단이나 기술에 의해 영향을 받는다. 예를 들어, 전화상의 음성은 비교 작업에 좋은 자료는 아니다. 그러나 비교 작업의 결과에 대해 정밀성과 신뢰도 측면에서 정도 차이가 있겠지만, 그럼에도 불구하고 이러한 작업은 화자에 대해 많은 정보를 제공해준다.

성공적인 화자 비교를 위해서는 변이를 고려한 화자 변별력 그리고 유사성과 전형성 등이 고려되어야 한다(Jessen 2018). 먼저 화자 변별력을 보자. 동일한 소리의 실현에 있어서 개인들 간에 차이가 나는 것은 물론이고, 환경에 따라 한 개인 내에서도 차이가 나타난다. 그러므로 화자 비교에 있어서 이상적인 경우는 개인 내에서 적은 변이가 그리고 개인 간에는 많은 변이를 보이는 경우이다. 다음은 유사성과 전형성을 보자. 음성의 특정 자질은 사람들마다 고유한 어떤 값으로 측정될 수 있다. 유사성은 특정 음성 자질에 있어서 두 사람의 실현 모습이 얼마나 가까운지 알려준다. 따라서 유사성이 높으면 높을수록 두 화자가 동일인일 가능성이 높다. 전형성은 특정 음성 자질에 있어서 어떤 화자의 실현 모습이 다른 일반 사람들의 실현 모습과 얼마나 공통적인가를 보여준다. 따라서 문제의 자질 실현 모습이 낮은 전형성을 가지면 가질수록, 두 화자의 동일인 판단에서 보다 강력한 증거가 된다. 두 개념을 조합하면, 유사성이 높지만 전형성이 떨어지는 두 음성의 비교는 두 화자가 동일인일 가능성에 대한 증거력이 높다고 볼 수 있다.

■ 청취-음향 음성학적 방법

앞서 언급한 바와 같이, 현대에 다수의 나라에서는 청취 음성학적 방법과 음향 음성학적 방법을 결합하여 혼합된 방법을 사용한다. 청취 음성학적 분석을 통해 증거가 될 만한 음성자질들이 식별되고, 이 자질들은 음향 음성학적 분석을 통해 정량적으로 검증된다.

청취 음성학적 방법에서는 녹음된 음성 자료들을 듣고서 이를 IPA 기호로 전사한다. 이를 통해 음성 자료에서 나타나는 음성 자질들을 알아내는데, 자모음의 실현과 같은 분절음 자질이나 강세나 억양 같은 초분절음 자질들이 관찰된다. 예를 들어, 다음은 범인의 짧은 발화에 대한 IPA 전사 결과이다 (Foulkes & French 2012: 564).

> Text: I've come to see the lady at number two. [operator's turn
>   removed] (I'm fro)m the Home Care I've come to collect her
>   sheet(s).
>
> IPA: av ˈkʰʊm tsiːʔ ˈtɛɪdjəʔ nʊmbə ˈ↑\tʰəʉuː [...] (...)mʔ ˈʌʊm kʰɛːɹ av
>   ˈkʰʊm tʰə ˈkʰłɛktʰ ə ˈʃiː:ʔ

위 전사에서 우리는 화자가 단어 I've 에서 복모음 /ai/이 단모음 /a/로 발음되고, 단어 at, sheet 에서 자음 /t/가 성문화되는 등 여러 특이한 발성을 볼 수 있다. 이러한 특이한 발성은 혐의자의 음성과 비교하여 두 사람이 동일인임을 뒷받침하는 증거를 제시되었다.

다음으로 음향 음성학적 분석은 청취 음성학적 분석 단계에서 확인된 자질들 일부를 대상으로 하여 컴퓨터 소프트웨어를 이용하여 이루어진다. 주로 측정되는 음향적 요소로는 기본주파수 F0와 공명주파수이다. 아래에서는 차례로 살펴보기로 한다.

기본주파수 F0의 평균값은 음성의 피치에 대해 알려준다. 앞서 살펴본 바와 같이, F0 평균값은 성대의 길이와 관련하며 성별이나 나이, 키 등의 생물학적 정보를 일부분 제공해준다. 이와 같이 기본주파수는 화자간 변이 뿐만 아니라 화자 내에서도 변이를 보인다. 예를 들어, 동일 화자이라도 시끄러운 환경이나 전화 통화에서 F0 값은 일반적인 환경에서보다 더 올라가는 모습을 볼 수 있다.

성대 길이를 반영해주는 공명주파수의 값은 모음의 발성 모습을 보여준다. 따라서 공명주파수의 비교를 통해 우리는 두 화자 간의 유사성에 대해 나름의 정보를 제공해줄 수 있다. 다음 〈그림 6〉은 요크셔 살인마(hoax)의 녹음 음성과 용의자(Humble)의 녹음 음성 중 두 모음에 대한 공명주파수 비교를 보여준다(Foulkes & French 2012).

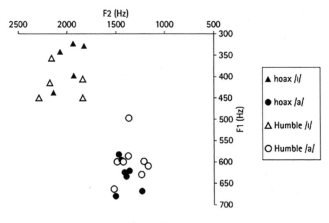

〈그림 6〉 공명주파수 비교

일상적인 상황에서의 발음(검은 도형)과 주어진 텍스트를 읽을 때의 발음(하얀 도형)간의 차이를 감안해서 두 모음의 공명주파수가 유사한 분포를 보인다고 결론내릴 수 있다.

■ 비교평가

청취음향 음성학적 분석을 통해 얻은 결과를 토대로 하여 두 음성 샘플에 대한 비교가 이루어진다. 이때 비교는 전반적인 인상을 기술하거나 구체적인 통계값을 제시할 수도 있다. 전자의 인상 기술은 동일인의 확신 정도를 표현한다. 영국의 경우는 두 단계로 평가된다(Foulkes & French 2012). 먼저 일치 정도에 따라 세 단계로 평가되고(1 consistent, 2 not consistent, 3 neutral), 일치할 경우 그 차이를 다섯 단계로 세분화되어 기술된다(1 exceptionally distinctive, 2 highly distinctive, 3 distinctive, 4 moderately distinctive, 5 not distinctive).

한편 후자는 통계적 비교를 통해 얻어진다(Foulkes & French 2012, Hudson et al. 2022). 즉, 사례 데이터를 참조 데이터셋과 통계적 비교를 통해 구체적인 값이 얻어진다. 여기서는 보통 다음과 같이 정의되는 LR(likelihood ratio)로 제시된다(Jessen 2018).

$$LR = \frac{p(E|H_{\text{same speaker}})}{p(E|H_{\text{different speaker}})}$$

위에서 $H_{\text{same speaker}}$는 문제의 화자가 용의자와 동일하다는 가설이고, $H_{\text{different}}$

speaker는 문제의 화자가 용의자와 다르다는 가설이며, E는 관련 증거를 말한다. 즉, 문제의 화자와 용의자가 동일하다는 조건하에서 그 증거가 일어날 확률을 문제의 화자와 용의자가 다르다는 조건하에서 그 증거가 일어날 확률로 나눈 값이 LR이다. 이 LR은 화자에 대한 두 경쟁 가설 중에서, 즉 두 화자가 동일인이라는 검사측 가설과, 두 화자가 다르다는 변호인측 가설 중에서 어느 한 가설을 지지해준다.

16.5.3. 음성 라인업

음성 라인업(voice line-up, voice parade)에서는 범인의 목소리를 들었으나 얼굴을 보지 못한 증인(earwitness)이 음성 샘플을 듣고서 그 범인을 식별해내고자 시도한다. 범인의 목소리는 다른 사람들의 음성과 함께 제시되며, 범인의 목소리에 속하는 샘플을 찾아내는 작업이다(Hollien 2014).

이러한 음성 라인업은 시각에 의해 범인을 식별하는 일반적인 라인업과는 차이가 있다(Hollien 2014). 첫째, 기억에 관여하는 감각기관이 청각과 시각으로 서로 다르다. 둘째, 음성이 분석되는 방식과 시각적 자질이 분석되는 방식이 다르다. 셋째, 공포나 흥분 등의 감정이 라인업 과정에 미치는 영향이 다르다. 넷째, 시각장애와 청각장애가 라인업에 미치는 영향도 각각 다르다. 따라서 음성 라인업은 시각에 의한 일반적인 라인업과는 다른 절차나 규정이 마련되어야 한다.

그리고 증인의 음성 식별에 여러 요소들이 영향을 미친다(Yarmey 2012, Hudson et al. 2022). 증인과 관련된 요소들을 보면, 일반적으로 젊은이가 노인에 비해 식별력이 낮고, 시각 장애인이 일반인에 비해 식별력이 나은 것으로 알려져 있다. 또한 자신과 같은 인종의 목소리를 다른 인종의 목소리 보다 더 잘 식별하는 것으로 본다. 그리고 식별력은 사람마다 편차가 있지만, 이 부분에 타고난 능력을 가진 사람이 있다. 다음으로 증인이 범죄현장에서 범인 목소리에 노출되는 환경과 관련된 요소들을 보면, 증인이 그 목소리에 오래 노출되면 될수록 그의 식별력은 더 나아진다. 그리고 범인과 대화 기회가 있었으면 그렇지 않은 경우에 비해 식별력이 나아진다. 또한 증인이 그 목소리에 친숙한가 여부에 따라 식별력이 달라진다. 끝으로 음성 라인업의 진행과 관련된 기술적 요소들이 관련한다. 예를 들어, 목소리를 들은 시간과 음성 라인업 진행 시간 사이에 간격이 크면 클수록 식별력이 떨어진다. 그리고 라인업에서 제시되는 샘플의 숫자나 제시 기간 등에도 영향을 받는다.

따라서 음성 라인업을 실행할 때, 그 셋팅 및 실행 절차 등은 일정한 지침에 의해서 수행될 필요가 있다. 영국에서 2003년에 마련된 음성 라인업 지침(Advice on the use of voice identification parades)에서 중요한 몇 가지를 제시하면 다음과 같다.[10] 음성 라인업은 (ㄱ) 자료 준비, (ㄴ) 전문가 증인, (ㄷ) 음성 절차 실행으로 구분된다. 먼저, 음성 라인업에 사용될 음성자료를 준비한다. 증인으로부터 범인의 목소리에 대한 상세한 정보를 기술한다. 그리고 범인 목소리의 샘플을 채취하고 범인과 유사한 나이, 지역, 사회적 배경을 가진 사람들의 샘플을 확보한다. 이 작업은 증인의 기억력이 저하될 수 있기 때문에 사건 발생후 4-6주 이내에 실행하는 것이 권장된다. 다음으로 음성학 전공의 증인이 라인업에서 제시할 목소리를 최종적으로 선택/편집하고 범인의 목소리를 가능한 한 정확하고 균형있게 배치하는 역할을 한다. 이러한 준비가 완료되면, 음성 라인업이 실행된다. 라인업의 실행 환경은 〈그림 7〉과 같다(Hollien 2014).

〈그림 7〉 음성 라인업 셋팅

위 그림에서 증인(A)과 관리자(D)가 같은 공간에서 라인업을 진행하고, 이를
기록할 비디오카메라(E)가 설치된다. 이를 TV 모티터(F)를 통해 참관인들(G)
이 관찰한다. 보통 음성 자료(C)는 순서적으로 제시된다. 라인업은 다음의 순
서로 진행된다. (1) 증인이 들을 자료를 선택하고, (2) 관리자가 선택된 자료
를 건네 주고, (3) 증인은 녹음기(B)로 이를 청취한다. 나머지 자료에 대해서
도 이 순서로 청취가 진행된다. 이때 증인은 원하면 특정 자료를 여러 번 들
을 수 있다. 그리고 끝으로 범인의 목소리를 식별할 수 있으면 해당 자료의
번호를 제시하도록 한다.

주석

1장

1 미국 법과학 학술원(https://www.aafs.org/)
2 https://en.wikipedia.org/wiki/Forensic_science 참조.
3 Kniffka(2007: 28)
4 Gibbons(2003), Fobbe(2011, 2017), Vogel(2017) 참조.
5 https://www.iafl.org/forensic-linguistics/
6 Grewendorf(1992), Schall(2004)
7 서경숙·니시야마 치나 역(2016) 참조.
8 Ehrhardt(2018)

2장

1 한국텍스트언어학회(2004: 20f.)
2 de Beaugrande, R. & W. Dressler(1981)
3 한국텍스트언어학회(2004: 170)
4 이성만(2012: 112f.)
5 Eigenwald(1974)
6 Rolf(1993)
7 Gotti(2012)
8 Trosborg(1997), Tiersma(1999)
9 고성환(2010) 참조.

10 오세혁(2009), 박시현(2007) 참조.

11 도재형(2011, 33ff)

3장

1 전문어에 대해서는 노은경(1996), 소만섭(2000), 김현권(2001) 참조.

2 Bhatia(2010: 38f.).

3 예(1): Tiersma(1999: 87), 예(2): Gibbons(2003: 42).

4 Tiersma(1999: 95ff.).

5 Berman(2013).

6 Matilla(2012).

7 전문용어학에 대해서는 최기선 외.(2005), Wright & Budin(1997) 참조.

8 https://thelawdictionary.org/

9 이경은(2009: 54ff.).

10 Ibid., 30ff.

11 영어의 예: Mattila(2012), 한국어 예: 강현철(2003).

12 예(18): Tiersma(1999, 111f); Gibbons(2003, 46f.), 예(19): 남길임(2014: 153).

13 이경은(2009: 70f.).

14 Gibbons(2003: 43).

15 Tiersma(1999: 63).

16 이경은(2009: 72f.).

17 Mattila(2012: 30)

18 Gustafson(1975); Hiltunen(2012)에서 재인용.

19 남길임(2014).

20 Hiltunen(2012).

21 Tiersma(1999: 78).

22 Gibbons(2003; 44).

23 Tiersma(1999: 65f.).

24 Ibid., 72.

25 Ibid., 67f.

26 Ibid. 76.

27 김명희(2015).

28 Adler(2012).

29 https://plainlanguage.gov/

30 김광해(2000), 강현철(2003), 장소원(2009), 고성환(2010), 박동근(2014), 구명철 & 정수정(2018) 등 참조.

4장

1 김소연·민윤기(2014)

2 제조물 책임법 외에 표시/광고의 공정화에 관한 법률 그리고 소비자보호법 일부가 이에 관련한다.

3 Egilman & Bohme(2006)

4 Shuy(2008), Dumas(2010).

5 박성용(1998)은 경고문을 통해 상품의 위험에 대한 이해 정도가 쉽다고 하는 소비자는 29%에 불과하다고 보고, 양덕순·송인숙(2005)에서는 문장의 이해 정도 그리고 경고 내용의 적절성도 중간 수준이어서 개선의 여지가 있다고 본다.

6 Wogalter(2006), Shuy(2008).

7 Searle(1969: 67)

8 Fraser(1998: 164)

9 Searle(1969: 67).

10 각 척도의 의미는 다음과 같다.
    - 효율성: 적은 노력을 들이고도 의사소통 성과를 높이는 것
    - 효과성: 텍스트 수용자에게 텍스트가 얼마나 영향을 미치는가.
    - 적합성: 발화 상황에 맞게 텍스트가 구성되었는가.

11 Tiersma(2002), Wogalter(2006), Shuy(2008), Dumas(2010) 참조.

12 (28)에 나타나는 한자어와 전문용어의 의미는 다음과 같다(표준국어대사전).
    흡습(吸濕): 습기를 빨아들임.
    절창(切創): 『의학』 칼이나 유리 조각 따위의 예리한 날에 베인 상처.

5장

1 김정오 외(2017: 181f.).

2 이재상 외(2017: 16).

3 Ibid., 23.

4 김학태(2017: 63ff.), 조국(2022).

5 어휘의미론 분야에서 중의적 의미를 테스트하는 방법들이 제안되어 왔다(Kennedy 2011, Saeed 2016).

6 대법원 1994.12.20. 자 94모32 판결

7 김기영(2007), 안성조(2009: 262ff.) 참조.

8 Barker(2006: 295).

9 Kennedy (2011).

10 Alston(1967), Poscher(2012), Keil & Poscher(2016) 참조.

11 Soames(1999), Kennedy(2007) 참조.

12 Endicott(2005).

13 헌법재판소 2011. 10. 25 자 2010헌가29.

14 김혁기(2009a).

15 헌법재판소 2010. 12. 28. 2008헌바157 등.

16 Marmor(2014).

17 헌법재판소 2021. 2. 25. 2019헌바64.

18 예 (4)는 Kempson(1977)에서 그리고 예 (5)는 Huang(2014)에서 가져왔다.

19 헌법재판소 2000. 2. 24 자 99헌가4.

20 김형만·이기욱(2014: 70), 강태경(2014), 김정오 외(2017).

21 양천수(2017: 354ff.).

22 김정오 외(2017: 243ff.).

23 Durant & Leung(2016: 26).

24 Rosen(2013).

25 Whitely v. Chappell (1868) L.R. 4 Q.B. I47.

26 대법원 2017. 12. 21. 선고 2015도8335 전원합의체 판결.

27 김학태(2017: 19ff.) 참조.

28 Hutton(2014); Coulthard et al.(2017: 42)에서 재인용.

29 강진철(1998).

30 Holy Trinity Church v. United States, 143 U.S. 457(1892).

31 대법원 2018. 6. 21. 선고 2011다112391 전원합의체 판결.

32 Garner v. Burr(1951), 1KB 31.

33 대법원 1997. 5. 30. 선고 97도597 판결.

34 Gibbons(2003: 71).

6장

1 박용익(2001) 참조.

2 Sacks et al.(1974).

3 Halliday(1978).

4   Schegloff & Sacks(1973).

5   구현정(2009: 80f.).

6   김형만·이기욱(2006) 참조.

7   Heritage(1997: 224f.).

8   Stygall(2012) 참조.

9   Atkinson & Drew(1979).

10 Tiersma(1999).

11 홍민표(1999), Krifka(2011) 등 참조.

12 Levinson(1983: 175).

13 Chierchia & McConnell-Ginet(2000: 349f.).

14 Tiersma(1999), Durant & Leung(2016) 참조.

15 이호원(1998), 권기훈(2006) 참조.

16 Tiersma(1999: 164f.).

17 Gibbons(2003: 103f.).

18 Hickey(1993), Gibbons(2003), Durant & Leung(2016) 참조.

19 (13): Gibbons(2003: 106f.), (14): Park(2013: 99).

20 (16): 권기훈(2006: 341).

21 (17): 권기훈(2006: 335f.), (18): 이지은(2012: 183f.).

22 Grice(1957).

23 Grice(1975).

24 Habermas(1981), 김원식(2004), 한상우(2010) 등 참조.

25 김재현(1996).

26 Gibbons(2003), Durant & Leung(2016) 참조.

27 O'Barr & Conley(1990).

28 Tiersma(1999: 173f.).

29 Park(2013: 102).

30 Solan & Tiersma(2005), Tiersma & Solan(2012) 참조.

31 Tiersma(1999: 168).

32 Tiersma(2003).

7장

1   Grice(1975).

2   Birner(2012).

3 Astington(1993).

4 Setiya(2018).

5 강우예(2015) 참조.

6 이재상 외(2017a).

7 박달현(2007), 이재상 외(2017a), 강우예(2018) 등 참조.

8 장영민(2015), 이재상 외(2017b) 참조.

9 6장 참조.

10 전지연(1998) 참조.

11 대법원 2009. 3. 12. 선고 2008도11007 판결

12 서울형사지법 1992. 10. 13. 선고92고단3402, 4739(병합) 판결

13 대법원 1983. 9. 27. 선고 83도42 판결

14 서울신문 온라인판. 2017년 1월 10일자.

8장

1 Durant & Leung(2016: 40f.).

2 남흥우(1974), 정행철(1998).

3 정행철(1999).

4 이재상 외(2017), 이상돈(2017) 등 참조.

5 Huang(2014).

6 Austin(1962).

7 Searle(1975).

8 Searle(1969).

9 Davis(1980), Eemeren(1984).

10 Austin(1962), Eemeren(1984).

11 Danet(1980).

12 https://www.peoplepower21.org/Mplaza/1292857

9장

1 김상용(2012) 참조.

2 이은영(1994), 강희원(2008), 김현수(2017) 참조.

3 Fried(1981): 『Contract as Promise: A Theory of Contractual Obligation』.

4 Atiyah(1979): 『The Rise and Fall of Contract』.

5   Gilmore(1974): 『The Death of Contract』.

6   법률용어사전(2018).

7   송덕수(2017) 참조.

8   Schane(2006, 2012).

9   이와는 달리 김기영(2021)에서는 계약을 선언행위에 속하는 법률행위라고 주장한다.

10   Searle(1969).

11   서울고법 2012. 7. 24. 선고 2011나47796 판결.

12   대법원 2017. 8. 29. 선고 2016다212524 판결.

13   서울중앙지방법원 2015. 7. 8. 선고 2015고단676 판결.

10장

1   Fraser(1998).

2   이재상 외(2017), 이상돈(2017) 참조.

3   허일태(2008) 참조.

4   Shuy(1993), Fraser(1998), Gales(2010), Walton(2000), Tiersma & Solan(2012) 등 참조.

5   Habermas(1981), Nicoloff(1989), Storey(1995) 등 참조.

6   Salgueiro(2010).

7   Grant(1949), Searle(1976).

8   Walton(2000).

9   Shuy(1993), Fraser(1998).

10   Solan & Tiersma(2005), Tiersma & Solan(2012).

11   대법원 2007.9.28. 선고 2007도606 전원합의체 판결.

12   대전고법 2006.7.28. 선고 2006 노 172 판결.

13   대법원 1995.9.29. 선고 1994도2187 판결.

14   대법원 2012. 8. 17. 선고 2011노10451 판결.

11장

1   이재상 외(2017), 이상돈(2017) 등 참조.

2   김정환(2006) 참조.

3   김정환(2007).

4   Searle(1969: 25).

5   Huang(2007).

6   Lyons(1977)에서는 '의도된' 발화효과와 '실제적' 발화효과를 구분하고, 의도된 발화효과가 성공적으로 이루어지기 위한 하나의 필요조건으로서 관련된 발화수반 행위의 성공을 들고 있다.

7   대법원 선고 2012도2744 판결.

8   대법원 선고91도542 판결.

9   대법원 1984. 5. 15 선고 84도418 판결.

12장

1   Shuy(2009) 참조.

2   Gibbons(2003: 275f.).

3   김갑년(1999).

4   Neu(2008).

5   Brown & Levinson(1987).

6   Bousfield(2008), Culpeper(1996, 2011).

7   이성범(2015).

8   대법원 2018. 6. 15. 선고 2018도4200 판결.

9   대법원 2015.12.24 선고 2015도6622 판결.

10   수원지법 2007.1.30 선고 2006고정1777 판결.

11   대법원 2003.11.28 선고 2003도3972 판결.

13장

1   조영선(2016) 참조.

2   박아란(2014: 51) 참조.

3   홍상헌(2008).

4   정상조(2003), 김병일(2013) 등 참조.

5   정상조(2003), 조영선(2016) 등 참조.

6   대법원 2015. 3. 12. 선고 2013다14378 판결.

7   서울남부지방법원 2010.3.31 자 2010카합36 결정.

8   대법원 2007.3.29. 선고 2005다44138 판결.

9   김종갑(2016) 재인용.

10   Turell(2008).

11   Coulthard et al.(2017) 참조.

12   윤지관(2016), 김종갑(2016) 참조.

13 박여성(1995), 안정오(2007) 참조.

14 남형두(2015: 259).

15 박아란(2014: 52).

16 http://www.plagiarism.org/article/plagiarism-facts-and-stats

17 Coulthard et al.(2017: 178).

18 https://check.kci.go.kr/

14장

1 조성광(2014: viii).

2 정경일(2014: 6f.) 참조.

3 Davis(1996), Hutton(2009), Shuy(2012) 참조.

4 Beebe & Fromer(2018).

5 Shuy(2002).

6 Butters(2008, 2010).

7 Pustejovsky(1995).

8 조성광(2014: 42ff.).

9 강범모(2018).

10 정경일(2014: 61ff.).

11 특허법원 2019. 2. 19. 선고 2018허7347 판결.

12 특허법원 2108. 12. 7. 선고 2018허87 판결.

13 대법원 2010. 6. 10. 선고 2010도2536 판결.

14 서울남부지방법원 1984. 1. 20. 선고 83가합251 판결.

15 Shuy(2012).

16 Ibid.

17 Butters(2010).

18 대법원 2000. 2. 25. 선고 97후3050 판결.

19 특허법원 2016. 8. 11. 선고 2015허3535 판결.

20 대법원 2015. 10. 15. 선고 2014다216522 판결.

15장

1 Chaski(2012).

2 Love(2002) 참조.

3 Ehrhardt(2018).

4 Love(2002).

5 Grant(2008), Ehrhardt(2018), 구명철(2009) 참조.

6 Chaski(2012: 496).

7 McMenamin(2010).

8 Grant(2010), Coulthard et al.(2017).

9 Coulthard et al.(2017), Ehrhardt(2018).

10 Ehrhardt(2018: 182).

11 McMenamin(2010).

12 박기원(2012: 487).

13 Grieve(2007), Ehrhardt(2018).

14 Rudman(1998), Coulthard et al.(2017).

16장

1 New Jersey v Hauptmann (1935) 180A. 809 (1967) 388 U.S. 293

2 IAFPA (https://www.iafpa.net/)

3 Praat: http://www.fon.hum.uva.nl, PCquirer: http://www.sciconrd.com

4 서영주·김회린(2014).

5 국제 법음성학음향학회(IAFPA)는 2007년에 성문분석은 과학적 근거가 없고 법과학 영역에서 사용되어서는 안된다고 결의했다.

6 청취-음향 음성학적 방법은 Künzel(1987)에 제시되었다. 현재 영국, 미국, 호주, 오스트리아, 핀란드, 독일, 네덜란드, 스웨덴에서는 이 방법을 표준으로 채택하고 있다.

7 대표적인 기술로는 GMM(Gaussian Mixture Model)과 SVM(Support Vector Machine)이 있다(서영주·김회린 2014).

8 이학문(2018)에서는 기본 주파수 측정을 통해 한국어 화자의 다양한 감정들을 구분하려고 시도한다.

9 Foulkes & French(2012)에 따르면, 법음성학 작업들 중에서 70%를 차지한다고 본다.

10 배민선·이미선(2016).

참고문헌

강남준·이종영·최운호. 2010. '독립신문' 논설의 형태 주석 말뭉치를 활용한 논설 저자 판별 연구 -어미 사용빈도 분석을 중심으로. 『한국사전학』 15.

강범모. 2018. 『의미론: 국어, 세계, 마음』. 한국문화사.

강우예. 2018. 형법상 진술 및 유포 행위의 '허위성' 요건에 대한 고찰. 『형사법연구』 30, 163-203.

강진철. 1996. 법해석학- 영미에서의 논의를 중심으로. 『현대법철학의 흐름』, 한국법철학회(편). 법문사.

강태경. 2014. 『법적 추론에 대한 인지적 분석방법』. 서울대학교 박사학위논문.

강현철. 2003. 『법령용어의 순화와 정비에 관한 법언어학적 연구』. 한국법제연구원.

강희원. 2008. '계약'에 대한 법철학적 일고찰. 『법철학연구』 11, 137-164.

고성환. 2010. 법조문의 텍스트 분석. 『텍스트언어학』 29, 25-50.

구명철. 2009. 언어학과 법학의 접점: 독일의 법률에서 언어적 표현과 관련된 논의를 중심으로. 『독어학』 19, 1-20.

구명철·정수정. 2018. 가독성의 관점에서 본 법률 언어의 어휘론적인 문제점 및 개선 방안. 『독어학』 37, 1-27.

구현정. 2009. 『대화의 기법: 이론과 실제』. 도서출판 경진.

국립국어원. 2014. 『쉬운 공공언어 쓰기 길잡이』.

국립국어원. 2019. 『한눈에 알아보는 공공언어 바로 쓰기』.

권기훈. 2006. 형사소송에 있어서의 올바른 증인 신문 방법. 『사실인정 방법론의 정립』, 법원도서관(편), 293-446. 법원도서관.

김갑년. 1999. 독일어에 나타난 욕설의 화행론적 고찰. 『텍스트언어학』 7, 447-465.

김광해. 2000. 텍스트언어학의 이론과 응용: 우리나라 판결서의 텍스트성에 대한 연구. 『텍스트언어학』 8, 271-297.

김기영. 2007. 법과 언어 - 형법 제170조 2항의 언어학적 분석과 기호론적 해석. 『독일어문학』 37, 177-197.

김기영. 2021. 언어행위 이론과 법적용 -법의 화용론적 차원에 관하여. 『안암법학』 62, 475-505.

김명희. 2015. 미국의 쉬운 언어정책의 제도화와 한국에의 시사점. 『한국콘텐츠학회논문지』 15, 242-251.

김병선. 2006. 현대시인의 문체적 지문을 찾아서. 『국어국문학』 143, 153-188.

김병일. 2013. 저작권법상 실질적 유사성에 관한 고찰 -어문저작물(소설 및 드라마 저작물)을 중심으로. 『정보법학』 17, 41-74.

김상용. 2012. 컨시더레이션(consideration)에 관한 소고. 『한독법학』 17, 1-40.

김소연·민윤기. 2014. 상품의 경고문기억과 상품지각에 관한 광고의 지지문구와 경고문구의 영향. 『사회과학연구』 25, 27-49.

김원식. 2004. 하버마스의 행위이론. 『해석학 연구』 14, 235-268.

김원식. 2015. 『하버마스 읽기』. 세창미디어.

김재현. 1996. 하버마스 사상의 형성과 발전. 『하버마스의 사상: 주요 주제와 쟁점들』, 김재현 외(편), 19-62. 나남출판.

김정오·최봉철·김현철·신동룡·양천수. 2017. 『법철학- 이론과 쟁점』. 박영사.

김정운. 2014. 『에디톨로지 - 창조는 편집이다』. 21세기북스.

김정호. 2008. 한글 필적감정의 문제점. 『법조』 621, 229-261.

김정환. 2006. 형법 제31조 제1항 "교사"의 해석. 『형사법연구』 26, 253-274.

김정환. 2007. 교사자고의의 구체성. 『형사법연구』 32, 619-635.

김종갑. 2016. 표절과 작가의 정체성, 그리고 문학공화국. 『비평과 이론』 21, 59-81.

김학태. 2017. 『법의 해석과 적용』. HUINE.

김현권. 2001. 전문용어의 언어학적 특성과 사전적 기술의 문제. 『전문용어연구 3』, 최기선·신효식(편), 51-91.

김현수. 2017. 약속으로서의 계약이론 -Charles Fried 이론의 학설사적 지위와 논지를 중심으로. 『재산법연구』 34, 187-212.

김형만·이기욱. 2014. 『법학개론』. 홍문사.

남길임. 2014. 판결서 텍스트의 문장 확대 양상에 대한 연구. 『한글』 303, 147-179.

남형두. 2015. 『표절론』. 현암사.

남흥우. 1974. 표현범죄에 관한 연구 -선동죄와 반공법 제4조 1항 위반죄의 위험성. 『법학행정논집』 12, 5-41.

노은경. 1996. 전문어연구와 외국어교육. 『독일문학』 60, 473-790.

도재형. 2011. 『법문서 작성 입문』. 이화여자대학교출판부.

박기원. 2012. 『과학수사 입문』. 생능출판사.

박달현. 2007. 위증죄 해석론의 비교법적 접근 -보호법익의 시각에서 본 '진술의 허위성 및 기수시기에 대한 체계적 이해'를 중심으로. 『비교형사법연구』 9, 209-233.

박동근. 2014. 법률 조문의 차별적 언어 표현 연구. 『한말연구』 34, 73-103.

박성용. 2009. PL법상 표시상 결함법리의 표시광고법에의 적용가능성. 『소비자문제연구』 36, 25-41.

박시현. 2007. 판결문의 특성. 『열린정신 인문학연구』 8, 179-194.

박여성. 1995. 간텍스트성의 문제. 『텍스트언어학』 3, 83-122.

박용익. 2001. 『대화분석론』. 역락.

배민선·이미선. 2016. 한국 수사기관의 범인음성식별절차 도입을 위한 제언. 『한국심리학회지:법』 7-2, 85-107.

법제처. 2017. 『알기 쉬운 법령정비기준』.

변정민. 2002. 『국어의 인지 동사 연구: 통사적, 의미적 특성을 중심으로』. 고려대학교 박사학위논문.

서영주·김회린. 2014. 최근 화자인식 기술 동향. 『전자공학회지』 41-3, 40-49.

서경숙·니시야마 치나 역. 2016. 『법과 언어 -법언어학으로의 초대』. 박이정.

소만섭. 2000. 19세기 독일의 전문어 발전에 관한 연구. 『독일어문학』 13, 275-299.

송덕수. 2017. 『채권법각론』. 박영사.

심헌섭. 1989. 『법철학 1』. 법문사.

안성조. 2009. 『기초법 연구』. 경인문화사.

안정오. 2007. 상호텍스트성의 관점에서 본 표절텍스트. 『텍스트언어학』 22, 121-142.

양덕순·송인숙. 2005. 공산품 소비제품의 경고표시가 소비자행동에 미치는 영향. 『대한가정학회지』 43, 141-159.

양천수. 2017. 『법해석학』. 한국문화사.

오세혁. 2009. 판결서의 구조와 양식에 관한 비교법적 고찰. 『비교사법』 16, 631-675.

유시민. 2015. 『유시민의 글쓰기 특강』. 생각의 길.

윤지관. 2016. 문학에서 표절에 관한 몇 가지 이론적 쟁점: 신경숙, 박민규의 경우. 『비평과 이론』 21, 5-22.

이경은. 2009. 『법률전문용어의 어휘론적 연구』. 서울대학교 석사학위논문.

이상돈. 2003. 『법철학 -법, 여성, 사회』. 법문사.

이상돈. 2017. 『형법 강론』. 박영사.

이성만. 2012. 『미디어 언어의 텍스트화용론』. 경진.

이성범. 2015. 『언어적 무례함에 대한 실험화용적 연구』. 서강대학교출판부.

이소영. 2008. 광고 커뮤니케이션을 통해 보는 발화효과행위. 『독어학』 18, 209-232.

이은영. 1994. 계약에 관한 법철학적 고찰. 『외법논집』 1, 99-122.

이재상·장영민·강동범. 2017a. 『형법총론』. 박영사.

이재상·장영민·강동범. 2017b. 『형법각론』. 박영사.

이지은. 2012. 『다문화사회의 사법통역』. 집문당.

이학문. 2018. 법음성학을 통한 목소리 감정 분석. 『현대영어영문학』 62-1, 120-140.

이해윤. 2016. 화행이론에 의한 협박죄 분석. 『텍스트언어학』 41, 219-244.

이해윤. 2018. 화행이론에 의한 모욕죄·명예훼손죄 분석. 『텍스트언어학』 44, 123-147.

이해윤. 2019a. 위증죄에 대한 언어학적 접근. 『언어학』 84, 85-104.

이해윤. 2019b. 화행과 언어범죄 - 교사죄를 중심으로. 『언어와 언어학』 85, 55-72.

이해윤. 2020a. 제품의 경고문에 대한 분석. 『언어』 45, 331-349.

이해윤. 2020b. 명예훼손죄에 대한 화행이론적 분석 재고. 『텍스트언어학』 49, 163-185.

이해윤. 2021a. 독일과 한국의 제품 경고문에 대한 비교. 『독어학』 44, 7-70.

이해윤. 2021b. 법률에서의 모호성 해소: 적합성 이론의 적용. 『언어』 46, 481-500.

이해윤. 2022. 법의 명확성 원칙과 언어의 모호성. 『언어와 언어학』 97, 73-94.

이혜용. 2010. 『한국어 정표화행 연구 -정표화행의 유형 분류와 수행 형식』. 이화여자대학교 박사학위논문.

이호원. 1998. 형사소송에 있어서의 적법한 증인신문의 방법. 『법조』 34, 42-74.

장소원. 2009. 법률 텍스트 문장의 문법성. 『텍스트언어학』 27, 1-29.

장영민. 2015. 미필적 고의에 관한 약간의 고찰. 『형사판례연구』 23, 55-86.

전지연. 1998. 위증죄에서 진술의 허위성. 『한림법학 FORUM』 7, 111-123.

정경일. 2014. 『브랜드 네이밍』. 커뮤니케이션북스.

정끝별. 2012. 현대시 표절 양상에 대한 분석적 고찰. 『현대문학이론연구』 46, 420-445.

정상조. 2003. 창작과 표절의 구별기준. 『서울대학교 법학』 44, 107-140.

정행철. 1998. 형법상 언어범의 형태에 관한 고찰. 『동의법정』 14, 59-89.

정행철. 1999. 언어의 기능과 언어범의 특성. 『형사법연구』 11, 166-186.

조국. 2022. 『조국의 법고전 산책』. 오마이북.

조성광. 2014. 『브랜드 네이밍과 상표권』. 커뮤니케이션북스.

조영선. 2016. 『지적재산권법』. 박영사.

중소기업청. 2002. 제조물책임관련 표시결함 예방대책.

최기선·황도삼. 2005. 『전문용어학 입문』. 한국문화사.

최지명. 2018. 기계학습을 이용한 역사 텍스트의 저자판별: 1920년대 '개벽' 잡지의 논설 텍스트. 『언어와 정보』 22, 91-122.

한국텍스트언어학회. 2004. 『텍스트언어학의 이해』. 박이정.

한나래. 2009. 빈도 정보를 이용한 한국어 저자 판별. 『인지과학』 20, 225-241.

한상우. 2010. 하버마스의 행위유형론 고찰. 『시대와 철학』 21, 309-333.

허일태. 2008. 협박죄의 성질과 기수시기. 『동아법학』 41.

홍민표. 1999. 의문문의 의미론. 『형식 의미론과 한국어 기술』, 강범모 외(편), 417-457. 한신문화사.

홍상헌. 2008. 저작권침해와 표절의 구별. 『법학연구』 11, 85-107.

홍수기. 2006. 음성 개인식별. 『물리학과 첨단기술』 15-4, 12-19.

Adler, Mark. 2012. The Plain Language Movement. In *The Oxford Handbook of Language and Law*, eds. Peter Tiersma and Lawrence Solan, 67-83. Oxford: Oxford University Press.

Alston, William P. 1967. Vagueness. In *The Encyclopedia of Philosophy*, ed. Paul Edwards, 218-221. New York: Macmillan.

Astington, J. W. 1993. *The child's discovery of mind*. Cambridge, Massachusetts: Havard University Press.

Atkinson, J., and Drew, P. 1979. *Order in Court: The Organisation of Verbal Interaction in Judicial Settings*. London: Macmillan.

Austin, J. L. 1962. *How to do things with words*. Oxford: Oxford University Press.

Barker, C. 2006. Vagueness. In *Encyclopedia of Language & Linguistics*, ed. Keith Brown, 294-298. Amsterdam: Elsevier.

Berman, Harold. 2013. *Law and Language: Effective Symbols of Community*. Cambridge: Cambridge University Press.

Bhatia, Vijay K. 2010. Legal writing: specificity. In *The Routledge Handbook of Forensic Linguistics*, eds. Malcolm Coulthard and Alison Johnson, 37-50. London, New York: Routledge.

Birner, Betty. 2012. *Introduction to Pragmatics*. Wiley-Blackwell.

Bonacchi, Silvia. 2012. Zu den idiokulturellen und polykulturellen Bedingungen von aggressiven Äußerungen im Vergleich Polnisch-Deutsch-Italienisch. In *Der Mensch und seine Sprachen*, ed. Magdalena Olpinska, 1-20. Frankfurt: Peter Lang.

Bousfield, Derek. 2008. *Impoliteness in Interaction*. Amsterdam: John Benjamins.

Brown, P., and Levinson, Stephen C. 1987. *Politeness*. Cambridge: Cambridge University

Press.

Butters, Ronald. 2008. Trademarks and Other Proprietary Terms. In *Dimensions of Forensic Linguistics*, eds. John Gibbons and Teresa Turrell, 231-247. Amsterdam: John Benjamins.

Butters, Ronald. 2010. Trademarks: Language that One Owns. In *The Routledge Handbook of Forensic Linguistics*, eds. Malcolm Coulthard and Alison Johnson, 351-364. London: Routledge.

Chaski, Carole. 2012. Author Identification in the Forensic Setting. In *The Oxford Handbook of Language and Law*, eds. Peter Tiersma and Lawrence Solan, 489-503. New York: Oxford University Press.

Chierchia, Gennaro, and McConnell-Ginet, Sally. 2000. *Meaning and Grammar: An Introduction to Semantics*. Cambridge, London: MIT Press.

Coleman, Linda, and Kay, Paul. 1981. Prototype semantics: The English word *lie*. *Language* 57: 26-44.

Coulthard, Malcolm. 2004. Author identification, idiolect and linguistic uniqueness. *Applied Linguistics* 25: 431-447.

Coulthard, Malcolm, and Johnson, Alison. 2010 / 2021. *Routledge Handbook of Forensic Linguistics*. London, New York: Routledge.

Coulthard, Malcolm, Johnson, Alison, and Wright, David. 2017. *An Introduction to Forensic Linguistics - Language in Evidence*. Oxon, New York: Routledge.

Culpeper, Jonathan. 1996. Towards an anatomy of impoliteness. *Journal of Pragmatics* 25: 349-369.

Culpeper, Jonathan. 2011. *Impoliteness: using language to cause offence*. Cambridge: Cambridge University Press.

Cutts, Martin. 1996. *The Plain English Guide*. Oxford: Oxford University Press.

Danet, B. 1980. Language in the legal process. *Law & Society Review* 14: 445-564.

Davis, Steven. 1979. Perlocutions. In *Speech Act Theory and Pragmatics*, eds. John R. Searle, Kiefer Ferenc and Manfred Bierwisch, 37-55. Dordrecht: D. Reidel Publishing Company.

Davis, Daniel. 1996. The Reliability of Speech Error Data. Trademark Law: Linguistic Issues. *Language and Communication* 16: 255-262.

de Beaugrande, R., and Dressler, W. 1981. *Einführung in die Textlinguistik*. Tübingen.

de Jong-Lendle, Gea. 2022. Speaker Identification. In *Language as Evidence*, eds. V. Guillén-Nieto and D. Stein, 257-319. Palgrave macmillan.

Durant, Alan, and Leung, Janny. 2016. *Language and Law*. Oxon, New York: Routledge.

Dumas, Bethany K. 2010. Consumer product warnings. In *The Routledge Handbook of Forensic Linguistics*, eds. Malcolm Coulthard and Alison Johnson, 365-377. London, New York: Routledge.

Eemeren, Frans H. 1984. *Speech Acts in Argumentative Discussions*. Dordreht: Foris.

Egilman, David, and Bohme, Susanna R. 2006. A brief history of warnings. In *Handbook of Warnings*, ed. Michael S. Wogalter, 11-20. Lawrence Erlbaum Associates.

Ehrhardt, Sabine. 2018. Authorship attribution analysis. In *Handbook of Communication in the Legal Sphere*, ed. Jacqueline Visconti, 169-200. Berlin, Boston: De Gruyter Mouton.

Eigenwald, R. 1974. *Textanalytik*. München: Bayerischer Schulbuch-Verl.

EN 82079-1. Preparation of information for use (instructions for use) of products -Part 1: Principles and general requirements.

Endicott, Timothy. 2005. The Value of Vagueness. In *Vagueness in Normative Texts*, eds. V. K. Bhatia, J. Engberg, M. Gotti and D. Heller, 27-48. Bern: Peter Lang.

Eyer, Peter. 1987. *Perlokutionen*. Tübingen: Max Niemeyer.

Felder, Ekkehard, and Vogel, Friedemann eds. 2017. *Handbuch Sprache im Recht*. Berlin: de Gruyter.

Fobbe, Eilika. 2011. *Forensische Linguistik: Eine Einführung*. Tübingen: Narr Verlag.

Fobbe, Eilika. 2017. Forensische Linguistik. In *Handbuch Sprache im Rechct*, eds. Ekkehard Felder and Friedemann Vogel, 271-290. Berlin, Boston: Walter de Gruyter.

Foulkes, P. & P. French. 2012. Forensic speaker comparison: A linguistic-acoustic perspective. In *Oxford handbook of language and law*, eds. L. M. Solan & P. M. Tiersma, 557-572. Oxford University Press.

Fraser, Bruce. 1998. Threatening Revisited. *Forensic Linguistics* 5: 159-173.

Gaines, Robert N. 1979. Doing by Saying: Toward a Theory of Perlocution. *The Quarterly Journal of Speech* 65: 207-217.

Gales, Tammy. 2010. Threat Level High: A Corpus-driven Approach to Authorial Intent in Threatening Communications, University of California, Davis.

Gibbons, John. 2003. *Forensic Linguistics: an Introduction to Language in the Justice System*. Oxford: Blackwell Publishing.(서경숙 역. 2020. 『법언어학 입문 - 사법제도의 언어』. 집문당)

Gotti, Maurizio. 2012. Text and Genre. In *The Oxford Handbook of Language and Law*, eds. Peter Tiersma and Lawrence Solan, 52-66. Oxford: Oxford University Press.

Grant, Colin. 1949. Promises. *Mind* 58: 359-366.

Grant, Tim. 2008. Approaching questions in forensic authorship analysis. In *Dimensions of Forensic Linguistics*, eds. John Gibbons and Teresa Turell, 215-230. Amsterdam: John Benjamins.

Grant, Tim. 2010. Txt 4n6: Idiolect free authorship analysis. In *The Routledge Handbook of Forensic Linguistics*, eds. Malcolm Coulthard and Alison Johnson, 508-522. London: Routledge.

Greenawalt, K. 1989. *Speech, Crime and the Uses of Language*. Oxford: Oxford University Press.

Grewendorf, Günther. 1992. Rechtskultur als Sprachkultur. Der sprachanalytische Sachverstand im Recht. In *Rechtskultur as Sprachkultur: zur forensischen Funktion der Sprachanalyse*, ed. Günther Grewendorf, 11-41. Frankfurt a. M.: Suhrkamp.

Grice, H. Paul. 1957. Meaning. *Philosophical Review* 67.

Grice, H. Paul. 1975. Logic and conversation. In *Syntax and Semantics: Speech Acts*, eds. Peter Cole and Jerry Morgan, 43-58. New York: Academic Press.

Grieve, Jack. 2007. Quantitative Authorship Attribution: An Evaluation of Techniques. *Literary and Linguistic Computing* 22: 1-20.

Habermas, Jürgen. 1981. *Theories des kommunikativen Handelns: Handlungsrationalität und gesellschaftliche Rationalisierung. vol. 1.* Frankfurt a. M.: Suhrkamp.

Halliday, M. A. K. 1978. *Language as social semiotic: The social interpretation of language and meaning.* London: Edward Arnold.

Hart, H. L. A. 1994. *The Concept of Law.* Oxford: Clarendon Press.

Heritage, John. 1997. Conversation analysis and institutional talk. In *Qalitative research: Theory, method and practice,* ed. David Silverman, 161-182. London: Sage Publication.

Hickey, Leo. 1993. Presupposition under cross-examination. *International Journal for the Semiotics of Law* 6: 89-109.

Hiltunen, Risto. 2012. The Grammar and Structure of Legal Texts. In *The Oxford Handbook of Language and Law,* eds. Peter Tiersma and Lawrence Solan, 39-51. Oxford: Oxford University Press.

Hollien, Harry. 2014. Forensic phonetics- An introduction. In *Forensic Linguistics,* eds. John Olson and June Luchjenbroers, 83-136. Bloomsbury.

Hudson, T., K. McDougall and V. Hughes. 2022. Forensic Phonetics. In *The Cambridge Handbook of Phonetics,* eds. R.-A. Knight & J. Setter, 631-656. Cambridge University Press.

Huang, Yan. 2007. *Pragmatics.* Oxford: Oxford University Press. (이해윤 역. 2009. 『화용론』. HUINE)

Hutton, Chris. 2009. *Language, Meaning and the Law.* Edinburgh: Edinburgh University Press.

Jessen, M. 2018. Forensic voice comparison. In *Handbook of Communication in the Legal Sphere,* ed. J. Visconti, 219-255. de Gruyter Mouton.

Jessen, M. 2021. Speaker profiling and forensic voice comparison - The auditory-acoustic approach. In *The Routledge Handbook of Forensic Linguistics,* 2. Edition, eds. M. Coulthard, A. May and R. Sousa-Silva, 382-399, Routledge.

Johnson, A., and Wright, David. 2014. Identifying idiolect in forensic authorship attribution: an n-gram textbite approach. *Language and Law - Linguagem e Direito* 1: 37-69.

Kaplan, Jeffrey P. 2020. *Linguistics and Law.* London, New York: Routledge.

Keil, Geert, and Poscher, Ralf eds. 2016. *Vagueness and Law.* Oxford: Oxford University Press.

Kempson, Ruth M. 1977. *Semantic Theory.* Cambridge: Cambridge University Press.

Kennedy, Christopher. 2007. Vagueness and Grammar: The Semantics of Relative and Absolute Gradable Predicates. *Linguistics and Philosophy* 30: 1-45.

Kennedy, Christopher. 2011. Ambiguity and vagueness: An overview. In *Semantics: An International Handbook of Natural Language Meaning. Volume 1,* eds. Claudia Maienborn, Klaus von Heusinger and Paul Portner, 507-535. Berlin, Boston: Walter de Gruyter.

Kersta, L. G. 1962. Voiceprint identification. *Nature* 196: 1253-1257.

Kim, Yungwook, and Yang, Jungeun. 2011. The influence of Chemyon on facework and conflict styles: Searching for the Korean face and its impact. *Public Relations Review* 37: 60-67.

Kniffka, Hannes. 2007. *Working in Language and Law: A German Perspective.* Hampshire, New York: Palgrave Mamillan.

Krifka, Manfred. 2011. Questions. In *Semantics. An International Handbook of Natural Language Meaning,* eds. Claudia Maienborn and Paul Portner, 1742-1785. Berlin: Walter de Gruyter.

Künzel, H. J. (1987), *Sprechererkennung: Grundzüge forensischer Sprachverarbeitung.* Heidelberg: Kriminalistik Verlag.

Love, Harold. 2002. *Attributing authorship - An introduction.* Cambridge: Cambridge University Press.

Lyons, John. 1977. *Semantics, vol. 2.* Cambridge: Cambridge University Press.

Marmor, Andrei. 2014. *The Language of Law*. Oxford: Oxford University Press. (이해윤 역. 2022. 『법의 언어』. 한울)

Mattila, Heikki. 2012. Legal Vocabulary. In *The Oxford Handbook of Language and Law*, eds. Peter Tiersma and Lawrence Solan, 27-38. Oxford: Oxford University Press.

McMenamin, Gerald. 2002. *Forensic Linguistics: Advances in forensic stylistics*. Boca Raton, New York: CRC Press.

McMenamin, Gerald. 2010. Forensic stylistics: Theory and practice of forensic stylistics. In *The Routledge Handbook of Forensic Linguistics*, eds. Malcolm Coulthard and Alison Johnson, 487-507. New York: Routledge.

Meibauer, Jörg. 2016. Slurring as insulting. In *Pejoration*, eds. Rita Finkbeiner, Jörg Meibauer and Heike Wiese, 145-166. Amsterdam: John Benjamins.

Mellinkoff, D. 1963. *The Language of the Law*. Boston, Toronto: Little, Brown and Co.

Neu, Jerome. 2008. *Sticks and Stones. The Philosophy of Insults*. Oxford: Oxford University Press.

Nicoloff, Franck. 1989. Threats and illocutions. *Journal of Pragmatics* 13: 501-522.

O'Barr, William M., and Conley, John M. 1990. Litigant satisfaction versus legal adequacy in small chains court narratives. In *Language in the Judicial Process*, eds. Judith N. Levi and Anne G. Walker, 97-131. New York, London: Plenum Press.

Olsson, John, and Luchjenbroers, June. 2014. *Forensic Linguistics*. London: Bloomsbury.

Park, Heeweon. 2013. An Analysis of Language in Court: The Use of Presupposition and Conversational Implicature. *Journal of English and American Studies* 12: 91-109.

Patrick, P. L. 2012. Language Analysis for Determination of Origin - Objective evidence for refugee status determination. In *Oxford handbook of language and law*, eds. L. M. Solan & P. M. Tiersma, 533-546. Oxford University Press.

Poscher, Ralf. 2012. Ambiguity and Vagueness in the Law. In *The Oxford Handbook of Language and Law*, eds. Lawrence Solan and Peter Tiersma, 128-144. Oxford:

Oxford University Press.

Pustejovsky, James. 1995. *The Generative Lexicon*. Cambridge, MA: MIT Press.

Rathert, Monika. 2006. *Sprache und Recht*. Heidelberg: Universitätverlag Winter.

Rolf, E. 1993. *Die Funktionen der Gebrauchstextsorten*. Berlin: Walter de Gruyter.

Rosen, Gideon. 2013. Textualism, Intentionalism, and the Law of the Contract. In *Philosophical Foundations of Language in the Law*, eds. Andrei Marmor and Scott Soames, 130-164. Oxford: Oxford University Press.

Rudman, J. 1998. *The State of Authorship Attribution Studies*. Some.

Sacks, H., Schegloff, E. A., and Jefferson, G. 1974. A simplest systematics for the organization of turn-taking for conversation. *Language* 50: 696-735.

Saeed, John I. 2016. *Semantics*. West Sussex: Wiley Blackwell.

Salgueiro, Antonio. 2010. Promises, threats, and the foundations of speech act theory. *Pragmatics* 20: 213-228.

Sandig, B. 1972. Zur Differenzierung gebrauchssprachlicher Textsorten im Deutschen. In *Textsorten. Differenzierungskriterien aus lingustischer Sicht*, eds. E. Glülich and W. Raible, 113-124. Frankfurt a. M.: Athenäum.

Schall, Sabine. 2004. Forensische Linguistik. In *Angewandte Linguistik*, ed. Karlfried Knapp, 544-562. Tübingen: A Francke Verlag.

Schane, Sanford. 2006. *Language and the Law*. London: Bloomsbury.

Schane, Sanford. 2012. Contract Formation as a Speech Act. In *The Oxford Handbook of Language and Law*, eds. Peter Tiersma and Lawrence Solan, 100-113. New York: Oxford University Press.

Schegloff, E. A., and Sacks, H. 1973. Opening up closings. *Semiotica* 7: 289-327.

Schulze, Florian. 2012. Beschimpfungen in der Phraseologie: Untersuchungen zu semantischen und pragmatischen Aspekten. 독일문학 124: 281-300.

Searle, John R. 1969. *Speech Acts. An Essay in the Philosophy of Language*. Cambridge: Cambridge University Press.

Searle, John R. 1975. A taxonomy of speech acts. In *Minnesota studies in the philosophy of science 9: language, mind and knowledge*, ed. K. Gunderson, 344-369.

Searle, John R. 1976. A classification of illocutionary acts. *Language in Society* 5: 1-23.

Setiya, Kieran. 2018. Intention. In *The Stanford Encyclopedia of Philosophy*, ed. Edward N. Zalta.

Shuy, Roger W. 1993. *Language Crimes: The Use and Abuse of Language Evidence in the Courtroom*. Oxford: Blackwell.

Shuy, Roger W. 2008. *Fighting over Words: Language and Civil Law Cases*. New York: Oxford University Press.

Shuy, Roger W. 2009. *The Language of Defamation Cases*. New York: Oxford University Press.

Shuy, Roger W. 2012. Using Linguistics in Trademark Cases. In *The Oxford Handbook of Language and Law*, eds. Peter Tiersma and Lawrence Solan, 449-462. New York: Oxford University Press.

Soames, Scott. 1999. *Understanding Truth*. New York: Oxford University Press.

Solan, Lawrence, and Tiersma, Peter. 2005. *Speaking of Crime: the Language of Criminal Justice*. Chicago: University of Chicago Press.

Solan, Lawrence. 2010. *The Language of Statues: Laws and their Interpretation*. Chicago: University of Chicago Press.

Storey, Kate. 1995. The language of threats. *Forensic Linguistics* 2: 74-80.

Stygall, Gail. 2012. Discourse in the US Courtroom. In *The Oxford Handbook of Language and Law*, eds. Peter Tiersma and Lawrence Solan, 369-380. Oxford: Oxford University Press.

Svartvik, J. 1968. *The Evans statement: A case for forensic lignuistics*. Goteborg: University of Gothenburg Press.

Tiersma, Peter. 1987. The language of defamation. *Texas Law Review* 66.

Tiersma, Peter. 1993. Linguistic issues in the law. *Language* 69: 113-137.

Tiersma, Peter. 1999. *Legal Language*. Chicago: University of Chicago Press.

Tiersma, Peter. 2002. The language and law of product warnings. In *Language in the*

Legal Process, ed. J. Cotterill, 54-71. Houndmills, Basingstoke, Hampshire: Palgrave Macmillan.

Tiersma, Peter. 2003. Did Clinton Lie?: Defining "Sexual Relations". Loyola Law School.

Tiersma, Peter. 2009. What is Language and Law? And does anyone care? In *Legal Studies Paper No. 2009-11*. Law School/LA.

Tiersma, Peter, and Solan, Lawrence eds. 2012a. *The Oxford Handbook of Language and Law*. Oxford: Oxford University Press.

Tiersma, Peter, and Solan, Lawrence. 2012b. The Language of Crime. In *The Oxford Handbook of Language and Law*, eds. Lawrence Solan and Peter Tiersma, 340-353. Oxford: Oxford University Press.

Trosborg, A. 1997. Contracts as social action. In *The Construction of Professional Discourse*, eds. B.-L. Gunnarson, P. Linell and B. Nordberg, 54-75. Harlow: Addison Wesley Longman.

Turell, Teresa. 2008. Plagiarism. In *Dimensions of Forensic Linguistics*, eds. John Gibbons and Teresa Turell, 265-300. Amsterdam: John Benjamins.

Visconti, Jacqueline ed. 2018. *Handbook of communication in the legal sphere*. Berlin, Boston: de Gruyter Mouton.

Vogel, Friedemann. 2017. Rechtslinguistik: Bestimmung einer Fachrichtung. In *Handbuch Sprache im Recht*, eds. Ekkehard Felder and Friedemann Vogel, 209-232. Berlin, Boston: Walter de Gruyter.

Waldron, Benjamin. 1994. Vagueness in Law and Language: Some Philosophical Issues. *California Law Review* 82.

Walton, Douglas. 2000. *Scare Tactics. Arguments that appeal to fear and threat*. Dordrecht: Kluwer.

Wogalter, Michael S. 2006. Purposes and scope of warning. In *Handbook of Warnings*, ed. Michael S. Wogalter, 3-9. New Jersey, London: Lawrence Erlbaum Associates.

Woolls, D., and Coulthard, M. 1998. Tools for the trade. *Forensic Linguistics* 5: 33-57.

Wright, Sue Ellen, and Budin, Gerhard. 1997. *Handbook of Terminology Management, Volume I.* John Benjamins.

Wydick, Richard. 1998. *Plain English for Lawyers.* Durham: Carolina Academic Press.

Yarmey, A. D. 2012. Factors affecting layperson's identification of speakers. In *Oxford handbook of language and law,* eds. L. M. Solan & P. M. Tiersma, 547-556. Oxford University Press.

찾아보기

■ 부기: 본문 출처

본문의 일부분은 기존에 출판된 저자의 논문들을 바탕으로 하여 작성되었다. 참고된 논문과 관련 장은 다음과 같다.

- 4장: 제품의 경고문에 대한 분석, 『언어』 45, 2020.
  독일과 한국의 제품 경고문에 대한 비교, 『독어학』 44, 2021.
- 5장: 법률에서의 모호성 해소: 적합성 이론의 적용, 『언어』 46, 2021.
  법의 명확성 원칙과 언어의 모호성, 『언어와 언어학』 97, 2022.
- 7장: 위증죄에 대한 언어학적 접근, 『언어학』 84, 2019.
- 10장: 화행이론에 의한 협박죄 분석, 『텍스트언어학』 41, 2016.
- 11장: 화행과 언어범죄 - 교사죄를 중심으로, 『언어와 언어학』 85, 2019.
- 12장: 화행이론에 의한 모욕죄·명예훼손죄 분석, 『텍스트언어학』 44, 2018.
  명예훼손죄에 대한 화행이론적 분석 재고, 『텍스트언어학』 49, 2020.